نوارة نجم

وانت السبب يابا...

الفاجومي وأنا

الكرمة

alkarmabooks.com
facebook.com/alkarmabooks
twitter.com/alkarmabooks
instagram.com/alkarmabooks

نجم، نوارة.
وانت السبب يابا الفاجومي وأنا / نوارة نجم - القاهرة: الكرمة للنشر، ٢٠٢٣.
٣١٢ ص؛ ٢١ سم.
تدمك: 9789778638073
١- نوارة نجم - مذكرات
٢- أحمد فؤاد نجم
٣- شعراء العامية المصرية
أ- العنوان.
رقم الإيداع بدار الكتب المصرية: ٢٧٩٤٦/ ٢٠٢٢

٤٦٨١٠٩٧٥

تصميم الغلاف: أحمد عاطف مجاهد

المحتويات

مقدمة

بسيطة جاوي جاوي
رواية المجالة
مليحة جاوْي جاوي
للي ما نايمشي
طويلة جاوي جاوي
حكاية الرسالة
جريبة جاوي جاوي
وانت ما عالِمشي
مِد الخطوة وامشي
تلجى الصعب فات
غير الله ما دامشي
وكل حي مات

انتقل أبي الشاعر أحمد فؤاد نجم إلى مكان ما لا أعلمه، بعده بعام واحد لحقت به أختي الكبرى عفاف، وفي الرابع والعشرين من يناير سنة ٢٠٢٢، أي بعد وفاة أبي بثماني سنوات وشهر وواحد وعشرين يومًا، ماتت أختي الصغرى زينب، بشكل مفاجئ وغير متوقع، بعد أن عاشت حياة مليئة بالأحزان بعد انتقال أبي، فلم تتمكن من تجاوز الصدمة ولو

ليوم واحد. كنت أحيانًا أقسو عليها وأنهرها: «أبوكِ مات.. عيشي إنتِ بقى»، لكنها لم تستجب.

وبذلك، فإن أوراق الثلاث بنات اللاتي كتب لهن أحمد فؤاد نجم إهداء مذكراته: «إلى بناتي عفاف ونوارة وزينب، يمكن ما تلاقوش في حياة أبوكو شيء تتعاجبوا بيه، لكن أكيد مش حتلاقوا في حياة أبوكو شيء.. تخجلوا منه»، قد بدأت تتساقط، ولا أعلم متى سيحين دوري.

لم أكن أفكر في كتابة هذا الكتاب، ولا جالِ بخاطري. لم يغب أبي وذكرياته عن خاطري، لم يكن ذكرى في يوم، كان دومًا حاضرًا، وكنت أحيانًا أشارك بعض قصصه مع الأصدقاء على حسابي على الفيس بوك الذي دشنته تحت اسم مستعار، ولن أقول الاسم المستعار هنا، إمممم، الجميع يعرفه، لكنني خبيثة ولن أفصح عنه. لكن الأستاذ إبراهيم عيسى فاجأني، بعد انقطاع لسنوات لم أقابله فيها، وذكَّرني بما قاله أبي ذات يوم بأنني «حارسة الكنز»، ترددت، فقال لي بثقة:

- هذه مسؤوليتك. أنتِ حارسة أبيكِ.

حاولت التهرب مرة أخرى، وقلت له إنني أقوم بواجبي، وإنني أعلنت أن أعمال أبي الشعرية ملك لكل شباب العرب، من يرغب في غنائها أو ترديدها أو تلحينها عليه فقط أن يمد يده وينهل من دون سؤال أو تردد. فقال:

- تؤ. إنتِ لازم تكتبي التجربة.

قلت:

- أنا نفَسي قصير في الكتابة.

قال:

- بس الحكاية طويلة.

طويلة جاوي جاوي

حكاية الرسالة

رسالة رأى أبي أنها واجبه. ذلك الواجب الذي قال عنه في بقية إهداء الكتاب: «هو ده اعتقادي اللي دافعت عنه ودفعت تمنه بمنتهى الرضا». وقال في إحدى أغانيه: «ودفعت المهر غالي، بالأيام والسنين». وقال على لسان الشيخ إمام: «والكلمة دين، من غير إيدين، بس الوفا ع الحر».

لن أروي إلا قصتي (قصته) عبر كاميرا مثبتة في حدقة عين طفلة ثم مراهقة ثم شابة. هو دفع المهر غاليًا، ودفعت معه بالتبعية دون اختيار مني. دفعت فاتورتي، ودفعت كلٌّ من عفاف وزينب أيضًا. لكنني، وبسبب أحداث جسام مرت بي بشكل شخصي، وبسبب أشياء كنت قد تعلمتها من مجريات مرت عليَّ وعلى البلاد، قررت ألا أعبر عن مشاعر أحد. لم تتسنَّ الفرصة لعفاف وزينب أن ترويا قصتيهما المليئتين بالخطوب، فقررت أن أسابق الزمن وأروي قصتي البسيطة.

بسيطة جاوي جاوي

رواية المجالة

لم يسألني أحد لماذا أكتب هذا الكتاب، لكنني سأجيب. لقد قرأت مذكرات أناييس نين[1]، وشعرت بأنه «عيب كده»، فكيف تتحدث هذه السيدة عن حياتها الشخصية، ووالدها تحديدًا، وعلاقتها بأسرتها، بكل هذا الانفتاح. وشعرت بذات الحرج حين قرأت ملخصًا عن مذكرات زوجة الفنان التشكيلي العالمي التاريخي بيكاسو، التي تقريبًا «لعنت أباه»، وحدثت نفسي بأنه «عيب»، وإن كان أمرًا مؤنسًا.

السيدتان قامتا بعمل مؤنس، لي على الأقل، وشعرت في حينها بأنني

---

(١) أناييس نين (فبراير ١٩٠٣ ـ يناير ١٩٧٧)، كاتبة يوميات وقصص قصيرة، وروائية أمريكية، من مواليد فرنسا. وُلدت لأبوين كوبيين، والدها الملحن جواكين نين، ووالدتها المغنية المدرَّبة بشكل كلاسيكي روزا كولميل. قضت نين سنواتها الأولى في إسبانيا وكوبا، ونحو ستة عشر عامًا في باريس (١٩٢٤-١٩٤٠)، والنصف المتبقي من حياتها أمضته في الولايات المتحدة، حيث أصبحت كاتبة معروفة.

«لاااا موووونننكن أعمل كده»، لكنني شعرت بأنني لست وحدي، وبأن الدنيا لا تتعمد إيذائي بشكل شخصي. هي مؤذية بشكل عام!

ولنعد إلى إجابة السؤال الذي لم يطرحه أحد:

أولًا: أكتب عن الشاعر أحمد فؤاد نجم بعينَي ابنته.

أحمد فؤاد نجم كتب مذكراته «الفاجومي»، وأحدثت في وقت صدورها ضجة كبرى، وحتى الآن. وبموضوعية شديدة، فإني أظنها تستحق الترجمة إلى لغات عدة لأنها تجربة إنسانية، وسرد متفرد لسيرة ذاتية لا تقل شأنًا ولا قيمة ولا إضافة للإنسانية عن مذكرات جان بول سارتر، أو مذكرات مالكوم إكس، أو مذكرات نيلسون مانديلا، بل أظن أنه يزيد عليهم في خفة الظل (مالكوم إكس كان خفيف الظل جدًّا، ولم يستوعب من حوَّل مذكراته إلى فيلم خفة ظله). وكما قال المستشار طارق البشري (رحمه الله)، وبكل خلفيته المحافظة، إن أحمد فؤاد نجم في مذكراته برع في تحويل كل ما هو «مشين» في عُرف المجتمع، إلى حدث مبهر، ضاحك، لا يشعر أكثر القارئين محافظة معه بأي غضاضة أو حرج.

بالطبع قد تفقد مذكرات الفاجومي، حال ترجمتها، هذه الروح شديدة المصرية الساخرة، المتصالحة مع الأخطاء والخطايا الذاتية، لكن الأمر يحتاج إلى مترجم بارع، ولا بد أن يكون مصريًّا، ولا بد أن يكون ذا حس فكاهي، ولا بد أن يكون شخصًا آخر غيري، وأقترح طنط منى أنيس[1]، لأنها تنطبق عليها كل هذه المواصفات.

لا يجدر بي أن أتناول ما خطَّه والدي، فالأمر شخصي، ووثيق الصلة بتجربة إنسانية على هامش تجربته هو، ومليء بالانحيازات والمرارات معًا. وبهذا، فيكون من الأفضل الحديث عن أحمد فؤاد نجم بوصفه أبي. وبكل

---

(١) منى أنيس، صحفية مصرية ومدير تحرير «الأهرام ويكلي»، وهي ابنة المفكر عبد العظيم أنيس، وصديقة لأمي وأبي، وصديقتي بشكل منفصل عنهما، وطنطتي.

صدق، وللأسف، فأنا مضطرة إلى الإشارة إلى نفسي (لن أشير إلى كثير مما مر بي في حياتي الشخصية لأنه لا يخص أبي)، ووقع الأحداث عليَّ (وهذا أمر يشعرني بالحرج). هو كتب عن نفسه كما رأى نفسه، وأنا أكتب عنه كما رأيته، وعن تأثيره في حياتي، عسى أن تساعد كتابتي في رسم صورة أوضح.

ثانيًا: لا أحتكر أحمد فؤاد نجم.

أدت المصادفة البيولوجية البحتة إلى أن أكون ابنة أحمد فؤاد نجم دون اختيار منه ولا مني. لكن أبي اختار أن يكون أبًا للجميع. إذن، يحق لأي عابر سبيل أن يكتب تجربته مع أحمد فؤاد نجم، كما رآها هو، سواء كان صديقًا، أو رفيقًا، أو عدوًّا، أو شابًّا لم يعرفه إلا عبر شِعره. هو اختار أن يكون مشاعًا، حتى إنه صرح بأنه لا يمانع في أن يختبئ بعض شباب الشعراء تحت اسمه وينسبوا إليه قصائد لم يكتبها. ولي تعليق هنا على نسبة قصيدة بعنوان «طاطي طاطي» إلى أبي، واعتراضي الوحيد أنها قصيدة سيئة الصنع. لكن ذلك لا يعني أنني لن أرد في حال نسبة الافتراءات والكذبات والاتهامات إلى أبي. لو أنه على قيد الحياة لتركت له الأمر، وأعلم أنه لم يكن ليرد، وقد يرد بطريقته وموهبته التي لا أمتلكها. وقد حضرت معه ندوات شعرية تعرَّض فيها لهجوم، وحين حاول مقررو الندوات إيقاف المهاجمين، خصوصًا من الشباب، اعترض أبي. حدث ذلك في معرض الكتاب، وفي أتيليه القاهرة، وغير ذلك من الأماكن.

ومن المفيد رواية قصة حقيقية: كنا في ندوة في معرض الكتاب، وكان مقرر الندوة مثقفًا له باع في الأدب والشعر، رحمه الله، ولن أذكر اسمه ما دام قد مات ولا يمكنني العودة إليه للتأكد من موافقته على ذكر اسمه، وإن كان من حضر الندوة سوف يعرفه. بدأ الأستاذ بمطولة يتحدث فيها عن شعر أبي، وفنياته، وإضافته للشعر العربي، ورفعه لمستوى اللهجة العامية لتقف جنبًا إلى جنب تناطح الفصحى، إلخ. وبدأت الندوة بقصيدة ألقاها أبي، ثم طلب الأستاذ أن يطرح الناس الأسئلة على أحمد فؤاد نجم. بدأ نفر من

الشباب يتوافدون على الميكروفون ويكيلون الاتهامات لأبي والتسخيف من منجزه والاستهتار بشعره، بل بلغ الأمر أن ردد بعضهم مقتطفات من شعره ثم سخروا منها. كل ذلك وأبي يبتسم ويردد في الميكروفون: «أيوه.. أيوه». شعر الأستاذ بإهانة شخصية بسبب ما عدَّه تطاولًا من أحد الشباب، وأوقفه وقاطعه، ثم اتهمه بالجهل وعدم المعرفة، وأعطاه درسًا في الشعر واللغة والأدب، فقاطعه أبي بدوره بصوت ما أخرجه من أنفه، ثم قال:

- إيه؟ بتسكِّت العيال ليه؟ ما تسيبهم يتكلموا!

فعقَّب الأستاذ بأن هذا جهل، وأن أحمد فؤاد نجم رمز، فأعاد أبي الصوت من أنفه وقال مستنكرًا:

- رمز؟! بقى أنا عشت عمري أحارب الرموز والأصنام وجايبيني هنا تعملوني صنم؟!

ثم التفت نحو الشاب المتطاول الذي كان قد ذهب ليجلس على مقعده:

- ولا.. إنت ياض.. إنت قعدت مكانك ليه يلَا؟

فأجاب من مكانه مبتسمًا:

- الأستاذ سكتني.

- الله! دا إنت تيييت بقى! اللي يسكتك تسكت؟ قوم ياض كمل كلامك.

تردد الشاب قليلًا، فنهره أبي:

- قوم يلَا يا تيييت كمِّل كلامك، إنت خواف ولَّا إيه؟

قام الشاب مترددًا، ثم وقف مرة أخرى أمام الميكروفون وقد بدت لهجته أقل حدة في انتقاد أبي، نظرًا إلى شعوره بالامتنان لأن أبي أنصفه، فقال أبي محتدًّا:

- لا، دا إنت طلعت تيييت فعلًا، مش دا كلامك قبل ما تقعد!

فأكمل الشاب كلامه، وبدا الأستاذ غير مستقر في مكانه ثم قال:

- لا، أنا مش قادر أسمع الجهل دا كله وأسكت! ما أنا إنسان برضو وليَّ رأي يا نجم ينفع أقوله، طيب أرد عليه.

فقال أبي:

- إحنا على المنصة. إحنا في موقف أقوى. العيال تقول اللي هي عايزاه. هو إحنا نازلين تيييت أمنا جهابذة؟ ولا جهابذة ولا حاجة، أنا حمار وحاعيش وأموت حمار.

ولم تكن هذه هي المرة الأولى التي يحضر فيها أبي ندوة ويتعرض فيها للهجوم، ويرحب بالهجوم ترحيبًا شديدًا، ويتخلق بالتهذيب واللطف مع منتقديه، وبدا أن الأمر لم يكن متوقعًا ممن هاجموه، ولسبب ما شعروا بالخجل من لطفه الشديد معهم.

ما أذكره من هذه الندوة أن أكثر الانتقاد حدة جاء من ثلاثة شباب، أحدهم بعد ذلك أصبح صديقًا محبًّا متتبعًا لوالدي أينما ذهب.

أما في ندوة الأتيليه، فإنني لم أحضرها، لكنني علمت ممن حضروها أن أبي قال ردًّا على الهجوم:

- والله دا اللي قدرت عليه، وعملت اللي على أد موهبتي وعاملت ضميري، وأنا متأكد إنكم شعراء أحسن مني، ويا ريت أنا أحب أسمع من شعرك يا حبيبي.. إنت آه.

بدأ الشاب في إلقاء شعره، ويبدو والله أعلم أنه لم يرُق للحضور، ويبدو أن الحضور كانوا في الأساس قد شعروا بالاستفزاز من طريقة الشاب مع أبي، فضحكوا على شعره، فأوقفهم أبي وأبدى ضيقه من ضحكهم، وقال إنه في عمر هذا الشاب كان يكتب شعرًا مضحكًا حقًّا، وكان يكره بيرم التونسي وينتقده وهو لم يقرأ له، ثم التفت إلى الشاب وقال له:

- شِعرك كويس.

هذا ما رُوي لي من أحد أصدقاء أبي ولم أحضر الندوة والعهدة على الراوي.

لكن هذا كان في حياته، وهذا تصرفه مع نفسه. أنا لست نفسه، أنا أحد القراء الجيدين جدًّا لشعره، وكتاباته، وتربطنا صداقة وثيقة طويلة الأمد

منذ طفولتي، ولم أكن في حياته من الأصدقاء العابرين، وكون الأقدار قد كتبت عليَّ أن أكون ابنته البيولوجية فهذا لا يعوقني أو يمنعني أو يعرضني لاضطهاد الصمت الذي فرضه أبي على الأستاذ (رحمه الله). ثم إنني لست فلاحة، ولا أقابل الضيوف، حتى البغل منهم، بوجه باسم ووليمة. الضيف السخيف أُخرجه من البيت.

أحاول أن أقلل من تدخلاتي قدر المستطاع، لكنني لا أقف ساكنة أمام الافتراءات والكذب.

ثالثًا: هذا ما أذكره لا ما حدث.

قرأت على صفحة «ربنا يطورنا كلنا»[(١)] أن الذاكرة أكذوبة، أو خوَّانة، كما يقول المثل المصري، حيث كُتب نصًّا:

> «لما بتتصل برقم ما على موبايلك، موبايلك هيخزن أتوماتيك إنك اتصلت بيه، وبالتالي لما هتيجي تحاول تكلمه مرة تانية هتعمل إعادة اتصال فقط (Recall). مخك شغال بنفس الطريقة دي، لما بتحاول تفتكر حدث حصل في الماضي، إنت بتعتقد إنك بتفتكر الحدث نفسه، لكن في الحقيقة إنت بتفتكر آخر مرة افتكرته فيها 😳
>
> أمَّال الذكرى الخاصة بالحدث نفسه فين؟!
>
> اتراكم عليها تغييرات بحكم الزمن والنسيان. ولو ما كانتش مهمة ومرتبطة بشكل ما بمشاعرك فتقدر تعتبرها مفقودة خلاص. أما لو مؤثرة وارتبطت وقتها بمشاعرك فهي حاليًّا مدفونة بشكل عميق جدًّا داخل الذاكرة البعيدة في مخك ومن المستحيل استدعاؤها بشكلها الحقيقي مهما حاولت»[(٢)].

---

(١) صفحة على موقع التواصل الاجتماعي فيس بوك، دشنها ويديرها الدكتور محمد سرور، الباحث في علم الأحياء التطوري في جامعة جوته في فرانكفورت بألمانيا، لبث مادة علمية بطريقة مبسطة تساعد العامة من أمثالي على فهم النظريات العلمية المعقدة.
https://www.facebook.com/Mohamed.Srour22

(٢) https://2u.pw/S6WPZt

وبما أن كل حدث له علاقة بأبي ارتبط بشكل عنيف بالمشاعر، فإن ما أرويه الآن، وفقًا للعلم، مدفون بشكل عميق جدًّا داخل ذاكرة بعيدة في المخ، وما أستدعيه الآن، هو استدعاء لذكراها، وليس لها.

وهذا لا ينطبق على ما أكتب، أو ما يشهد به فلان أمام المحكمة فحسب، وإنما ينطبق بشكل مطلق على كل روايات التاريخ، ما دام الحدث لم يسجل أو يصور في حينه، فإن كل مرويات التاريخ، بمعنى كلها، هي انطباعات ومشاعر راويها، وليست ما حدث واقعًا. لذلك «فليبقَ كلٌّ في مكانه»، وليضع كل امرئ في حسبانه أن ما يسمعه مني أو من غيري هو إحدى الزوايا الخاصة بانطباعات الراوي، ولكل حادث زوايا مختلفة، حتى إن جرى تصويره، فمثلًا: أحداث ثورة ٢٥ يناير جرى تصويرها من الجانب الذي يقف فيه الثوار، ولم يتسنَّ لنا قَطُّ أن نشاهد الفيديوهات التي صوَّرها الأمن، لو أن لديهم ما صوروه، وهناك بعض الفيديوهات التي صوَّرها المارة أو السكان أو «حزب الكنبة» كما كان يُطلق عليهم، وشاهدناها، وهناك عدة زوايا صوَّرتها عدة جهات إعلامية لكل جهة انحيازها، وهكذا. بل إن قراءة التسجيل المصور الواحد تختلف في حينها بين متفرج وآخر، فهناك من يقول: «شوف، شوف الأمن بيضرب إزاي؟»، وهناك من يقول: «شوف، شوف البلطجة والفوضى بتاعة المتظاهرين»، إلخ.

ماذا عسانا نفعل أمام هذه «الكحولة»؟

نحترم التجربة الإنسانية أيًّا كانت. فالإنسان في حد ذاته، فردًا كان أو مجموعة، مخلوق جميل، مكافح، معذَّب، متفرد بين زملائه من الثدييات والفقريات والحيوانات بشكل عام.

رابعًا: أتقاضى ثمن ما أتعرض له بالفعل.

ترددت كثيرًا قبل كتابة هذا النص (وسأكرر عليك بين الفينة والأخرى أنني أشعر بالحرج، فلا تمل، ولو مللت اطوِ الكتاب وعوضك على الله في

الفلوس)، فأنا لست الشخصية المفضَّلة لدى الجميع، ولا أرغب في التعرض لتجريح في شخصي، أو أن أشعر بالذنب لأنني جلبت على أبي تجريحًا، ولا أعرف كيف أكتب بمواءمات وبميزان. طوال حياتي أتبنى مدرسة «تيار الوعي» في الكتابة، بقول آخر، أكتب ما يعنُّ لي، وما دمت أشعر بأن الكتابة متدفقة فأنا أكتب، ولا أتوقف إلا حين يتوقف التدفق. ولا أكذِّب ما أشعر به، ولا أجمِّل حقيقة أحاسيسي، وقد حاولت مرارًا وتكرارًا أن أستعير هذا الميزان من كُتَّاب آخرين وأكتب بحرص، فلم ينتج أي شيء على الإطلاق. ونظرًا إلى الظروف المناخية، ولأن البلاد لن تتحمل تيار الوعي الخاص بي، فقد توقفت عن الكتابة تمامًا.

الناس لا تحب من لا تحبه، وتحب من تحبه، و«شهداء ٢٥ يناير ماتوا في أحداث يناير»(١). يمكن لمن يحبك أن يخبرك بأن ما كتبته أو ما فعلته لم يكن مناسبًا، أو أنه ليس جيدًا بالقدر الكافي، لكن لا يمكن لمن لا يحبك أن يقول شيئًا إيجابيًّا عنك، خصوصًا وأنت تتحدث عن عُقد الطفولة وأزمات ونوائب وارتجاجات نفسية تعرضت لها في سن مبكرة. هذا لن يسفر إلا عن تعليقات من قبيل: «البت دي معقدة نفسيًّا»، «آه ما هي عشان كده بقى نزلت الثورة عشان تفك عقدها»، «آه ما هي قلعت الحجاب عشان معقدة»، «آه ما هي مش بتاكل كوسة بالبشاميل عشان معقدة»، وبصرف النظر عن كون الكوسة لا تصلح مع البشاميل بكل أمانة، فقد ينهش البعض في سيرتي وسيرة أبي، وهذا متوقع.

بالتفكير في كل هذه التبعات أحجمت قليلًا عن الكتابة، لكن، وبعد ذهاب نوبة القلق المعتادة، تذكرت أنني دفعت الثمن مقدمًا. لقد تعرضت

---

(١) أغنية غناها الفنان حمادة هلال بعد اندلاع الثورة، ويبدو أن كاتب الأغنية لم يكن يستوعب بعدُ ما الذي حدث، فلم يجد ما يقوله سوى «شهداء ٢٥ يناير ماتوا في أحداث يناير»، فجرت طرفة بين أبناء الجيل الذي حضر الثورة، وأصبحت تعليقًا على كل من يقول البديهيات.

لكل أشكال التنمر والنهش والخوض والتسافل حتى وأنا حبلى أقف على قبر أبي، ومن دون أن أتحدث عن شيء يخصني. لا بأس من الحديث إذن.

لماذا أريد أن أتحدث؟

لأنني أحب الكلام.

لأنني أشعر أن صياغة ما ضايقني، وما أضحكني، وما أحزنني، وما ملأني بالزهو والفخر، وما أخزاني، وما أحرجني، ومشاركته مع الناس، ستساعدني بشكل ما.

لأنني أشعر أن هناك فتيات كثيرات قد يجدن أنفسهن في بعض هذه الصفحات، ولأنني أحب مواساة الناس. مواساة الناس تواسيني.

ولأن أبي يستحق الكلام عنه، والشيء بالشيء يُذكر، وبما أننا ذكرنا نظرية علمية آنفًا، فلا بأس من التذكير بما أشار إليه ستيفن هوكينج بشأن تغير مسار الإنسانية بمجرد أن عُرفت اللغة. أو كما ورد في إنجيل يوحنا: «في البدء كانت الكلمة».

ولأنه مهما كتب عن نفسه فستظل الصورة ناقصة ما لم يكتب عنه شخص منزه عن العداوات.

نعم، لست منحازة إلى أبي، وقد أبدو منحازة في بعض المواقف (سوف تصادف أشياء من هذا القبيل كثيرًا في الكتاب، فحاول أن تتفهم ذلك).

أبي أحبه، لكنني لست منحازة إليه، أو ربما منحازة لكنني لا أغض عين النقد عنه، وربما قد ساعدني هو، بسبب سلوكه معي، في ألا أتحول إلى فتاة حالمة تردد: «مش هتجوز غير حد شبه بابا»... لا، لا، لا، لا، لا... حوالينا لا علينا يا رب، «شبه بابا» دا إيه؟

بسبب سلوكياته معي فأنا أجد المثالب وأشير إليها، وهو يصفق لي بشدة حين أشير إلى مثالبه. ولا أحب بعض قصائده، وكان يسعد بذلك. وقلت له إنني أكره قصيدة «أنا أتوب عن حبك»، لأنها لسان حال رجل يريد أن يتحلل

من علاقة ولا يريد أن يقول صراحة إنه فقد شغفه بالعلاقة حتى لا يفقد محبة الطرف الآخر، فهو يهرب منها وما زال يرغب في أن تظل هي تحبه، وهو ما يقال عنه الآن باللغة العصرية علاقة «Toxic»، أي علاقة سامة.

هو يعلم أني أحبه، ويعلم أني أقدِّر قيمته كشاعر، ويعلم أني أقدِّر قيمته كإنسان. انتقادي لصفات، هو نفسه يراها سلبية، أو لقصائد كتبها، يعني أن تقريظي لخصال وقصائد أخرى يأتي مخلصًا وصافيًا ومنزهًا عن الأغراض.

هو كان يحب النقد، لكنه لا يحب اللوم. كنت ألومه في بعض الأحيان، لكنني لم أكثِر من اللوم. وفي المرة التي لُمته فيها كتب قصيدة «حضرة المتهم أبي».

لن يجد القارئ ما ينتظر من أشياء غرائبية، أو قصص تلهب حماسة النضال والوطنية، أو إنجازات عظيمة. هي قصة طفلة، مراهقة، شابة، عاشت في ظل شخص استثنائي على المستويين الإبداعي والإنساني، تمر بأحداث لم تفهم بعضها، وطبَّعت مع جُلها باعتبار أن هذه طبيعة الأشياء، ثم تبينت حين نضجت أن هذه ليست طبيعة الأشياء، وأن هناك تجربة إنسانية تستحق أن تُروى حتى إن بدت عادية.

«مد الخطوة وامشي، تلجى الصعب فات»، نصيحة ذهبية.

قد تكون هذه السطور محاولة للتصالح مع «الطفل الداخلي»، لكنها في النهاية انعكاسات للظلال المحيطة برجل عظيم ما زال يعيش بين الناس بكلماته وصوته:

وإن كنت ناصح وفهمت المجالة
فهِّمها يا ابني للي ما فاهمشي
بسيطة
كيف الدنيا لِف ودُور
يا طَنبور
هِم شوية

خلِّي الميه
تَغطي البُور
يا طَنبور

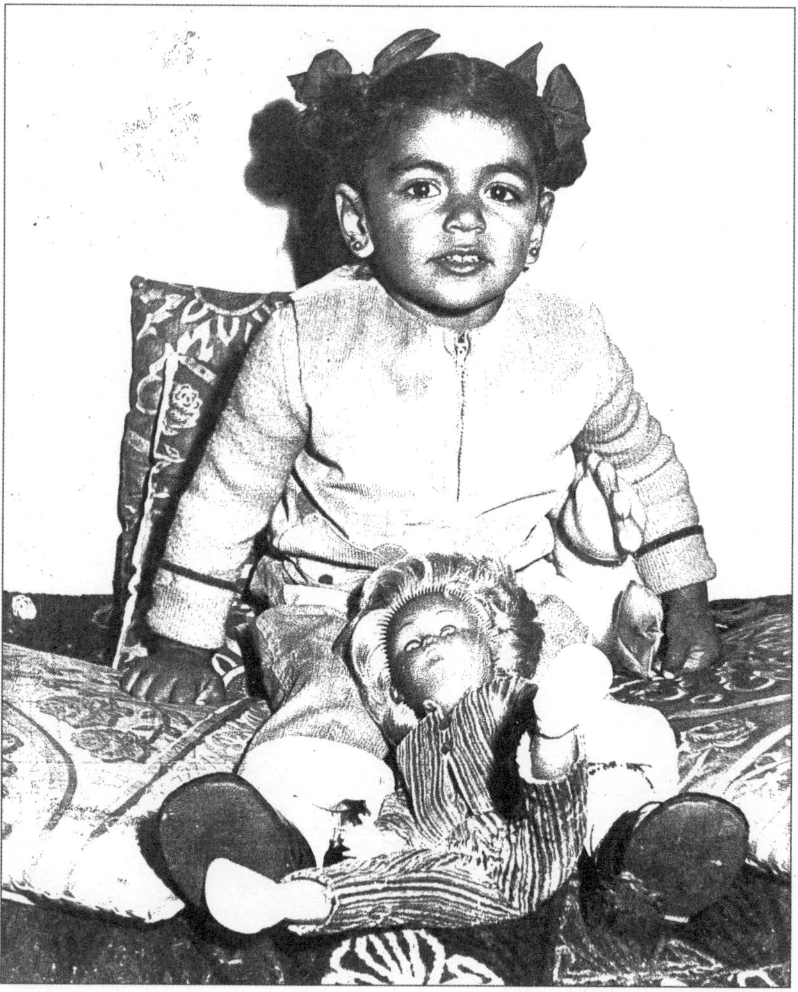

أنا فور وصولي إلى العراق

١
بابا أدو

باستنظرِك
باستنظرِك
رغم القساوة في منظرِك
لحظة هروبك يا رباب
م الحب لما استنصرِك
باستنظرِك

أنا الابنة البيولوجية لكاتب هذه الأبيات. سمعت روايات عدة من أمي عن بداية علاقته بي وأنا رضيعة، لكن علاقتي الواعية به بدأت بالصور وشرائط الكاسيت. ذاكرة طفولتي تبدأ من العراق، حيث هربت أمي من سطوة الحاكم آنذاك، الرئيس الراحل محمد أنور السادات، بعد أن تعرضت لصدمة تشق على كل أم، حين أُلقي القبض عليها وأنا ما زلت في مرحلة الرضاعة. ربما لم أستشعر هول الصدمة التي مرت بها أمي في حينها إلا بعد أن أنجبت طفلَي. بمجرد أن خرجت أمي من السجن لتجد ابنتها وقد فُطمت قهرًا، قررت أن تترك البلاد ذاهبة إلى التدريس في الجامعة المستنصرية ببغداد. لكنها حرصت على خلق علاقة بيني وبين أبي على الرغم من انفصام عروة الزواج بينهما بسبب بُعد المسافات. كانت تحرص على أن تضع صوره في

كل مكان، صور بالأبيض والأسود لرجل نحيل، مبتسم بزاوية فمه، تحمل عيناه سخرية ما، لذلك فقد تعلقت بشدة بعادل إمام!

نجم وصافي

كنت أقول للضيوف الذين يأتون إلينا في المنزل وأنا أحمل صورة والدي:

ـ بابا شبه عادل إمام!

فيجيب الضيوف بتردد:

ـ لا مش شبهه.

فأصر:

ـ لا، شبهه.

أرى تلك السخرية الكامنة في عينيه، وأعلم أنها تشبه سخرية عادل إمام، إذن فهو شبه عادل إمام يا بشر، ثم أضيف:

ـ عادل إمام لما كان صغير، لما كان رفيع أوي.

فيصمت الناس عزوفًا عن معارضة طفلة في الرابعة لم ترَ والدها منذ أن كانت رضيعة. كنت أسمع صوته في شرائط الكاسيت وهو يغني، وهو يلقي الشعر، وهو يرسل إليَّ برسائل من مصر من حين إلى آخر، وصوته في شريط وهو يلاعبني ويدغدغني ويعضني حين كنت رضيعة لا أعي، حيث قامت أمي بتسجيل هذه اللحظات، وكأنها كانت تعلم أنني سوف أحتاج إليها في يوم ما لأتأكد من أن لي أبًا.

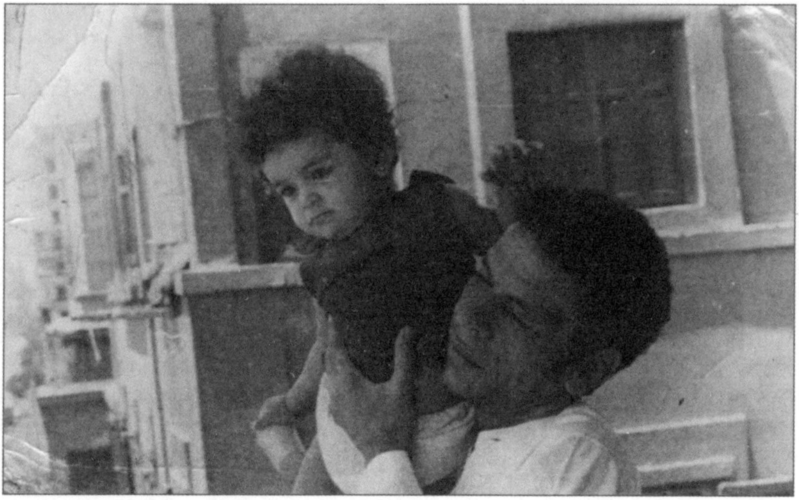

بابا أدو

تعلمت استخدام جهاز التسجيل والتعامل مع شرائط الكاسيت في سن مبكرة جدًّا، ربما في الثالثة أو الثالثة والنصف من عمري، لا أذكر بالتحديد، وكنت أعرف مكان شرائط أبي:

ـ ماما عايزة أسمع بابا.

ـ طيب.

كانت عبارة «ماما عايزة أسمع بابا»، هي المعادل الموضوعي لعبارة «ماما عايزة أقابل بابا» لما نزلنا مصر في إجازة، وحدث ذلك مرتين، كنت

أصر على مقابلة أبي. كنت أعلم أننا في العراق لا يمكن مقابلته. أذكر أنني لم أصر مثل الأطفال وأطلب أشياء مستحيلة، كأن يحضر أبي، أو نعود نحن لمصر. كان لديَّ استسلام كامل لإرادة الكبار وظروفهم. في العموم كنت طفلة ومراهقة طيِّعة، طويلة اللسان... لكن طيِّعة إلى درجة أن أمي كانت تتمكن من العمل وأنا جالسة بجوارها، تكتب مقالاتها، تحضر محاضراتها، تصحح أوراق طلابها، تتحدث مع أصدقائها في الهاتف لمدة ساعة أو ساعة ونصف، تقرأ الكتب، كل ذلك وأنا بجوارها لطيفة ألعب في هدوء، أقلدها أحيانًا، ولا أزعجها مطلقًا. وياختي عليَّ، الأمهات عادة ما يشتكين من أنهن لا يملكن دخول بيت الراحة لقضاء حوائجهن، وأنا كنت نسمة: أمثِّل وأغني وأرقص وأرتدي ملابس من اختراعي وأقلد الناس ومنغمسة في حالي تمامًا، كل ذلك من دون ضوضاء تُذكر.

أكثر الشرائط التي كنت أحب سماعها هذا الذي أشرت إليه؛ لم يكن به أي حديث ذي مغزى، كان صوت رضيعة تضحك، تحاول النطق بالكاد وهي تبكي فجأة:

ـ بابا أدو (بابا عضو، أي أبي عضني).

فيكرر أبي:

ـ عضو؟ بابا عضو؟ إنت زعلان؟ لا يا روحي أنا ما أقدرش أزعلك.

ثم يدغدغني فأضحك حتى ينقطع نفسي، ثم أبكي فجأة، وأعود لأكرر الشكوى من أنه عضني، حتى أسمع صوت أمي:

ـ كفاية. البنت تعبت يا نجم.

وهكذا سيداتي آنساتي سادتي، استمرت علاقتي طوال عمري بأبي، يعضني فأبكي ثم يدغدغني فأضحك، بالمعنيَين الحرفي والمعنوي. وأمي تتدخل دومًا: «كفاية. البنت تعبت يا نجم».

* * *

مع أسرة نجيب سرور

كنت أستمع إلى شريط أرسله أبي وأنا صغيرة إلى أمي فور وصولها إلى العراق، وكان يقول فيه إنه سيأتي هو والشيخ إمام[١] ومحمد علي[٢] إلينا في بغداد، وقال لها:

- حضري الأكل عشان أنا جايبلك ناس ما كلوش بقالهم سنة وجعانين جوع تاريخي.

وغنى مع الشيخ إمام في هذا الشريط أغنية «نوارة» وأغنية «هلي يا شمس البشاير»، لكنني كنت أحب أن «أجرِّي» الشريط لأستمع في نهايته إلى أغنية «حلوا المراكب» لنجيب سرور، فتقول ماما:

- بتعملي إيه يا نوارة؟

- باجرِّي الشريط عشان عايزة أسمع حلوا المراكب وأعيط.

هذا هو الهدف الوحيد؛ أن أبكي. كانت بداخلي طاقة كبيرة من البكاء، وكنت لا أبذل جهدًا لجلبها، لكنني كنت أبحث عن محفز. وبخلاف أغنية «حلوا المراكب»، كنت أشاهد أغنية «قارئة الفنجان» في التلفزيون العراقي وأبكي.

* * *

بالطبع لم يأتِ أبي إلى بغداد، وحدث الطلاق بينه وبين أمي. بعد طلاقهما بسبب زواجه من الفنانة عزة بلبع - لم تكن فنانة في حينها - أثناء تغيب أمي في العراق، تزوجت أمي من الدكتور عبد الأمير الورد (رحمه الله)، كان أستاذًا عراقيًا في قسم اللغة العربية بالجامعة. اصطحبتني أمي في زيارة إلى القاهرة، وكان وقتها أبي في السجن. مما علمت من أمي،

---

(١) الشيخ إمام، اسمه الحقيقي إمام محمد أحمد عيسى (٢ يوليو ١٩١٨ - ٧ يونيو ١٩٩٥)، رفيق أبي في الفن والنضال والكفاح، ولحَّن له أغلب أعماله في فترتي الستينيات والسبعينيات.

(٢) محمد علي، فنان تشكيلي تلقائي، وثالث الثنائي، ورفيقهما.

فإن رئيس النيابة مصطفى طاهر، رفض في البداية السماح لنا بزيارة أبي، وقال لها:

ـ مراته كانت عنده الأسبوع اللي فات.

فقالت أمي:

ـ دي بنته وجاية من العراق وعايزة تشوفه لأننا قاعدين فترة قصيرة.

فأفصح الرجل:

ـ أنا مش قد نجم يا صافي ناز، يقولي دخلتلي جوز صافي ناز الزيارة!

فطمأنته أمي وهدأت من روعه وأعطانا الإذن بالزيارة.

هكذا أبي، كان سيطرة في السجن.

هذه هي المرة الأولى التي أرى فيها أبي في حياتي الواعية. جلست بجواره في صالة الزيارات، وأخذت أتأمل وجهه، وأنظر إلى أمي:

ـ ماما، عينيه خضرا.

ـ أيوه يا حبيبتي.

ثم أنظر إليه مرة أخرى:

ـ ماما، شايفة الحسنة اللي تحت عينه؟

كان مشهدًا غير مألوف بعض الشيء، إذ إنني أذكر جيدًا أن عمو أمير أخذ يمتدح أبي، ويعبر عن شعوره بالفخر بأنه يقابل شاعرًا عظيمًا ومناضلًا مثله.

لا أذكر ماذا قال أبي ردًّا على عمو أمير أو ما قاله لي، لكنني أذكر نظرته إليَّ، تلك النظرة الحانية الجميلة التي رأيتها في رؤيا منامية كانت تخبرني بوفاته بعد هذه الواقعة بنحو خمسة وثلاثين عامًا. وأذكر أيضًا الضباط الذين حضروا الزيارة، وأذكر ابتساماتهم لي، وأذكر الضابط الذي ذهب وقطف وردة من حديقة السجن وأعطاها لأبي ليهديها لي، وأذكر

شكل هذا الضابط وابتسامته، كان ضخمًا ـ أو هكذا كان يبدو لطفلة ـ حليق الذقن، خمري البشرة، عيناه واسعتان.

الحقيقة أن الضباط الذين دأبوا على احتجاز أبي أو اعتقال والدتي عادةً ما كانوا يبتسمون لي، وينظرون إليَّ بحنان!

تقدم الضابط صاحب الوردة وهمس في أذن أبي، فنظر أبي إلينا وقال:

ـ الزيارة انتهت.

تشبثت بأبي وقلت:

ـ لا!

فقال لي:

ـ هتيجي بُكرة.

فقالت أمي:

ـ ما تكذبش عليها يا نجم. لا يا ماما إحنا مسافرين، سلمي على بابا واحضنيه.

لكنني أذكر أيضًا أنني رُحت أبكي ولم أشعر بساقَي، ولم أتمكن من السير، واضطر عمو أمير إلى حملي على كتفه وهو يبكي ويردد:

ـ يابا يابا يابا يابا!

ثم عدت إلى العراق، وطفقت أسمع صوت أبي وأشاهد صوره.

مع عمو أمير وصافي

* * *

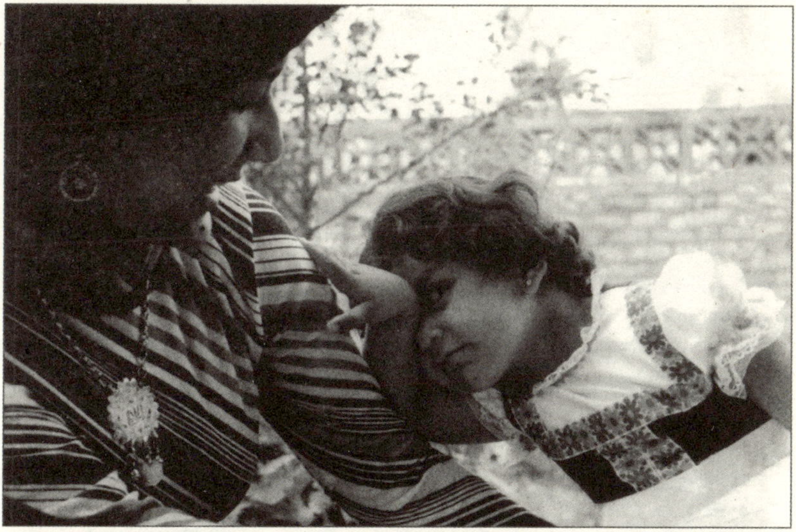

مع صافي في العراق

وأنا في سن السادسة، أي قبل عودتنا من بغداد إلى القاهرة بعام واحد، نادت عليَّ أمي:

ـ يلَّا يا نونو، سجلي لبابا. دا شريط لبابا.

فتحت لي التسجيل وتركتني وخرجت. لا أذكر كم جلست أتحدث إلى جهاز التسجيل، لكن من المؤكد أنني تحدثت كثيرًا، لأن وجه الشريط الأول انتهى وأنا ما زلت أتحدث، كنت وقتها أعاني من أعراض زكام، و«أشن» طوال التسجيل، كذبت كثيرًا، قلت له إنني في الثامنة ولست في السادسة (لا أعلم ما سر هذه الكذبة تحديدًا)، وإنني في الصف الثالث الابتدائي، وقلت له: «عندنا تلفونين، واحد أحمر وواحد أخضر، والأحمر باحبه والأخضر باكرهه»، وبعدين صعب عليَّ الأخضر فقلت: «لا، لا، لا، الأخضر باحبه برضو. يا بابا ليه ما تجيلناش العراق؟ يعني بعد ما تتحرر مصر تعالى عندنا، أنا عايزاك تيجي، لحد ما تيجي عندنا بقى لو عايز أي حاجة قولي، يعني ابعتلي رد على الشريط دا عشان أفهم منك، عايز فلوس... حاجة... هابعتلك!».

انتهيت من «عرضي التمثيلي»، وظننت أن أمي ستحترم خصوصيتي ولن تستمع إلى التسجيل، وسيسترني الله في كل هذا الكذب، لكنني أذكر أنني شعرت بضيق شديد حين نادتني وسجَّلت الحوار بيني وبينها على الوجه الآخر من الشريط لترسل تكذيبي لما قلته بصوتي إلى أبي:

ـ نوارة، إنتِ عندك كام سنة؟

نظرت إلى الجهاز ورأيته وهو يسجل، وفهمت أنها استمعت إلى الشريط، وشعرت بخزي وحرج شديدين وأنا أجيب:

ـ ستة.

ـ وإنتِ في سنة كام؟

ـ أولى ابتدائي.

ـ وإحنا عندنا كام تلفون؟

ـ واحد.

ـ لونه إيه؟

ـ بيج.

ثم طلبت مني الذهاب، وذهبت وأنا في منتهى الخجل.

بالفعل رد عليَّ أبي وهو يضحك: «إنتِ بت كذابة زي أبوكِ»، فشعرت بحرج مضاعف، لكنني ابتسمت لأنني سمعت صوت الشيخ إمام وهو يقول: «سلامتك يا نوارة، شكلك «بزكوبة»». لكن ما زاد في حرجي هو سماعي لصوت ضحكات المحيطين.

لم يمر العام حتى اضطررنا إلى العودة إلى القاهرة، ولم تكن تلك أفضل اختياراتي، فقد كنت أحب زوج أمي الدكتور الراحل عبد الأمير الورد، وكانت أشهر أمنياتي التي أعبر عنها لأمي: «يا ريت نتجمع كلنا أنا وبابا وماما وعمو أمير».

للمرة الثانية تجبرني الظروف السياسية والاختيارات والتوجهات، التي لم أخترها، على أن أرحل من مكان يعز عليَّ، وأفارق حبيبًا لن أراه مرة أخرى.

لم يخبرني أحد بأننا ذاهبون بلا رجعة. كنت ألعب في بيتنا بالعراق في حي الخضراء، وحقائب السفر مُعَدة حولي، وأم حسن، خالة عمو أمير، تبكي، وأمي تكتم دموعها حتى لا تُشعرني بأي مأساة. كنت طوال الطريق إلى المطار ألعب وأضحك، ولما حانت اللحظة التي سنفارق فيها عمو أمير وندخل إلى صالة المسافرين، انفجرت باكية صارخة متشبثة بعمو أمير، وما زال مشهده وهو واقف يبكي وأنا أصرخ وأمي تحملني بعيدًا حاضرًا في ذهني.

الأطفال يتجاوزون الآلام بسرعة. ركبت الطائرة وأرهقت المضيفة بطلباتي: «عايزة عصير»، «عايزة شوكولاتة»، «عايزة آكل تاني». ثم أشارت أمي من نافذة الطائرة:

ـ مصر أهي يا نوارة.

فأخذت أهتف بكل حماس:

ـ مصر أم الدنيا!!!!!!!!.

عُدت إلى القاهرة.

بدأت الالتحام المباشر مع لاعب الفرورود الرئيسي، الذي طالما سدَّد أهدافًا في مرمى الحياة: أبي، الشاعر الفذ، والأب المثير للجدل، أحمد فؤاد عزت نجم ابن هانم.

٢

إزيك يا مجدييييييي

من فيلم «إكس لارج»

توت حاوي
حاوي توت
خُش اتفرج هرَّج فُوت
زاحم لاحم عارك اضرب
ناضل فاضل خطوة وتقرب
الحق نفسك قبل ما يلعب
وامسك نفسك جُوه الملعب
دا انت هتضحك لما تموت
توت حاوي
حاوي توت

عدنا!!!!!!!... وبكل حس وطني مبتذل، كنت أقف في شرفة منزلنا في القاهرة أعلن عن سعادتي بالعودة إلى الديار، وأخبر جماهير الشعب العامل بقدومي الميمون، وأؤكد لهم على معلومة مهمة وهي أن «مصر أم الدنيا!!!!!!!!!!!!!!!!!!!!!!!ععععععععع»، في انتظار ترحيب من الجماهير المارة الذين فاجأوني بعدم الاكتراث وانشغالهم بالبيع والشراء وملاحقة المواصلات وتبادل السباب فيما بينهم بصوت عالٍ.

ما هذا يا شعب؟! لقد وصلت بحمد الله، وأطلعكم على أن مصر أم الدنيا، ليه قلة التقدير دي؟

بعد تحية الجماهير، أول ما طلبته هو مقابلة أبي. لا أعلم كيف وصلت أمي إلى عمو محمد علي، الفنان التشكيلي التلقائي (رحمة الله عليه)، الذي حضر إلى منزلنا وأخبر أمي أن أبي هارب من السجن، فبدا على أمي الأسى:

ـ بس البنت عايزة تشوف أبوها.

فأجابها بكل تأكيد وحماس:

ـ هتشوفه، ما أنا عارف هو فين، لبسيها وهاخدها لأبوها.

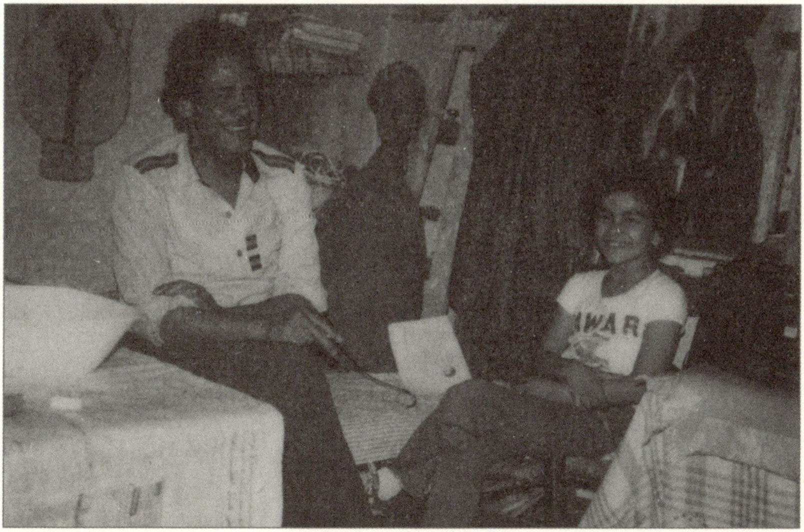

مع عمو محمد علي صديقي

اصطحبني عمو محمد علي إلى بيت في مصر الجديدة، وقال لي إن أبي اسمه «مجدي»، وإنه متخفٍّ وهارب من السلطات، لذلك فعليَّ أن أكون حريصة، وألا أتحدث مع أحد. راح يؤكد ويؤكد، فشعرت بمسؤولية كبرى، وأحسست بالإثارة والمتعة والتشويق، وأعددت نفسي لمهمة نضالية سرية كبرى، وتلبستني روح السيدة التي كانت ترتدي إيشاربًا ونظارة في فيلم «شروق وغروب»[١].

مناضلة سرية ـ من فيلم «شروق وغروب»

سرت مع عمو محمد علي وأنا أجول ببصري في محاولة لأن أبدو طبيعية، ثم أنبهه:

ـ عمو، الراجل دا ماشي ورانا.

ـ لا، مش ماشي ورانا ولا حاجة.

ـ عمو، الراجل دا بيبصلنا.

ـ عادي، بني آدم ماشي في الشارع وبيبص حواليه.

---

(١) فيلم «شروق وغروب»، إخراج كمال الشيخ، وسيناريو وحوار رأفت الميهي، وبطولة سعاد حسني ورشدي أباظة وصلاح ذو الفقار ومحمود المليجي.

وصلنا إلى العقار الذي يختبئ فيه أبي. صعدت درجات السلم على أطراف أصابعي، حتى لا يسمع الجيران وقع قدمَي، بينما كان عمو محمد يحك قدميه على السلم: «تشك تشك تشك»، ثم طرق الباب بعنف: «طاخ طاخ طاخ». فتح الباب عمو نجيب شهاب الدين[١]، فدلفنا إلى بهو بدا لجسمي الصغير أنه كبير، وكان يعج بكل سكان «حوش آدم» (اسمه الحقيقي «خوش قدم»، أي قدم الخير، وهو اسم لأحد المماليك، لكن المصريين قرروا أنه «حوش آدم»، وهو اسم أكثر واقعية):

ـ إزيك يا نوااااارة. أنا عمك محمود اللبان[٢]، تلاقيكِ ناسياني.

وصوت آخر:

ـ أهلًا أهلًا أهلًا... حمد الله على السلامة. ما شُفتكيش من لما كنتِ في اللفة.

وصوت عمو حسين الباشا[٣]:

ـ هاتي بوسة يا بت... دا إنتِ شاخة على رجلي[٤].

وهتفت الجموع في ترحيب كبير بقدومي بينما ينادون:

---

(١) نجيب شهاب الدين، شاعر مصري، له عدة قصائد أشهرها: «يا مصر قومي وشدي الحيل» و«سايس حصانك».

(٢) محمود اللبان، نحات تلقائي، من أبناء حوش آدم، كان يصنع إطارات الصور، والتماثيل، واكتشفه المثقفون مصادفة في أثناء توافدهم على حوش آدم للاستماع إلى غناء الثنائي إمام-نجم المحرم في الستينيات والسبعينيات.

(٣) أحد أصدقاء والدي، وكان جارًا لأمي، لكن أمي قاطعته لأنه شهد على زواج أبي من عزة بلبع، ولما برر لنفسه قائلًا: «يا صافي، نجم اللي اتجوز مش أنا»، أجابت: «بس فيه حق جيرة. كنت تقوله دي جارتي ما أشهدش على خيانتها».

(٤) هذه الواقعة حقيقية، على حسب الشهود (أمي وأبي)، فبالفعل وقت أن كان عمري أشهرًا يبدو أنني سربت بعض المياه عليه، وظل يفتخر بذلك لسنوات، ثم أعلنها ذات مرة، في فترة مراهقتي، حين فتحت له الباب وأنا أرتدي غطاء رأس، فارتفع صوته وقال: «إنتِ بتتحجبي عليَّ؟! دا إنتِ شاخة على رجلي»، وفتح جميع الجيران أبوابهم لمعرفة الشخصية التي «شخت» على رِجل حسين الباشا.

ـ يا مجدييييي... نوارة جت... يوووه بينسى اسمه... يا نجم... نوارة جت.

كان الجميع يمارسون حياتهم بشكل طبيعي، هناك مجموعة تتناول طعامها وتقول:

ـ كلتي ياااا نوااار ااا ععععععع؟ تعا كلي.

رجل أو اثنان يغطان في نوم عميق. واثنان يلعبان الطاولة وحولهما نفر من الرجال يشجعون:

ـ ههههععع... السع.

ودخلت لأبي في غرفة تعج بالناس وهو يشاهد التلفزيون، وحوله من يغني ومن يتناقش وهو يكتب شيئًا في ورقة. وكان من بين الحضور عمو عصمت النمر، أحد أصدقاء والدي، وأحد جامعي تراث الشيخ إمام، وعمو أسامة خليل، الذي كان يُنادى بـ«أسامة الفيل»، وكان محاميًا (رحمه الله)، وكان هذان الاسمان من الأسماء الثابتة في حياة أبي. وأذكر أنني قلت لأبي:

ـ هو إيه الفيل والنمر؟ إنت فاتح جنينة حيوانات؟

وبدلًا من تأديبي نقل ما قلته لهما فضحكا.

بعد العناق وتبادل الأشواق، خرج أبي إلى الشرفة ونادى على حارس العقار ليشتري له سجائر.

لكن إحقاقًا للحق، التزم الجميع بمعايير السلامة والحرص والخضوع للهاجس الأمني، فلم ينادوا أبي إلا باسم «مجديييي».

أبي متخفٍّ، أطلق شاربه وأطال شعره وصففه كـ«الخنافس».

دق الباب، فهرعت لأفتحه لحارس العقار الذي قال لي:

ـ ادي السجاير دي للأستاذ مجدي اللي هو الأستاذ نجم يعني، اوعي تتلخبطي وتديها لحد من اللي جيوه أحسن يضربوا عليها زي المرة اللي فاتت.

بعد انتهاء اثنين من تناول الطعام وشرب الشاي والتشارك في «الجوزة»، قاما بتحية أبي وذهبا. وسمعت عمو نجيب شهاب الدين يقول بعد ذهابهما:

ـ ما ينفعش كده يا نجم!

فأجاب أبي:

ـ غلابة يا أخي. هما عملوا حاجة؟ ما بييجوا ياخدوا واجبهم ويمشوا.

وفهمت من سياق الحديث أن الصديقين الطيبين ليسا سوى اثنين من المخبرين، يأتيان كل يوم ليجالسا أبي، فيأكلان ويشربان و«يصطبحان» ويضحكان ويذهبان.

قام أبي ودخل إلى الحمَّام، ثم خرج مرتديًا بنطالًا من الجينز وقميصًا أبيض، ونادى أحد الأصدقاء ليصطحبني أنا وأبي في نزهة بسيارته.

ـ يا بابا إنت هتنزل؟! إنت مش هربان من البوليس؟!

ـ لا ما أنا متخفي، مش هيعرفوني.

نزلنا ومعنا صديق أبي، الذي أحببته بشدة بسبب هذا المعروف الجميل، ولا أذكر اسمه الآن لأنني أطلقت عليه اسم «الفلاح الكافر»، ولهذا قصة سأرويها لاحقًا.

خرجنا من باب العقار وسرنا في الشارع، وكان أبي يحيي البقال والفكهاني والخُضري، ثم اشترى لي لبان «بمبم» قبل أن نركب السيارة.

في ذلك الوقت كانت شركة «بمبم» قد أصدرت ألبوم صور لشخصيات عامة، ومن يستكمل هذا الألبوم ويرسله يدخل السحب ويربح جوائز، وكانت الأغنية الشهيرة: «بمبم... بيقدم جوايز بيقدم جوايز... بمبم». فتحت بسرعة لفافة اللبان، واستخرجت الصورة، فوجدتها لشخص نسخة مستنسخة من أبي كما ظننت وقتها، خصوصًا أنه كان يصفف شعره على طريقة «الكنيش» ويطلق شاربه، وكان ذلك الرجل يرتدي فانلة بيضاء بها خطان أحمران. قلت لأبي:

ـ مين دا يا بابا؟

ـ دا حسن شحاتة، بيلعب في الزمالك.

ـ ودا كويس؟

ـ محدش ينكر عظمة حسن شحاتة إلا جاحد.

ـ هو حضرتك زمالكاوي؟

ـ حضرتي؟! حضرتي إزاي يعني؟ إيه حضرتك دي؟! شايفاني تيييت؟

ـ أمّال أقولك إيه؟

ـ لا، أنا أهلاوي.

ـ يعني أقولك يا أهلاوي؟

ـ هه؟!

كانت معضلة أكبر من تصور أبي، فـ«حضرتك» هذه كانت مشكلة حياتي التي سببت لي «ترومات» كما يقول رواد الفيس بوك، ويقصدون بها الصدمات. فكما ذكرت آنفًا، كنت طفلة طيعة ومراهقة «متقفل عليها»، ولم أتسبب لأمي في مشاكل، ولم يُستدعَ ولي أمري إلى المدرسة، ولم أرسب في الامتحانات، ولم أكن طفلة مغامرة تقدم على القفز من النوافذ، ولم أحظَ في مراهقتي بأي فرصة للشقاوة. باختصار، لم يكن هناك سبب يستدعي التحديف بالشباشب ومقاطعتي لمدة يوم كامل وأحيانًا يومين سوى أنني كنت أنسى وأقول لأمي «أنتِ» بدلًا من «حضرتك». وكان بيتنا يشتهر بين الجيران في العباسية باسم «عيلة حضرتك»، و«حضرتك» هذه كانت قصة طويلة، مما دفعني إلى منع أبنائي قسرًا من نطق هذه الكلمة البغيضة التي عكرت عليَّ طفولتي ومراهقتي. وكان ذلك بمثابة بَسترة، فأنا في بيت أمي لا أجرؤ على أن أبدأ جملة بدون «حضرتك»، ثم أذهب إلى أبي فيشعر هو وأصدقاؤه بسعادة جمة إذا ما قلت أي ملاحظة أو صياغة فيها تطاول على من هم أكبر سنًّا!

المهم، أسررت في نفسي أنني من الآن فصاعدًا أشجع الزمالك، لخاطر عينَي حسن شحاتة الذي يشبه أبي، ولم أبُح لأبي بهذا السر، ولم أخبره في لحظتها أنني أشجع الزمالك، خصوصًا أنه انهمك في حديث مع صديقه عن الأهلي، وبيبو، وأسماء أخرى لا أذكرها. لاحقًا، لاحظت أن أبي يجري حافيًا في الشوارع كلما فاز الأهلي بأي مباراة، مما أخَّر اعترافي له بزمالكاويتي التي تمسكت بها حتى اللحظة الراهنة.

عزمنا صديقه في مطعم على النيل، وجلسنا نأكل، ثم ركب بنا طريق سفر لا أعلم اتجاهه، وذهبنا إلى مكان ريفي لا أعلم حتى الآن اسمه، واستضافنا في بيته الريفي الجميل، وقدم لنا الفطير والعسل والقشدة، وراح يتحدث مع أبي ويحثه على الإلحاد! هكذا بكل بساطة. لم أفهم جُل الكلام، لكنه كان يتناقش معه في عدم لياقة إيمانه بالله والرسول وهو الشاعر الكبير ذو العقل الواعي وصاحب النضال اليساري، وأن ذلك يتناقض مع إيمانه بالخرافة، إلخ. وأبي يشد شعرة في ذقنه، ويُحدث صوتًا بفمه نعرفه حين يشعر بالملل، ويردد: «آه... آه... آه».

بعد أن أنهى «الفلاح الكافر» حديثه صمت في انتظار رد أبي وقد لمعت عيناه بسبب شعوره بأنه قال كلامًا لا يمكن دحضه، فأجابه أبي:

- ما إنت عيل تيبييت!

وللمفاجأة، فقد كان هذا الرد المختصر أكثر إفحامًا من كل الخطبة العصماء التي ألقاها صديق أبي، فلم يفتح معه الموضوع مرة أخرى طوال مدة استضافتنا.

لم أكن قد أتممت السابعة من عمري، ولم أرَ فلاحين إلا في المسلسلات والأفلام، فقلت باندهاش:

- إيه دا؟ حضرتك فلاح وكافر؟ أول مرة أشوف فلاح كافر!

انفجر أبي ضاحكًا. وكنت أحدثه طوال استضافتنا بعد ذلك بلقب «الفلاح الكافر»: «بابا قول لصاحبك الفلاح الكافر إني عايزة أشرب عصير»، «بابا قول لصاحبك الفلاح الكافر إني عايزة أخش الحمَّام بس يكون نضيف».

وبسعادة غامرة قال أبي لأصدقائه عندما عدنا إلى شقة الهروب:

- نوارة سمِّت مصطفى الفلاح الكافر.

فاعتمد أبي وكل الصحبة لقب «الفلاح الكافر»، حتى نسي الجميع اسمه الأصلي. وهأنا أتذكره الآن وأنا أكتب، كان اسمه «مصطفى»(١).

---

(١) الفنان التشكيلي مصطفى المسلماني الذي استضاف أحمد فؤاد نجم في بيته بقليوب في أثناء فترة هروبه.

من اليمين مصطفى المسلماني، ثم شهدي نجيب سرور

البيت الذي استضافنا فيه مصطفى المسلماني - شكر خاص لعلاء الدين عبد الفتاح

كنت أحب مصطفى «الفلاح الكافر»، كان شديد الطيبة والكرم والرفق بي، وكلما ذهبت لزيارة أبي كان يحرص على أن يُعدَّ لي الطعام، ويجلس معي ويتحدث إليَّ ويلاعبني، بالطبع كان يلاعبني بما يعلم، فحاول أن يعلمني الطاولة، لكنه فشل فشلًا ذريعًا، فعلمني لعبة الورق «البصرة».

بعد أن عدنا من الرحلة الريفية، اصطحبني عمو محمد علي إلى بيت أمي سالمة، ورويت لها كل شيء، وأخبرتها عن «الفلاح الكافر»، فاربد وجه أمي وصمتت، لكنني استطردت:

- أنا باشوف الفلاحين في المسلسل بيصلوا وبيتكلموا عن ربنا كتير.

كانت أمي لا تزال صامتة، ثم أخذتني وحممتني وصففت شعري.

لا أدري كم مر من الوقت، لكن أبي كان لا يزال هاربًا، وحضر عمو محمد علي مرة أخرى ليصطحبني لزيارة أبي. هذه المرة كان البيت خاويًا لأننا كنا في الصباح الباكر، ولم يكن به إلا صحفية فرنسية ومعها رجل فرنسي آخر، وكانا يقيمان مع أبي!

- بابا، هي دي مراتك؟

- لا.

- مين الراجل دا؟

- إممممم... أخوها.

- طيب مش هتفسحني؟ فين الفلاح الكافر؟

- ما جاش النهارده. زمانه جاي.

أعدَّت الصحفية الفرنسية، باهرة الجمال، مكرونة بيضاء، فأكلتها أنا وأبي، وشعرت بعدها ببعض الإعياء، فطلبت من عمو محمد علي أن يردني إلى أمي.

عُدت إلى بيت أمي وأمضيت يومًا كاملًا بليلة أتقيأ. سألتني أمي عما أكلت، فقلت لها إن هناك صحفية فرنسية تُدعى «آن»، ومعها شخص قال أبي إنه أخوها لكنني لا أصدقه، وإنني لم آكل عند أبي سوى مكرونة أعدَّتها الصحفية، فقالت أمي بحسم:

ـ المكرونة مسمومة! اسم «آن» دا إنجليزي مش فرنساوي! أنا هاسأل محمد علي.

لا أعرف كيف كانت أمي تصل إلى عمو محمد علي، ربما عن طريق هاتف البقال، لكنه حضر وأخبر أمي بأن أبي ظل يتقيأ يومًا بليلة ـ مثلي ـ فقالت أمي بحسم:

ـ البنت دي كانت بتسم نجم! المكرونة مسمومة! البنت دي مخابرات!

ضحك عمو محمد علي، فسألَته بنبرة تهديدية عن سبب ضحكه، فاعتدل في جلسته، وشعرت بأن الرهبة انتابته، وقال:

ـ ممكن طبعًا. محدش عارف. أهو عمَّال يجيبلنا جلايب.

بعد مرور نحو أربعين عامًا على الواقعة، أظن أن المكرونة لم تكن مسمومة، وأغلب الظن أن الصحفية لم تراعِ الحد الأدنى من أصول النظافة وهي تطهوها لنا، ولا أعتقد أن هناك جهاز مخابرات يحتاج إلى الاستعانة بصحفية فرنسية بينما المخبرون يجالسون أبي في مهربه كل يوم، لكنني متأكدة من صحة مقولة عمو محمد علي: «عمَّال يجيبلنا جلايب».

وظل يجيبلنا الجلايب حتى آخر يوم في حياته!

٣

حمدًا لله على سلامته في السجن

يا صياد الطيور يا خال
صُباعك عن زناد الموت
دا انا عصفور ضعيف الحال
ولا اكفِّيش عيالك قُوت
أنا عصفور أليف الخُضرة والميَّه
أنا المولود
على كفوف الجناينية
باقول تغريد
نغمها جديد على السامعين
بمعنى قريب
ومعنى بعيد
وتورية
طويت الجو بجناحي
وانا حاير
وصحيت في الهوا جراحي
وانا طاير

ورُحت بعيد مع النسمة
وشُفت كتير من القسمة
ولما الدنيا تبكيني
باقول دي مسيرها مبتسمة

ربما يعلم جُلنا أن الفن بشكل عام، والشعر بشكل خاص، ما هو إلا تجربة ذاتية تثقل قلب الشاعر وذهنه، فيصوغها في تعبيره الشعري، وكلما ازدادت ذاته ثراءً جاد شعره بفيوضه على أكبر مساحة من النفوس البشرية التي تهتز لسماع كلمات تختصر ما يموج بداخلها.

أو كما قال نجيب سرور:

الشعر مش بس شعر
لو كان مُقَفَّى وفصيح
الشعر لو هز قلبك
وقلبي
شعر بصحيح[١]

لذا، فإن كل فنان لا بد أن يصور نفسه في عمله الفني، قد يصرح أو يلمح تبعًا لخلفيته وتجربته. مثلًا:

الشاعر الكبير فؤاد حداد، من طبقة متوسطة عليا، يتقن اللغتين الفرنسية والعربية بطلاقة، مترجم ذو باع، ولديه اعتزاز شديد بنفسه، وفوق ذلك كله من مواليد برج «العقرب»، لذلك، فهو يصرح بوضوح: «كنت في الأشعار أبو الطيب»[٢].

أما بابايا، فله خلفية اجتماعية مركبة، هو ابن عائلة عريقة إقطاعية، وهي عائلة «نجم» بالشرقية، لكنه من الفرع الفقير اليتيم الذي كان يخدم أغنياء العائلة من أعمامه وأبناء عمومته المباشرين، لذلك، فحين يأتي ضيف ذو

---

(١) من مسرحية «ياسين وبهية»، لنجيب سرور.

(٢) من قصيدة «حيوا أهل الشام».

شأن لزيارة العائلة، وكثيرًا ما كان يحدث ذلك، فإن أمثال أبي من الأطفال يتوارون حتى لا يُلحقوا العار باسم العائلة الكريمة، ويُقدَّم أبناء الأثرياء الذين يتعلمون في المدارس الفرنسية للضيوف بوصفهم فخر العائلة.

هذا التشابك الاجتماعي المركب جعل أبي يتحدث عن نفسه في قصائده، لأن ذات الشاعر تتحدث، لكنه يشير إليها بخجل ريفي، فاستعار صورة العصفور في كثير من قصائده ليشير إلى ذاته من بعيد، ليفهم من يفهم، من دون إفصاح متباهٍ منه. وإذا لم يلجأ إلى صورة العصفور، فهو يتحدث عن نفسه بصيغة الغائب:

أخضر خضرضر مال
للعشق والموال
وكان أصيل الخال
لكن فقير الحال
شد الرحال في الحال
جاب البلاد رحال
ينزف على الأرغول
دم الصبا سلسال
أخضر خضرضر مر
على كل بحر وبر
داق الشتا في الحر
والعشق له أهوال
رجع صاحبنا حزين
يقعد مع المساكين
ويغني للعاشقين
ويقسم الموال

وعلى عكس الصورة الشائعة، فإن أبي كان خجولًا جدًّا، ويشعر بالحرج بشدة، وفلاحًا حتى آخر لحظة من حياته، وهو ما كان يدفعه لإكرام وفادة الضباط والعساكر الذين يحضرون لإلقاء القبض عليه. وتروي لي أمي، الكاتبة صافي ناز

كاظم، التي عُرفت بقول الحق النافذ (الذي عادة ما ينفذ كيفما اتفق، في العين، في الأذن، أنت ونصيبك)، أنه كان يشعر بحرج شديد حين توبِّخ أمي الضباط والعساكر وهم يلقون القبض عليه، ويطلب منها أن تعد لهم الشاي حتى ينتهي من إعداد حقيبة السجن. وينبهها أنه «كتر خيرهم سايبيني أحضر الشنطة!». بعد مرور أكثر من أربعين عامًا، فالحقيقة أني أرى أنه «كتَّر» الله خيرهم نعم، على الأقل تركوا له فرصة إعداد الحقيبة، وعلى الأقل يعرف ذووه مكانه.

وأبي، ذلك الذي واجه الرؤساء المصريين المتعاقبين، وواجه قوات الأمن، لا يقوى على مواجهة أصحابه، أو التشاجر معهم، واتهامهم بشكل مباشر. هو ببساطة يستحي.

تروي أمي أن أبي والشيخ إمام ومحمد علي أُلقي القبض عليهم، وتصادف أن ذلك حدث بعد نزول فيلم «العصفور». أصدرت النيابة أمرًا بالإفراج عن الثلاثة مقابل كفالة تسعين جنيهًا. في عام ١٩٧٢ أو ١٩٧٣، كان هذا مبلغًا باهظًا، فقرر الأستاذ الصحفي الكبير محمد عودة (رحمه الله)، أن ينادي في ذوي الهمم بأن يجمعوا كفالة نجم وإمام ومحمد، ثم اتصل بأمي قائلًا لها:

- يا صافي، لمينالك الكفالة، واديناها لنجيب شهاب الدين هيوصلهالك.

انتظرت أمي نجيب شهاب الدين ليوصل لها الكفالة، لكنه لم يحضر. ذهبت إليه وسألته عن الكفالة، فقال لها بكل أمانة:

- سكرت بيهم.

بعد أن أوسعته لكمات كلامية وأعلمت القاصي والداني والمارة في الشارع بما حدث، ذهبت. جلست تبكي. من أين لها أن تأتي بهذا المبلغ وهي ممنوعة من الكتابة، وقد قاطعتها أسرتها بسبب زيجتها من أبي، ولا تجرؤ على أن تطلب منهم شيئًا! تذكرت أن أبي أهدى يوسف شاهين أغنية «بهية» لفيلم «العصفور»، فاتصلت بالأستاذ المخرج الراحل يوسف شاهين، وكان يصعب على كبريائها أن تطلب منه شيئًا، فقالت:

- يا يوسف، نجم وإمام ومحمد النيابة أخلت سبيلهم بس بكفالة تسعين جنيه، أنا مش باطلب منك حاجة بس باديك خبر.

فقال لها الأستاذ يوسف شاهين:

ـ «I am as poor as anybody else» (أنا فقير مثل الجميع).

فبدأت الكريشندو المعهود، حيث أوضحت أنه بنى كل مجد فيلم «العصفور» الذي عرضه في فرنسا على أغنية إمام ونجم، وأخذ تحية كبرى في بلاد الفرنجة على شجاعته في الاستعانة بفنانين تطاردهم السلطة، ولم يدفع لأحد أبطال فيلمه الحقيقيين أجرًا. ثم أغلقت السماعة في وجهه. جلس يوسف شاهين يشكو أمي للشاعر الكبير صلاح جاهين (رحمه الله)، وروى له القصة، وكيف أن صافي ناز «مجنونة»، وأنها سبَّته ونعتته بأخبث النعوت. استمع صلاح جاهين إلى يوسف شاهين ولم يوبخه لأنه لم يرَ جدوى من ذلك، لكن عقله انشغل: «صافي هتدفع الكفالة منين؟». في ذلك الوقت، كانت أمي على خلاف مع صديقها القديم جدًّا صلاح جاهين، وكانت لا تكلمه على الرغم من محاولاته لتوسيط طنط وداد متري[1] للإصلاح بينهما. لكن صلاح اتصل بأمي وقال باختصار:

ـ أيوه يا صافي، أنا صلاح، هتعدي عليَّ بكرة في المكتب وتاخدي التسعين جنيه.

قالت أمي:

ـ سلف يا صلاح.

قال:

ـ سلف يا صافي.

وعاشت أمي، حتى هذه اللحظة، ممتنة لإنسانية صلاح جاهين وكرم

---

(١) وداد متري أنطون، ولدت في حي شبرا في ٩ أكتوبر ١٩٢٧. وهي أول سيدة منتخبة لاتحاد الطلاب بجامعة القاهرة سنة ١٩٥٢، وواحدة من أهم رموز الحركة الوطنية اليسارية، وأهم المناديات بحق النساء في التصويت والانتخاب. نزلت إلى أرياف مصر لتشجيع السيدات على الإدلاء بأصواتهن في الانتخابات من أجل العدالة والمساواة لجميع المواطنين. وحصلت على ليسانس الآداب قسم الفلسفة من جامعة فؤاد الأول (جامعة القاهرة حاليًا) سنة ١٩٥٢، ودبلوم معهد التحرير والصحافة والترجمة سنة ١٩٥٦. اشتغلت بالتدريس لمدة سبع سنوات، وكانت أول من قدمت برنامج تدريس في الصحافة المدرسية. تزوجت من الدكتور سعد لوقا، وأولادها الدكتورة ريم سعد والدكتور سهيل سعد. تُوفِّيت في ١٨ يناير ٢٠٠٧.

نفسه، وهي تؤكد على أن «كرمه مش في إنه اداني الفلوس، كرمه في إني لما جيت أردها أخدها فورًا من غير ما يجرحني بإنه يقولي لا مش هاخدهم».

هذه القصة التي آلمت أمي بشدة، أعقبها دخول أبي على أمي البيت، فور خروجه من السجن، وفي يده نجيب شهاب الدين، فتشاجرت أمي مع أبي ونجيب يسمع وهي تشير إليه:

- إنت مدخَّل دا هنا ليه؟ أنا مش قلتلك إنه سرق كفالتك وسِكر بيها؟!

أجاب أبي على الفور:

- وإنتِ كنتِ هتعرفي منين إنه سِكر بيها غير إنه قالك؟ يعني الراجل مش بيكدب أهو. مش كتر خيره قال الحقيقة!

بعدها ذهب لزيارة يوسف شاهين وسط تشييع أمي له بالصرخات واللعنات والاندهاشات من إصراره على الاستمرار في علاقاته مع أناس خذلوه وخذلوها.

نجم وصافي

* * *

يبدو أن الضابط المباشر للمخبرين الذين كانوا يستمتعون بالضيافة في مهرب أبي قد مل من إعطائهم الفسحة، أو ربما جاءته أوامر أن «الفسحة خلصت»، فقبض على أبي، وعلمنا من عمو محمد علي، وأذكر أن عمو محمد علي حضر عندنا في البيت ليخبرنا بالنبأ المفجع! ما أدهشني ـ وأنا في هذه السن ـ هو دهشة عمو محمد علي من إلقاء القبض على أبي، وحيرته في التفكير بحثًا عمن أبلغ عنه، فقالت له أمي:

ـ إيه يا محمد؟ ما هما عارفين هو فين من أول يوم، دا كتر خيرهم سابوه شوية! إنت هتمثل إنه هربان بجد؟ عمومًا كده أمان أكتر في عهدة الحكومة بدل البنت الفرنساوية الجاسوسة اللي كانت هتموته.

طلبت أمي من عمو محمد علي أن يصطحبني في زيارة إلى أبي في السجن. حضر عمو محمد علي ومعه «الفلاح الكافر»، واصطحباني إلى السجن، وقفنا أمام باب السجن، وشاهدت أُسرًا كثيرة في انتظار زيارة ذويهم. شعرت بالملل من الانتظار. أحضر لي «الفلاح الكافر» كل ما يمكن أن يسرِّي عن طفلة: عصير بيست، شوكولاتة كورونا. وكانت أمي قد أعطتني زجاجة مياه، وساندويتشات (شطائر يعني بلغة الكتب)، وفوطة صغيرة، خوفًا عليَّ من أن أتناول أي شيء خارج المنزل. أجهزت على كل المأكولات والمشروبات في انتظار دخولنا للزيارة، وجففت فمي ويدي بالفوطة، ثم وضعت الفوطة حول رقبتي وأخذت أحركها يمينًا ويسارًا على قفاي في حركة عصبية. فوجئت بصرخات تتعالى من جانب الأمهات الشعبيات اللاتي ينتظرن الدخول إلى أبنائهن في السجن:

ـ بس بس.. بس يا امَّه.. بطلي بطلي فال الله ولا فالك!

اعتذر عمو محمد علي و«الفلاح الكافر» للنساء، وأمراني بالتوقف، فسألت «الفلاح الكافر»:

ـ هما بيعملوا كده ليه؟

فقال:

ـ اتشاءموا، الحركة دي بيعملوها في الجنازات!
قلت:
ـ بس إحنا مش في جنازة!
قال:
ـ أنا عارف إن دا تخلف، بس إحنا لازم نراعي مشاعر الناس، حاجة بتضايقهم مش لازم نعملها.
قلت:
ـ لا، أنا مش موافقة.
قال:
ـ عشان إنتِ مخك زلطة. اسمعي الكلام!

لكنني لم أسمع الكلام، وكنت أنتهز كل فرصة يلتفت فيها عني أيٌّ منهما، وأقوم بنفس الحركة وأستمتع بصرخات النساء، فينظر إليَّ عمو محمد ومصطفى فأتوقف، فيصمت النساء، فأعود، فيصرخن، فأتوقف، فيصمتن، وهكذا.

* * *

أخيرًا دخلنا إلى غرفة المأمور لزيارة أبي، وعلمت بعدها أن ذلك كان كرمًا من إدارة السجن تقديرًا لحداثة سني. دخل أبي حليق الرأس والشارب، ومعه اثنان من العساكر، بمجرد أن رأيته قلت:
ـ حلقت شعرك... قصولك ضوافرك وحموك؟

لم أفهم سر ضحكات الضباط والعساكر وأبي، وأخذ أبي يمازحهم كثيرًا، فقلت له بصوت عالٍ:
ـ إنت بتهزر معاهم ليه يا بابا؟ دي ناس حابساك ومش كويسين.
فقال:
ـ هما ملهمش ذنب في حاجة، وهما كويسين يا نوارة.

خرجنا من الزيارة، وسمعت عمو محمد علي وهو يضحك ويتحدث مع مصطفى «الفلاح الكافر»:

ـ راحة تشتمهم وتقولهم إنتو مش كويسين وهما مدخَّلنا أوضة المأمور عشان خاطر عيونها!

فنظرت إليهما وقد علمت أنهما يتحدثان عني، فضحك لي مصطفى وقال:

ـ إنتِ! دا إنتِ هتطلعي جهنم الحمرا يا شيخة!

ثم ربت على شعري.

* * *

شعرت بالغيظ لأن مصطفى «الفلاح الكافر» قال لي «مخك زلطة»، بعد أن نضجت فهمت أنه كان يمتدحني، لكنني في لحظتها شعرت بغضب شديد، وقررت أن أشكوه إلى أمي. قلت لها:

ـ ماما، مصطفى الفلاح الكافر قالي إنتِ مخك زلطة!

قالت:

ـ معلش.

قلت لها:

ـ لا، مش معلش...

وشعرت أنني يجب أن أضيف شيئًا ما لتتحمس أمي في الدفاع عني، فأضفت:

ـ معلش إيه؟ دا قالي مخك زلطة إنتِ وأمك!

انتاب الغضب أمي، وحين حضر عمو محمد علي مرة أخرى لاصطحابي لزيارة أبي في السجن عبرت أمي عن غضبها، وقالت له:

ـ مين الولد اللي قالها مخك زلطة إنتِ وأمك؟

ذهبنا إلى الزيارة ومعنا مصطفى، فنظر إليَّ مصطفى بلوم:

ـ أنا قلتلك مخك زلطة إنتِ وأمك؟

قلت له:

ـ بافتري عليك عشان ماما تزعقلك عشان أنا زعلت إنك قلتلي كده.

قال لي:

- بتفتري عليَّ؟

ثم ضحك وأردف قائلًا:

- طيب قوليلي أنا زعلت من الكلمة دي، وأنا أعتذرلك، بتعمليلي مشاكل مع الأستاذة ليه؟!

* * *

دخلنا للزيارة، وللمرة الثانية على التوالي يسمح المأمور بأن أزور أبي في مكتبه، وللمرة الثانية على التوالي يدخل أبي برفقة العسكري وهو يضاحكه ويتبادل معه النكات. في هذه المرة، أصر المأمور على إحضار شاي لعمو محمد علي ومصطفى، وإحضار عصير لي. بالطبع أجهزت على العصير، فنظر المأمور نحوي وقال:

- هاه يا نوارة، لسه إحنا ناس مش كويسين؟

فنظرت إليه هكذا:

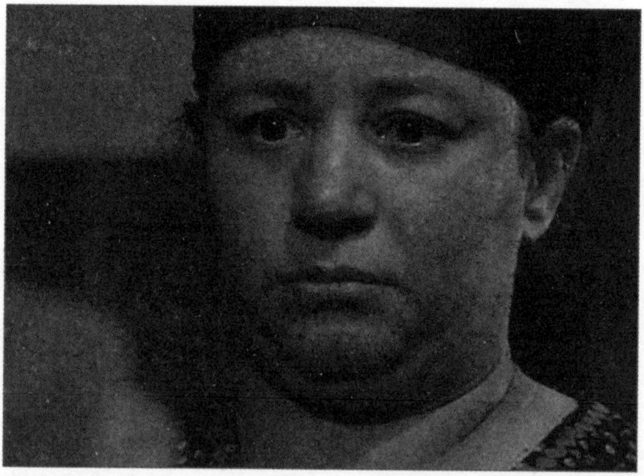

من مسلسل «ريا وسكينة»

فابتسم بأسى وقال:

- برضو؟!

٤

ماما

سلامتك يا امَّه يا مُهرة
يا حبَّالة يا ولَّادة
يا سِت الكل يا طاهرة
سلامتك من آلام الحِيض من الحرمان من القَهرة
سلامة نَهدك المُرضِع
سلامة بطنك الخضرا
هَناكي وفرخة الوالدة تضمِّي الوِلد يا والدة
يصونهملك ويحميهم
يكترهم يخليهم
يجمع شملهم بيكي
يتمم فرحتك بيهم

كُتبت هذه القصيدة في أثناء حمل والدتي بي، ويزعم أبي أنه استلهم الأبيات السابقة من أمي.

أمي الكاتبة والصحفية والناقدة المسرحية صافي ناز كاظم، ويجب أن يُكتب الاسم «صافي» وحدها، و«ناز» وحدها. وهي من حصلت على

ماجستير في النقد المسرحي من الولايات المتحدة الأمريكية. شخصية مثيرة للجدل كما يعلم الجميع، من يحبها يعشقها بشدة، ومن يكرهها يمقتها بعنف، ولا مجال للحياد أمام شخصية صافي.

في الواااقعععع، أنا لا أحب وضع النساء العربيات في العموم والمصريات في الخصوص موضع اتهام، نظرًا للظروف التي تمر بها البلاد، ونظرًا لسوء الأحوال الجوية، إذ إنهن يشقين من المهد إلى اللحد بسوء المعاملة الاجتماعية، وأحوال العمل، وقوانين الأحوال الشخصية وخلافه. لكنني لم أتمكن قَطُّ من فهم النساء اللواتي ينتقمن من أزواجهن عن طريق الأبناء، وذلك نظرًا للظرف الذي نشأت فيه.

كما ورد سابقًا، وكما ظهر من حديثنا، فإن أمي هي من كانت تحرص على أن توثق عرى علاقتي بأبي. وإحقاقًا للحق، أبي لم يكن معها زوجًا مثاليًّا، حتى إنه، بعد وفاته، زار آخر زوجاته، أم زينب، في المنام وقال لها: «قولي لصافي تسامحني». ولقد قام معها بكل الأفعال التي بسببها تلجأ بعض النساء إلى حرمان الآباء من أطفالهم، وصراحة يعني، لو كنت في مكان أمي لكنت «خليته يزعل ويجيب ناس تزعل».

كانت أمي تصر على ألا أقول «بابا» لزوجها الذي تزوجته بعد أبي، الدكتور عبد الأمير الورد (رحمه الله). وذات مرة سمعتني أقول له «بابا»، فقالت لي:

- إنتِ أبوكِ اسمه أحمد فؤاد نجم، وملكيش أب تاني، عمو أمير بيحبك وإنتِ بتحبيه، اسمه عمو، بابا هو نجم بس.

وكانت تحرص على أن تملأ غرفتي بصوره ونحن في العراق، وعلى أن تُسمعني صوته وأغانيه، وتروي لي عنه حكايات، وتلتمس له الأعذار:

- هو بيحبك، بس غصب عنه عشان هو في مصر وبيتسجن كتير، السادات هو السبب!

وعندما انفصلت عن زوجها في العراق بسبب الظروف السياسية، مرة

أخرى، وعدنا إلى القاهرة، سعت هي كي أتمكن من رؤية أبي بشكل منتظم، وظلت تسعى في ذلك سعيًا حثيثًا. وعلى الرغم من أن الأجواء المحيطة بأبي لم تكن تشبه بأي حال من الأحوال الأجواء التي تعيشها أمي، فإنها كانت تصر على أن أبيت عنده كلما تسنى ذلك.

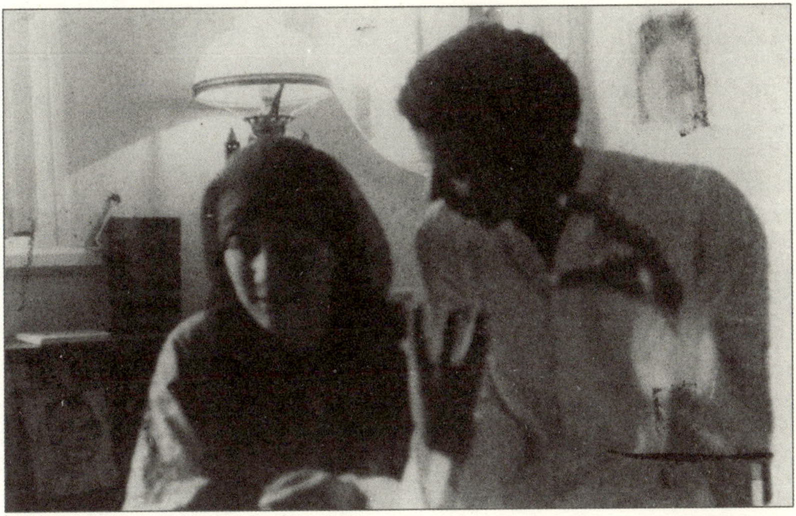

نجم وصافي

كان العثور على أبي أمرًا شاقًّا جدًّا، فهو مثل الزئبق لا يمكن الوصول إليه إلا بشق الأنفس. كانت تحاول التواصل مع عمو محمد علي ليصطحبني إلى أبي، فإن لم تجده تأخذني من يدي وتذهب إلى الغورية، فإذا لم نجده هناك تُجلسني مع عمو الشيخ إمام ليغني لي كلمات أبي، ثم تسأل أصدقاء أبي ـ الذين كانت تعاملهم بازدراء ملحوظ ومُلح، يُستثنى من ذلك الشيخ إمام وعمو محمد علي اللذان كانت تحترمهما كوطن ـ عن مكانه. وإذا نما إلى علمها أن أبي ذاهب إلى ندوة، أو حفل، أو زيارة ما، فإنها تطلب من عمو محمد علي أن يأخذني لحضور الفاعلية،

أو تصطحبني بنفسها، أو تطلب ذلك من طنط شاهندة مقلد[1]. وطالما اصطحبتني إلى حزب «التجمع» حيث حفلات أبي مع الشيخ إمام، وهتافات أشخاص كثر، وهتافات أمي وطنط شاهندة، بين كل أغنية وأخرى من أغاني الشيخ إمام.

وفي الفترات التي لا تتمكن فيها من فعل ذلك كله، كانت تشغل جهاز التسجيل على صوت أبي وتتركني معه.

وكانت تعالج حماقاته معي وتتولى تطبيب جراحي وتخفيف آلامي.

فمثلًا، علمت أمي أن أبي ذاهب إلى تأبين أمل دنقل في مكان ما لا أتذكر اسمه، فأخذتني لأراه. جلس أبي على المنصة، وتحدث كثيرًا عن أمل دنقل الذي ربطته به علاقة صداقة، عداء وحب، كراهية وإعجاب، منافسة، واختتم حديثه قائلًا:

ـ من رذالات أمل عليَّ إنه يموت يوم عيد ميلادي!

ثم خرج وغادر المكان، فركضت خلفه:

ـ بابا، أنا جاية عشان أشوفك.

قال:

ـ أنا هاجيب حاجة وراجع تاني.

قلت:

ـ ما تضحكش عليَّ يا بابا، لو ماشي قولي ماشي.

فقال:

ـ آه ماشي، بس هاجيلك البيت.

ثم قبَّلني وعانقني وذهب. ووقفت أتابعه بنظري حتى أصبح نقطة. ثم

---

(١) شاهندة مقلد، مناضلة من أجل حقوق الفلاحين في كمشيش، وزوجة الشهيد صلاح حسين. الحديث عن طنط شاهندة مقلد لا يصح باختصار، لذا، سأورد لاحقًا ما كتبته عنها عند وفاتها.

عدت حزينة إلى أمي، فأخذت تطيب خاطري وتضاحكني وتسخر من الموقف لتخفف من وطأته.

عمو الشيخ إمام يغني لي ليخفف عني اختفاء أبي المفاجئ

ذات مرة، اشتقت إلى أبي بشدة، وطلبت من أمي أن أذهب لزيارته، فأخذتني إلى الغورية، وبالطبع لم نجده، ووجدنا الشيخ إمام، فجلس معي وغنى لي وضاحكني واعتذر بأن أبي ليس في المكان وأنه لا يعلم أين هو.

عدت إلى المنزل محبطة على الرغم من كل محاولات الشيخ إمام للتخفيف عني، وظللت أبكي حتى شعرت بأن رأسي يتصدع، فأخذت أصرخ من آلام رأسي، وأصاب الهلع والخوف أمي.

استيقظت في اليوم التالي، فأخذتني وقد ربطت رأسي بقماشة بسبب الآلام التي كنت أشعر بها، وذهبت بي مرة أخرى إلى الغورية، وسألت صاحب المقهى تحت البيت إن كان أبي موجودًا، فرد بالإيجاب، فطلبت

مني أن أصعد إلى بيته وحدي وأن أنظر إليها من النافذة كي تطمئن. بالفعل دخلت البيت وعانقت أبي وقلت له إنني يجب أن أنظر إلى أمي من النافذة كي تطمئن، فقال باندهاش:

ـ وما طلعتش ليه؟!

ثم أطل معي وقال وبراءة الأطفال في عينيه:

ـ ما تطلعي يا ضافي.

فردت باندهاش وبصوت بدأ هادئًا ثم تعالى في كريشندو وتسبب في تجمع كل أهالي الغورية:

ـ أطلع؟! إنت معندكش دم؟ أنا دايرة في كل حتة أدور عليك عشان بنتك تشوفك! هو أنا المفروض أفضل أجري وراك كده، مش إنت اللي تجري ورايا عشان تشوف بنتك؟ هي البنت دي ملهاش حق تشوف أبوها وتقعد معاه؟ حيوان...

فانفجر سكان حوش آدم ضاحكين، وابتسم هو في حرج، وسارت هي بخطوات سريعة غاضبة مبتعدة عن المشهد، لكنها تركتني لأبيت عنده بعد سلسلة من التعليمات: «تفضلي لازقة في أبوكِ ما تسيبيهوش، مفيش حاجة اسمها ينزل ويسيبك، انزلي معاه، اوعي تلاقي نفسك في المكان لوحدك مع أي حد من ألاضيشه وتقعدي، خبطي على الست جارته اللي قصاده وقوليلها أنا عايزة أقعد معاكي، اوعي حد يبوسك ولا يلمس جسمك، لما ترجعي تيجي تحكيلي كل حاجة حصلت، اوعي تخبي عليَّ حاجة يا نوارة، إلخ».

ربما ترى بعض النساء أن مسلك أمي كان خاطئًا، وأنها ضغطت على أعصابها وأنهكت نفسها بلا طائل، وأن هذه التضحيات لا مردود لها، وأنه لا يستحق كل ذلك، ومن يرغب في أن يكون أبًا فعليه أن يبذل جهدًا في أن يكون كذلك، بل إنني سمعت ذلك من البعض وهن يتحدثن إلى أمي بشأن منهجها. «هو ما يستاهلش!»، أذكر تلك المرأة التي قالت لأمي هذه العبارة، فأجابتها أمي: «بس بنتي تستاهل».

طيب، كونه يستحق أن يكون له ابنة تبره وتوده وتحبه أم لا، فهذا أمر عليه خلاف. وكوني أستحق أن أسير مع أمي في الطرقات أبحث عن أبي، مع ما يحمله كل ذلك من ألم يثقل قلبي الصغير ويشعرني بأنني لست محبوبة ولا مرغوبة بما يكفي من أبي، فهذا أمر عليه خلاف أيضًا. أما بشأن أن هذه التضحيات لا مردود لها، قولًا واحدًا: «لا، بل لها مردود كبير». لقد سعدت جدًّا، وتألمت جدًّا، وضحكت جدًّا، وبكيت جدًّا، و«بابا أدو» و«بابا زغزغ». وأظن أن هذه التجربة تستحق أن تُعاش. ولقد رأيت أبناءً اختارت أمهاتهم اختيارات أخرى ولا أظن أنني أتمنى النتائج التي وصلوا إليها.

إن شعور الهجر طالني وطالهم. والتشكك في محبة أحد الوالدين، وما يتبع ذلك من اهتزاز صورة الإنسان عن ذاته، أصابني وأصابهم. والإحساس بأننا لم نكن كافين لآبائنا كي يبقوا معنا، وأنهم فضلوا علينا نساءً أخريات غريبات، ربما لم يكملوا حيواتهم معهن، أدمى قلوبنا جميعًا، سواء من كانت أمه تركض خلف أبيه ليجلس بضع ساعات مع ولده، أو من أصرت أمه على أن «ملكش عيال عندي». إذن فالألم لا مناص منه، والمتسبب فيه هم الآباء بلا جدال. لكنني عشت تجربة عاطفية وإنسانية واجتماعية وفكرية غنية جدًّا. ربما سيقول البعض إن ذلك بسبب شخص أحمد فؤاد نجم كشاعر كبير يحيا حياة ثرية في كل لمحة ونفس. أظن لا، وأظن أن كل إنسان لديه ما يقدمه لأبنائه، وأظن أن كل ولد (و«ولد» هنا بمعنى ذرية كما ورد في القرآن الكريم) عليه أن ينتزع حقه من والده شاء ذلك الوالد أم أبى.

وأنا، بالأصالة عن نفسي، وبالنيابة عن بقية «الأطفال» الذين سعت أمهاتهم لإنشاء علاقة وطيدة بينهم وبين آبائهم، سواء في أثناء الزواج بإصرارهن على تحمل أزواجهن مسؤوليات الأطفال معهن، وعدم انفرادهن بكل الواجبات كي يتسنى لهن أن يعيِّرنهم في يوم من الأيام: «أنا اللي باعمل كل حاجة للعيال، إنت ولا تعرف هما في سنة كام»، أو كان ذلك بعد الطلاق بإلحاحهن على «تعالى شوف ولادك»، فإنني أتقدم بالشكر الجزيل إلى هؤلاء

النسوة العظيمات والمضحيات والحبيبات، بغض النظر عن كل الأخطاء التربوية الأخرى التي من المؤكد أنهن قمن بها كونهن أمهات مصريات يلجأن إلى «أبو وردة»[١] في كثير من الأحيان، أو إلى فرض أنماط وأحلام تخصهن وأخفقن في تحقيقها، على أبنائهن، أو الإفراط في الخوف على أبنائهن مما دفعهن إلى سلوكيات أدى تركيبها إلى خلق طاغيات يقهرن الأبناء في بعض الأحيان، كل ذلك مفهوم في إطار مصريتهن، وفي إطار ظروفهن الأليمة.

مع صافي قبل اعتقالها

أظن، ولا أجزم، أن الأم المتزوجة والمستمرة في زواجها مع والد أطفالها، عليها أن تبذل جهدًا مع زوجها كي يُطعم الأطفال، ويحممهم، ويصطحبهم إلى التمارين، ويذاكر لهم دروسهم. وهو الجهد نفسه الذي ستبذله وهي تقوم بكل ذلك وحدها، لكن المردود على الطفل لن يكون

(١) «أبو وردة»، تعبير يعرفه المصريون، وهو كناية عن «الشبشب» الذي ترتديه النساء في البيوت، وعادة ما يكون مزينًا بوردة، وفي أحيان كثيرة تستخدمه الأمهات استخدامات أخرى، كأن تصوبه نحو أطفالها في مهارة قناص محترف، في حال عصى الأطفال الأوامر.

الأفضل وهي تقوم بدور الـ«one woman show». وإذا كانت ترهق نفسها بحثًا عن التقدير، فلن تحصل عليه، لن تحصل عليه، أكرر، لن تحصل عليه، ولكن سيكون حقًّا مكتسبًا. ولست أنا من سأنبئ النساء المصريات عن العبارات المستفزة من قبيل: «إنتِ اللي عاملة في نفسك كده، محدش طلب منك حاجة، اللي يتعبك ما تعمليهوش بدل ما تقعدي تعايرينا، إلخ». إذن فمن الأفضل استثمار الجهد ذاته في تحسين نفسية الأبناء عن طريق تحميل الآباء مسؤوليات أطفالهم، ولو بالتوريط.

وأظن، ولا أجزم، أن الأم المطلَّقة عليها أن تبذل جهدًا ليقترب الأطفال من أبيهم، مهما كان هذا الأب. يا ستي، هو السيئ والشرير والأسد الغادر والوحش الكاسر إنسان الغاب طويل الناب، على أبنائه أن يعلموا ذلك ويتقبلوه لأن هذا أبوهم، وربما التعامل في وقت مبكر مع إنسان الغاب طويل الناب بالمحبة القسرية الفطرية التي تفرضها وشيجة البنوة، قد يثري شخصياتهم ويصقل تجاربهم في الحياة ويعلمهم تقبل المختلف والتماس الأعذار للبشر، وهو ما يدعم سلامهم النفسي، إلى حدٍّ ما بالطبع.

هذا ما تعلمته مع أمي حفظها الله وأدامها نعمة كبرى.

ولم يكن أبي إنسان الغاب طويل الناب، لكنها كان بإمكانها، بكل أمانة، أن تراه كذلك، ولا لوم عليها، فما اقترفه معها ليس بالقليل، وكان يمكنها بكل صدق أن تقنعني بذلك، ولا أظنها في هذه الحالة تستحق اللوم، لكنها لم ترَه كذلك، ولم تفعل بي ذلك.

٥

في مثلث برمودا

الصبر حِلم العواجز
يطرح زهور الأماني
والقَهر عدَّى الحواجز
وانا اللي واقف مكاني
شايف غيطان البشاير
خايف وكانن إيديا
عدَّى الحمام اللي طاير
ما رضيش يرفرف عليَّ
يامَّا موايل الهوى
يامَّا مواليا
طعن الخناجر ولا
حكم الخسيس فيَّ

دخل أبي السجن ولم يخرج. حتى تم القبض على والدتي في سبتمبر ١٩٨١. كنت نائمة، واستيقظت على صوت أمي:

ـ نوارة، نوارة.

فتحت عينَي فوجدتها مرتدية ملابسها، متأنقة كالعادة (أمي تختار كل ما هو أنيق حتى في ملابس النوم)، تقف أمام المرآة وتكتحل، وتقول:

ـ فاكرة لما قلتلك إن السادات ممكن يبعت ناس ياخدوني في أي وقت؟

ـ أيوه.

ـ أهم جم.

كنت في تلك الآونة مريضة، فقد كنت ممراضة مثل ابنتي فاطمة، لكنني لا أعلم كيف قفزت من السرير وأمسكت بأمي، وعانقتها على باب غرفة نومي، وكان طولي يبلغ خصرها، وكنت أنظر إلى بهو البيت، ووجدت رجالًا طوالًا كثيرين، يقفون منكسي الرؤوس وأنا أمسك بأمي بشدة وأقول بصوت خافت ومتتابع:

ـ ماما! ماما! ماما!

أوشكت أن أجهش بالبكاء، فقالت لي في حينها جملة شديدة الغرابة:

ـ ما تعيطيش، المسلمين ما يعيطوش. صلي وادعي عليهم، قولي اللهم انتقم منهم وزلزل الأرض من تحت أقدامهم. حفظتِ؟

أنا متأكدة من أنني رأيت أحد الرجال الواقفين وقد جفل حين سمع أمي تلقنني هذا الدعاء. هز رأسه بحركة سريعة تبدو لا إرادية، وزاد تعبير الأسى على وجهه الذي كان متأسيًا بالفعل. حاول هذا الرجل الذي أذكر ملامحه (كان طويلًا، وبشرته خمرية، وشعره خليطًا بين الأبيض والأسود، ويرتدي ملابس مدنية: تيشيرتًا مقلمًا بالعرض بالأبيض والرمادي، وبنطلونًا أسود اللون) أن يحمل الحقيبة عن أمي، فزجرته أمي وهي تقول:

ـ لا والله ما تاخد الثواب دا!

وأصرت أمي على حمل حقيبتها بنفسها. ورأيت ضابطًا شابًّا، أبيض البشرة، بُني الشعر، يقف عند الباب وثمة تعبير غريب جدًّا يكسو ملامح وجهه، كأن شيئًا ما يؤلمه في جسده، وأشار إلى أمي بطريقة فيها تبجيل

واحترام أن تتقدمه، وسارت أمي أمامه بكل كبرياء، رافعة رأسها، وساروا هم خلفها كأنهم في تشريفة أميرة وليسوا ضباطًا يلقون القبض على إحدى «المشاغبات»! الآن أستغرب قليلًا من هؤلاء الضباط والمخبرين اللطفاء الذين يخشون دعاء طفلة! لكن وقتها لم أتعجب، كنت آمل أن يتركوها ما داموا حزانى كما أرى، لكنهم لم يتركوها. كتمت بكائي وكأنه أمر عسكري يجب تنفيذه. حتى إذا ما أخذوها وأُغلق الباب انفجرت منتحبة بصوت عالٍ، وهرعت إلى الشرفة ناظرة إليها وهي تركب سيارة الشرطة، وكان صوت بكائي مدويًا وأنا أردد:

ـ ماما! ماما!

بدأت أضواء نوافذ البنايات توقد تباعًا ويخرج الجيران في الشرفات والنوافذ، يرقبون أمي ويلتفتون نحوي في أسى، وينادي بعضهم: «معلش يا حبيبتي. يا حول الله يا رب». كانوا أناسًا طيبين.

استكمالًا لتنفيذ الأمر العسكري، توضأت وصليت ورددت الدعاء الذي لقنته لي أمي بالحرف.

في الواااقعععع، المسلمون يبكون «عادي»، ولم يكن هناك مانع من أن أبكي، ولا أعلم لماذا أمرتني أمي بألا أبكي، وكأننا يجب أن ندفع ضريبة شيء ما اخترناه! فهي لم تكن تقوم بأي نشاط في حينها، وكانت مفصولة من عملها، وتقضي الوقت كله معي في البيت، ولا تخرج إلا لتبحث لي عن أبي، وقد كفتها الدولة ذلك العناء حين ألقت القبض عليه، فعرفت مكانه، وأمنت ألا ينهكها البحث عنه وهي تلبي طلب ابنتها: «عايزة أشوف بابا». لذلك فإنني الآن أرى في المشهد تكلفًا وشدة ليس لهما مبرر. المسلمون والمسيحيون واليهود والبوذيون والهاجع والصاحي والنائم على صرصور ودنه يبكون، خصوصًا وهم أطفال، وبالتحديد حين يُلقى القبض على أمهاتهم في الفجر! وأذكر أنني جاهدت كثيرًا حتى أكتم البكاء، المنطقي، حتى إن ذلك أنهك جسدي الصغير وأصابني بتقلصات معوية، ولم أستفِد شيئًا من

هذا الدرس سوى أن كتم المشاعر أمر مؤذٍ بدنيًا ونفسيًا. ولم أكن لألقن أبنائي دعاءً كهذا أبدًا، أظن أنه أقسى من أن يتعلمه طفل. هذا رأيي بصراحة في المشهد بعد مرور ما يزيد على أربعين عامًا، وإن غضبت أمي من هذا الرأي. على أي حال، هكذا أسعفتها بديهتها في تلك اللحظة الشنيعة التي لا تُمحى من ذاكرتي حتى الآن. كما أنني يحق لي أن أبكي في كل الأحوال، فلو أن هناك اختيارًا لها ولأبي، فأنا لم أختَر شيئًا كي أتحمل دفع ثمنه من دون ذرف الدموع.

كانت معي جليسة أطفال، وفي صبيحة اليومَ التالي اصطحبتني إلى بيت خالتي، الدكتورة أمينة كاظم، في رمسيس. أقمت هناك طوال مدة حبس أمي التي بلغت شهرين مرًّا عليَّ كأنهما قرنان. بالطبع عانيت من الاضطرابات الطبيعية التي حتمًا سيمر بها طفل، لم يبلغ الثامنة بعدُ، لأبوين مطلقين ومسجونين: بكاء بلا داعٍ، اختلاق مشكلات، شعور بالاضطهاد والظلم، دعوات ليلية مبللة بالدموع بأن يرد الله لي أمي.

* * *

قبل اعتقال أمي، كانت ترغب في إلحاقي بمدرسة «كلية السلام»، وأخذتني إلى المقابلة. يبدو أن أمي لم تشرح لي أن هذا كان امتحانًا، فجلست أمام المدرِّسة أبتسم لها. تشير إلى صورة قدمين، وأنا أعلم أنها بالإنجليزية «Legs»، فأهز رأسي طربًا بأنني رأيت الصورة من قبل، وقرأت الكلمة في سري، ثم أبتسم للمدرِّسة من دون أن أنطق. ظلت المدرِّسة تشير إلى الصور التي أعرفها عن ظهر قلب، كلها باللغتين الإنجليزية والعربية، فأبتسم وأهز رأسي، كتر خيرك يا ستي على الصور دي، حلوة، هاه؟ فابتسمت لي وقالت:

- Thank you.. you can leave.

فخرجت من الفصل الدراسي، ونزلت على السلم وأنا أقول لأمي:

- قبلوني.

كان لديَّ شعور بالواجب نحو أمي؛ عليَّ أن أطمئنها، وكنت أؤدي هذا الدور على أكمل وجه.

وبالطبع لم يقبلوني، على الرغم من ابتساماتي الساحرة. حاولت أمي مع ميسز ليندا مديرة المدرسة، أن تعيد امتحاني، وهي تؤكد لها أنني أعرف كل المعلومات لكنني لم أستوعب فكرة الامتحان. في ذلك الوقت كانت أمي ممنوعة من الكتابة بقرار من يوسف السباعي، ومفصولة من عملها بقرار من السيدة أمينة السعيد، ومع كل ما تحمله من مرارة قالت لميسز ليندا إنها على استعداد للتدريس في المدرسة في مقابل أن يقبلوني في المدرسة، لكن ميسز ليندا أشاحت بوجهها، وتقول أمي إنها عاملتها بعدم تقدير، أو هكذا شعرت، فقالت لها إنها كانت تدرِّس الأدب الإنجليزي في الجامعة المستنصرية ببغداد، لكن ميسز ليندا أصرت على رفض عرض أمي.

اضطرت أمي إلى إلحاقي بمدرسة «سانت فاتيما» في العباسية، وكان ذلك بعد بدء العام الدراسي، وبعد أن بكت أمي على مكاتب كل مديري المدارس: الأرمن كاثوليك، كلية رمسيس، طلائع الكمال (ويجدر بي هنا أن أكرر عبارة السيدة عبلة كامل في فيلم اللمبي: «ربنا نجدها نوسة»، فكل من عرفتهم ممن تخرجوا في المدرسة الأخيرة لديهم ذكريات شديدة السوء)، ورفض الجميع بسبب بدء العام الدراسي. راحت أمي تبكي حتى أشفق عليها سائق التاكسي وقال لها:

- والله ما هاسيبك إلا لما تدخَّلي بنتك مدرسة، وهالف معاكي على كل المدارس.

حتى بلغت دورتنا مدرسة «سانت فاتيما». دخلت أمي باكية لتقابل مديرة المدرسة ميسز سامية، وقالت لها إنها على استعداد لدفع تبرع إضافي، فهزت المديرة رأسها وهي تنظر إليَّ وتبتسم وقالت:

- حاضر. اهدي بس.

كنت قد أخذت الصف الأول الابتدائي في مدرسة لغات بالعراق، لكن مدرسة «سانت فاتيما» اشترطت أن أعيد الصف الأول، وذلك لأن منهج الصف الأول في العراق يختلف عن منهج الصف الأول في مصر! حيث يدرس الأطفال هنا في مصر كتابًا بعنوان «Look, Listen and Learn»، وهذا المنهج العتيد لا يدرَّس في العراق! دخلت الصف الأول الابتدائي في هذه المدرسة، وظلت أمي ممتنة لميسز سامية. قضيت العام الدراسي الأول بسلام، حتى قيل لنا إن مديرة جديدة للمدرسة جرى تعيينها وسنحيِّيها في طابور الصباح. مييين؟ أيوووه، ميسز ليندا. ذهبت ميسز سامية، وجاءت ميسز ليندا!

في حفل عيد الأم الذي أقامته المدرسة بحضور الأهالي، ألقت ميسز ليندا سليمان خطبة تؤنب فيها الأمهات بشأن نظافة أبنائهن. وبعد انتهاء الحفل، ذهبت إليها أمي وقالت لها:

ـ أستاذة ليندا، خطبة حضرتك ما كانتش موفقة.

لا أعلم ما الذي طور الحديث ليتدخل فؤاد حبيب ويسب أمي بأقذع الألفاظ، بينما يتقافز أمامها سكرتير المديرة مهددًا بضربها، حتى تدخل أحد أولياء الأمور، ولحسن الحظ كان «ضخم الجثة مشرئب الفلنكات شلولخ»[1]، وقال بحسم:

ـ محدش يقربلها! هي عشان ست لوحدها؟

وأخرجها سالمة قبل ثوانٍ من ضربها. كل ذلك وأنا حاضرة. المشهد حي في ذاكرتي، ووجه الرجل مطبوع في ذهني، ولو رأيته الآن لعرفته، حتى مع ما قد يكون أجراه الزمن على وجهه. كان ضخمًا، أو هكذا بدا لطفلة، لكنه كان أطول من أمي بكثير، وكان خمري البشرة، وذا شارب وشعر شديدَي السواد، وعيناه ضيقتين سوداوين.

---

(١) مقولة لعادل إمام في مسرحية «شاهد ما شافش حاجة».

شعرت أمي بالغضب والمرارة، وقدمت شكوى في المنطقة التعليمية. كانت تروي القصة بحنق وحزن كل يوم في الهاتف لكل صديقاتها. شعرت بمسؤولية كبيرة، هذه القصة لا تريد أن تنتهي، أمي تستيقظ كل صباح تدعو على الرجل والمديرة والسكرتير، وتدعو لولي الأمر، وأذكر أن اسمه كان ميشيل، لأنها سألته وهو يوقف لها التاكسي:

- أنا شاكرة لأفضال حضرتك. ما اتشرفتش بالاسم؟

وأذكر دعاء كل صباح: «ربنا يجزيك الخير يا ميشيل ويباركلك. حسبي الله ونعم الوكيل فيك يا فؤاد يا حبيب إنت وليندا والسكرتير».

قررت أن أنهي هذه المأساة، فقلت لأمي إن فؤاد حبيب مر على الفصول اليوم، وإنه ربت على خدي وقال لي:

- ياختي جميلة.

والحقيقة هي العكس تمامًا، فقد ربت على خد طفلة أخرى بجواري، كانت بيضاء حمراء شقراء بدينة، بينما حدجني أنا بنظرة نارية. لكن أمي حزينة وغاضبة وتشعر بالإهانة، وعليَّ مسؤولية طمأنتها.

حين كبرت رويت لها القصة الحقيقية، وظلت تتندر عليَّ وتروي القصة لتثبت أنني كاذبة بطبيعتي! لست كاذبة بطبيعتي، فقط كنت قلقة عليها.

* * *

المهم، كنا فين؟ آه... بعد انتهاء العام الدراسي للصف الأول قُبض على أمي قبل انتقالي إلى الصف الثاني. وكان زوج خالتي اللواء المقاتل البطل (هو كذلك، لواء جيش مقاتل بطل شارك في كل الحروب المصرية في القرن العشرين عدا حرب الخليج)، اللواء نصر فريد، قد خرج ذات يوم ثم عاد وهو مبتهج، بوجهه المشرب بالحمرة، وعيناه الزرقاوان تلمعان:

- عملت اللي أمك كان نفسها فيه، نقلتك مدرسة «كلية السلام».

علمت بعد ذلك أن خالتي الدكتورة معصومة، وخالي الدكتور محمد إبراهيم كاظم، كانا قد أجريا اتصالاتهما للتوسط لنقلي إلى هذه المدرسة،

بينما سعى اللواء نصر فريد في إنهاء كل الأوراق. وبهذه المناسبة، أرجو من القارئ تلاوة الصلوات والمحبات، وفقًا لديانته أو لا ديانته، للمقاتل البطل، طيب القلب، نزيه النفس، حنون الروح، اللواء نصر فريد، ولخالتي الدكتورة معصومة رائدة علوم الرياضيات البحتة، ولخالي الدكتور محمد إبراهيم كاظم الرائد التربوي ومؤسس جامعة قطر. وقتها كانت فاطمة حيدر هي مديرة مدرسة «كلية السلام»، التي كانت خاصة، ولاحقًا تحولت إلى تجريبية وأنا في الصف الثالث الثانوي.

* * *

في بيت خالتي، حضرت طنط محسنة توفيق[1]، باسمة، لزيارتي، وحضرت طنط وداد متري، وحضرت طنط ديزي روفائيل زوجة الأستاذ الكاتب الصحفي أحمد بهاء الدين، وكان يبدو على عينَي طنط ديزي أنها جففت دموعها للتوِّ بعد وصلة بكاء مرير، وعلمت في قرارة نفسي أنها تتظاهر بالابتسام حتى لا تُحزنني، فابتسمت لها كما ابتسمت للمدرِّسة الممتحنة (بعد ذلك ربما بعام ذهبت مع أمي لزيارة عمو أحمد بهاء الدين في منزله، وأخذتني طنط ديزي لتعلمني «الكانافا»، وكانت تنظر إليَّ بعينين دامعتين أيضًا، وظننت وقتها أن شيئًا ما دخل عينيها). وقرر كلٌّ من زياد بهاء الدين وليلى بهاء الدين وريم سعد لوقا وسهيل سعد لوقا، وعزة خليل ووائل خليل ابنَي محسنة توفيق - كلٌّ منهم الآن يسبق اسمه حرف «د» لكن وقتها كانوا في مقتبل شبابهم - وكذا أبناء خالاتي، مايسة نصر فريد، وهبة راشد، وأحمد راشد - كلٌّ منهم يسبق اسمه حرف «د» الآن - أن يقيموا لي احتفالًا بعيد ميلادي الثامن في بيت خالتي. حضروا جميعًا ليبهجوني، ويمازحوني،

---

(١) محسنة توفيق، ممثلة قديرة، وواحدة من أهم ممثلات المسرح في الستينيات والسبعينيات. لها مواقف سياسية حالت دون أن تأخذ فرصتها كاملة بما تستحقه موهبتها، من أشهر أدوارها التي تعرفها الأجيال الحديثة دور «بهية» في فيلم «العصفور» من إخراج يوسف شاهين، ودور «أنيسة» في مسلسل «ليالي الحلمية».

ويتحملوا نكات هذه السن السخيفة، ويغنوا لي. حين حضرت طنط محسنة توفيق قلت لها:

ـ هي ماما في السجن. طب وبابا فين يا طنط؟

قالت:

ـ في السجن برضو يا حبيبتي.

فقلت:

ـ لسه؟

قالت:

ـ لسه.

إذن، فقد دخل كلٌّ من أبي وأمي في مثلث برمودا، ولا أمل لرؤيتهما مرة أخرى!

كل الدعم، وكل التضامن، وكل الحب، وكل التفهم، وكل الهاشتاجات الفيسبوكية التي تمت على أرض الواقع، من الأقارب والأصدقاء، من دون إطلاق عناوين لها، هكذا تمت ببساطة، وكأنها طبيعة الأمور.

وعلى الرغم من المشكلات الجمة التي أصابتني، مثل الحزن والاكتئاب والعنف ونوبات الغضب، فإنني حظيت بمحبة المدرِّسات ووصفنني بأنني «ذكية وشاطرة ولطيفة». هكذا قُلن لي. لاحقًا لم أعد لطيفة ولا شاطرة لأسباب عديدة.

لم أكن الوحيدة التي أصيبت بالاكتئاب بسبب حبس أمي، فقد أصيب القط الذي كنا نربيه، «بركة»، بالاكتئاب نفسه وقفز من الشرفة. أما أنا، فأذكر أنني ذات مرة جلست تحت طاولة الطعام وقلت لهم إنني أريد العودة إلى البيت، ويمكنهم أن يمروا عليَّ يوميًّا ليقدموا لي الطعام، وإنني لن أشعل الغاز ولن أعبث بالكهرباء وسأستذكر دروسي، لكنني أريد العودة إلى بيتي، ومجالسة القطط هناك. في ذلك الحين، لم يكن هناك وعي بما يسمى «الطب النفسي للأطفال»، على الرغم من وجود شباب كثيرين يدرسون في كلية

الطب حولي، لذلك لم يستوعب أحد أن هذه طفلة تمر بمرحلة اكتئاب، وكل ما استوعبوه أن ما أقوله «عيب»، وأنه يعني أنهم مقصرون في حقي. فقالوا لي جميعًا في صوت واحد: «عيب يا نوارة». وأذكر جيدًا أنني كنت في حالة نفسية شديدة السوء، لم تكن تسمح لي بإشعاري بالذنب، إضافة إلى شعوري بالوحدة. وأذكر جيدًا أن هذه أسوأ «عيب» سمعتها في حياتي، فلم أفهم لماذا حزني «عيب»!

حين علمت أن «بركة» انتحر من الشرفة بكيت بمرارة. كان قطًّا سياميًّا جميلًا. أما القطة الأخرى البلدي الأنثى، فلم تسقط في الاكتئاب مثل زميلها، بل هربت لتتزوج، وعادت إلينا حبلى بعد عودة أمي.

الإناث مقاومات (Females are survivors)!

في بداية الفصل الدراسي مع التعرف على الأطفال، قلت أمام المدرِّسة والزملاء إن أبوَي في السجن لأن السادات حبسهما. عدت وقلت ذلك لخالتَي، الدكتورة فاطمة كاظم (رحمها الله)، والدكتورة أمينة كاظم (حفظها الله)، فشعرت خالتي أمينة بالدوار، وضحكت خالتي فاطمة ذاهلة وقالت:

ـ لا، بعد كده اللي يسألك قوليلهم بابا وماما في سويسرا.

ظننت أنها جادة، فذهبت في اليوم التالي إلى المدرسة، ورفعت يدي مصححة المعلومة:

ـ ميسز عفاف، بابا وماما في سويسرا!

فكتمت مدرِّسة العربي ابتسامتها وقالت:

ـ طيب يا حبيبتي. اقعدي.

لكن مشرفة الباص علمت مني أن أبي وأمي في السجن، وأن الأسباب سياسية، ولم أهتم بتصحيح المعلومة وإخبارها بأنهما في سويسرا، لأنني حين أخبرتها بمكان أبوَي قالت متمتمة:

ـ ولاد الكلب الظلمة!

فشعرت بتضامن منها لست مجبرة معه على الشعور بالخزي الذي لم أكن أشعر به، فقد استعرته من خالاتي.

أما زملائي في المدرسة فلم «يتنمروا» عليَّ بالمفهوم الحديث، بسبب هذه الواقعة تحديدًا. كنا نسميها «غتاتة»، الآن يطلقون عليها «تنمر». بالطبع تنمرنا جميعًا بعضنا على بعض، لكن الأطفال لم يتنمروا على سجن أبوَي، عدا واحدًا، اسمه رؤوف، جاء في الفسحة ووقف أمامي وقال:

ـ أنا باحب السادات.

فقلت سريعًا:

ـ يا رب يحبسك!

فوضعت صديقتي يدها على كتفي ـ لاحقًا أصبحت صديقتي المقربة ـ وقالت له:

ـ امشي يا غلس يا أبو مناخير طويلة!

إلا أنه، وعلى الرغم من هذا اللطف، كان عليَّ تنفيذ التعليمات، وإبلاغ زملائي بأن أبي وأمي في سويسرا. وللغرابة لم يقل لي منهم أحد «يا كذابة»، أو أي شيء من تلك التصرفات الطفولية المتوقعة، بل تظاهروا بأنهم صدقوني، وكان يبدو عليهم التمثيل، مثل مربوحة[١] وهي تقول: «أيوه أيوه أيواااااا».

(١) مربوحة، شخصية كوميدية في مسلسل مصري اسمه «الكبير»، كانت تؤدي دور زوجة صعيدية، وإحدى لازماتها هي ترديد «أيوه أيوه أيوه أيوااااا» حين تشعر بالملل ممن يحدثها، أو حين تدَّعي فهم ما يقال وهي لا تفهم، أو حين تجاري الناس في أمر وهي في الواقع لن تنفذ كلامهم.

٦

أنا جيت من سويسرا!!!!!

في أثناء إقامتي لمدة شهرين في بيت خالتَي، الدكتورة أمينة والدكتورة فاطمة، حيث كنت أبيت في شقة خالتي فاطمة، وأقضي يومي في شقة خالتي أمينة المقابلة لشقة المبيت، علمتني ابنة خالتي مايسة (التي أصبحت الدكتورة مايسة لاحقًا)، كيف أشعل نار البوتجاز، وكيف أعبر الطريق وحدي، وكيف أصنع فنجانًا من القهوة، ولولا هذان الشهران لما تعلمت كل ذلك حتى يومنا هذا، لأن والدتي كانت تخاف عليَّ بشدة، إلى درجة أنها لم تسمح لي قَطُّ بالذهاب في رحلات مدرسية خارج القاهرة. وهو بالمناسبة شعور سيئ جدًّا، ولا أنصح أي أم باتباع هذا المنهج مهما كانت مخاوفها، أنا أخاف أيضًا، لكنني أضع على قلبي حجرًا وأترك أبنائي للرحلات المدرسية، وإن كنت لم أوضع في موقف أن يسافر أبنائي خارج القاهرة بعدُ، ولا أعلم كيف سيكون رد فعلي. ونسأل الله السلامة وألا تضام أمٌّ في ذريتها أبدًا.

في تلك الآونة كانت مايسة ابنة خالتي طالبة في كلية الطب، وكانت لديها في غرفتها جمجمة، ولا أذكر أنني كنت أخشى هذه الجمجمة كما هو متوقع من الأطفال، بل كنت ألعب بها، وكانت تجلسني أمامها وتستذكر دروس الطب وهي تشرحها لي كي تثبت المعلومة في ذهنها، وتسألني باهتمام:

ـ فهمتِ؟

فأهز رأسي بالإيجاب. تلاتة بالعظيم ما فهمت حاجة، لكن لا يصح أن أحرجها، ثم إنني أعلم أنها تستذكر، وأن فهمي ليس هو الهدف، فلماذا نقف عند توافه الأمور؟

كانت مايسة هي من تهتم بي بشكل مباشر، وإن كان يبدو عليها الملل من آن إلى آخر، فرعاية طفلة، خصوصًا لشابة في هذه السن الصغيرة، أمر شديد الثقل، مع وضعنا في الاعتبار أن هذه الطفلة ليست بالضرورة أظرف الأطفال نظرًا للصدمات المتوالية التي واجهتها، مما جعلها لحوحة، وصاخبة، وغير مطيعة (ذكرت سابقًا أنني طيعة، ولا تناقض فيما أذكره الآن، أنا طيعة لأمي، ولم أكن طفلة متعبة بالنسبة إليها، لأنني كنت أخاف منها، إلى جانب أنني كنت في تلك الفترة في ظرف استثنائي لا يجعلني مطيعة بشكل كامل)، ولا تكف عن الكلام، وتبكي كثيرًا، وتتشاجر كثيرًا مع ابن خالتها الذي يكبرها بعامين، وترتكب عنفًا لفظيًّا في أثناء هذا الشجار، و«قماصة»، ولا تكف عن الحركة، إلخ. الحقيقة أن مايسة لم تعبِّر عن مللها لفظًا قَطُّ، وكانت تحاول أن تخفيه، لكنني قرأته في وجهها. وهذه خاصية اكتشفتها مبكرًا في نفسي: أقرأ مشاعر الناس على وجوههم مهما حاولوا إخفاءها، ثم أصبحت لاحقًا لا أصدق ما قرأت نظرًا لتجارب سيئة أخرى جعلت من شعور الذنب صديقًا ملازمًا، مما يجعلني دومًا أشك في أحكامي. ودائمًا ما أندم على شكي في حكمي، وأوبخ نفسي: «ما انا كنت حاسة».

الخلاصة، يبدو أن «طوب الأرض» كان يشكو مني، بالطبع لم أرَ في نفسي إلا أنني سكر كده وعسل، إلى جانب أن أبناء خالاتي لا يملكون تأديبي أو نهري لأنهم ليسوا أمي، ولأنني أمر بظروف تجبرهم على التحمل. وهكذا كنت أرى خالتي، وصديقتي لاحقًا، فاطمة (رحمها الله)، وهي تسحب ابن خالتي طارق من قفاه في أثناء شجارنا، وتنتحي به جانبًا لتحدثه بصوت خفيض. وكنت في لحظتها أتوقع أنها تقول له إنني ضيفة، وإن أمي وأبي في السجن، وإن عليه تحملي كي يرضى عنه الله ويأخذ ثوابًا. بالطبع

هذا الحديث كله محض استنتاج في تلك السن. أنا لم أسأل خالتي فاطمة (رحمها الله)، حتى ماتت، عما قالته لطارق، على الرغم من أننا كنا صديقتين وكنا نجلس لتحكي لي وأحكي لها، وعلى الرغم من أن هذا المشهد ظل حاضرًا في ذهني. لم أسألها لأنني لا أتوقع أن تقول لي ما قالته، وربما لا تذكر. ولم أسأل طارق حتى الآن. كان هذا خيال الطفلة وقتها، وكان خيالًا مؤلمًا. أنا في الحقيقة لا أملك السيطرة على انفعالاتي، ولا أريد أن أكون مزعجة، لكنني ألاحظ أنني مزعجة، ولا أعرف كيف أسيطر على ذلك. وإنه لأمر مؤذٍ أن يحاول الناس ابتلاع انزعاجهم والتبسم لي لأنني مثيرة للشفقة. ولأثبت أنني لست مثيرة للشفقة كنت أزيد في تصرفاتي المزعجة. كان هذا الأداء في البيت فقط. أما في المدرسة، فكنت أسمع من المدرسات أنني طفلة لطيفة ومهذبة و«شاطرة». لم أعد أسمع ذلك بداية من الصف الرابع الابتدائي، وبدأت أسمع أنني «شيطانة». كنت مطيعة مع أمي، وهذا علمني أن أتحمل عدم طاعة أبنائي في البيت، لأن ذلك سينتج عنه سلوك مغاير في المدرسة.

* * *

قبل عيد ميلادي الثامن، الذي احتفلت به خالاتي وأبناء خالاتي وأبناء أصدقاء أمي، حدث في مصر أمر جلل اضطر معه الجمع الغفير إلى تأجيل الاحتفال بضعة أيام.

كنت ألعب في صالة البيت، وخالتي فاطمة (رحمها الله) تشاهد التلفزيون، وكان الرئيس السادات يتحدث، توقفت عن اللعب ونظرت إليه، وقلت في نفسي: «دا الراجل اللي حابس ماما، أما أشوف هيجيب سيرتها ولَّا إيه؟». لم أبُح بذلك لأحد. خشيت أن تلحظ خالتي اهتمامي بخطاب السادات، فتطلب مني أن ألعب في الغرفة الداخلية كي لا تعرضني للتوتر، فتظاهرت بأنني ألعب بالعروس الروسية الشهيرة، تلك التي تفتحها فتجد العروس نفسها بحجم أصغر فتفتحها فتجد أصغر منها وهكذا، وألقيت

سمعي لحديث الرئيس، والحقيقة أنني لم أفهم معظمه، وكنت أشعر أنه حديث ممل، ليس فيه ذكر لأبي أو أمي، لكن فيه ذكر لـ«فرم»، وصوت الرئيس يعلو، والغضب بادٍ على وجهه، كل ذلك وأنا أظنه ينهر والدَي، وأنه غاضب جدًّا منهما، وأنه سوف يفعل بهما الأفاعيل، أمَّال بيزعق كده لمين طيب؟ وأردت أن أجد طريقة لأشرح له أنه يجب ألا يغضب كل هذا الغضب، ويمكن لأبي وأمي أن يعتذرا، وهو عليه أن ينهي الموضوع الآن ويعيد لي أمي على الأقل. أبي أراه بشكل موسمي، لكنني تائهة بلا أمي! كانت خالتي فاطمة تبكي وهي تشاهد الخطاب. أخفت دموعها، لكنني رأيتها وأنا أنظر إليها خلسة.

نمت باكية في تلك الليلة، بعدما وضعت رأسي على الوسادة وحدثت الله، وأذكر ذلك الحديث جيدًا وبنصه: «يا رب أنا عايزة ماما ترجع، خلي السادات يرجعها، أو خلي السادات يمشي من هنا عشان هي ترجع، ممكن يروح بلد تانية يبقى رئيسها. يا رب رجعلي ماما يا رب. يعني إنت خدت مني بابا وأنا ما قلتش حاجة وما كلمتكش في الموضوع دا ولا طلبت إنه يرجع، تقوم تاخد مني ماما؟ دلوقت أنا هاعمل إيه؟ هافضل عايشة كده؟ أنا باحب خالتي فاطمة وخالتي أمينة، وهما عمرهم ما بيزعقولي ولا بيضربوني ولا بيقولولي على حاجة لأ، بس أنا عايزة ماما ترجع وتزعقلي وتضربني، ومش هاطلب منها تجيب حاجة تاني عشان مش معاها فلوس كتير أوي. يا رب إنت سامعني، صح؟ خالتي فاطمة قالت إنك سامعني حتى لو مش باتكلم. مش عارفة مش بترد ليه! بس إنت سامعني؟ يا ريت ترد بأي طريقة عشان أفهم منك ناوي تعمل إيه».

بعد فترة لا أعلم مدتها تحديدًا، جلست خالتي (لا أذكر هل كانت خالتي فاطمة أم خالتي أمينة)، وابن خالتي محمد (رحمه الله)، ومايسة قائدتي الروحية، وجلست معهم، كنا نتابع العرض العسكري، وفجأة رأينا إطلاق الرصاص!

نزل عمو نصر ومحمد إلى الشارع، لا أعلم لماذا، ربما ليقضيا حاجة لهما، أو ربما لابتياع ما يلزم لأن أحدًا لا يعلم المدة التي سيستمر فيها حظر التجول، لكنهما عادا وهما يتحدثان عن ارتباك في الشوارع.

لا أعلم إن كان من المناسب أن أذكر أن منور العمارة كان به زغاريد، وأن محمد قال: «سمعت الناس في الشارع بتقول لبعضها مبروك»، قالها وهو محتفظ بوجه محايد.

بقيت أنا ومايسة نتابع التلفزيون، ولا أعلم أين ذهب الجميع. التلفزيون لا يذيع سوى قرآن. اقتربت مني مايسة وقالت لي بهدوء:

ـ هاقولك حاجة يا نوارة بس ما تعمليش أي رد فعل.

أومأت برأسي موافقة، فتابعت:

ـ الرئيس محمد أنور السادات في ذمة الله.

شهقت من المفاجأة، ووضعت يدي على فمي، فابتسمت مايسة وقالت:

ـ ما كنتش متخيلة إنك هتزعلي!

ثم ربتت على كتفي.

على الوسادة في الليل، عدت للحديث المنتظم مع الله: «يعني هو كده مات؟ يعني ماما هترجع ولَّا إيه؟ أنا ما قلتلكش يموت، بس خلاص، ماما هترجع بقى؟ أكيد طالما عملت كده يبقى هترجعها وسمعتني زي ما خالتي فاطمة قالت إنك بتسمع. ماما قالت لازم نكلمك بأدب، أنا هاقولك «حضرتك» زي ما باقول لماما، طيب؟ لو سمحت رجعلي ماما بقى، ولاحظ إني كل دا ما كلمتش حضرتك في موضوع بابا، أنا باقول لحضرتك هات ماما بس. شكرًا. تصبح على خير».

كان هناك ثقل آخر: المدرسة. فقد سبقني لساني وقلت إن والدَي في السجن، ثم عدت وصححت المعلومة لأقول إنهما في سويسرا. كان يجب على خالتي فاطمة أن تنبهني قبل دخول المدرسة. أنا لم أكن أعلم أن السجن أمر مُخزٍ، كنت أظن أنهما مظلومان، وأن السادات هو من يقع عليه اللوم،

وأنه يحدث في بعض الأحيان أن يتعرض الناس للظلم، وأن ذلك ليس فيه شيء يبعث على الحرج. لكنني علمت من نظرات المدرسات والزملاء، وذهول خالتَي، وقت أن أخبرتهما بأنني أفصحت عن مكان والدَي في المدرسة، أن الأمر فيه شيء ما «عيب» لا أعلم ما هو، وأن عليَّ محو العار عن سيرة والدَي. الجميع كان يشعر بالحرج إلا أنا وميسز آمنة مشرفة الباص التي كانت تسألني:

ـ ولاد الكلب ما خرجوش مامتك وباباكِ لسه يا نوارة؟

❋ ❋ ❋

نزلت من باص المدرسة، كانت جليسة الأطفال تنتظرني، وتبتسم لي بشكل استثنائي. رحت أتحدث معها كثيرًا كما هي العادة، وأروي لها قصصي المختلقة، وأعرض أفكاري، ونحن نعبر الشارع ونصعد السلم، وبمجرد أن دخلنا بيت خالتي أمينة قالت لي:

ـ ماما رجعت، وما رضتش أقولك في الشارع لتجري مني وعربية تخبطك ولَّا حاجة.

ركضت بسرعة نحو الغرفة الداخلية فوجدت أمي ساجدة تصلي، فنظرت إلى أعلى وابتسمت له وأنا أومئ برأسي في إشارة للسر الذي بيننا... أتكلم عن الله.

انتهت أمي من صلاتها، وظللت أقبِّلها لمدة طويلة جدًّا، ولا أرفع عينَي عنها. جلست في الصالون في بيت خالتي تروي قصص السجن والجميع يضحك. وتوافد المهنئون بسلامة عودتها. حكت كيف تم الإفراج عنها، وروت نوادر عن زميلاتها في السجن. وأصبح الناس يأتون خصوصًا للتهنئة وسماع القصص المضحكة، وأمي تروي، وتقلد الأصوات والشخصيات ببراعة.

في بيت خالتي، وفي بيتنا، وفي بيت طنط وداد، عرض ثابت لا ينضب ولا يكف عن إضحاك الناس: «مغامرات صافي ناز في السجن».

الناس تضحك، وأنا أضحك، وهي تضحك.

أما العناوين الرئيسية للقصص المضحكة:

منع الزيارة عنها.

منعها من تسلم الملابس.

إصابتها بالحمى وعدم توفر رعاية صحية لها في السجن.

نقلها هي والدكتورة أمينة رشيد إلى عنبر المتسولين لإذلالهما مما تسبب في إصابتهما بالجرب.

نقلها إلى زنزانة انفرادية بعد شكوى تقدمت بها الدكتورة نوال السعداوي رحمها الله، ضدها، مدعية أنها إرهابية.

تعرضها للتفتيش اليومي في أدق حاجياتها من قِبل ضابط كان يكرهها ويسيء معاملتها.

حرمانها من الصحف والكتب وكل الأقلام حتى قلم الكحل (وقلم الكحل بالنسبة إلى أمي أمر حيوي).

فتاة في الثامنة عشرة حُبلى من ضمن المساجين.

سيدة مرضع من ضمن المساجين.

ليست مضحكة تلك العناوين؟

صدِّق أو لا تصدِّق، بلغتنا تفاصيل كل هذه القصص التي يندى لها جبين الإنسانية عن طريق عروض كوميدية تقدمها أمي منفردة، ولم يذرف الجمهور دمعة واحدة، ولا بدا على وجه أحدهم الأسى من فرط إتقان السيناريو الكوميدي وإمتاع الأداء ولا عادل إمام في زمانه.

اتصلت خالتي معصومة (رحمها الله)، بأمي، وقالت لها إنها قالت لإحدى صديقاتها إن تجربة السجن لم تكن مؤذية لأمي لأنها تروي مغامراتها بشكل مضحك، فقالت لها صديقتها: «لا يا سومة، هي بتقولكم كده عشان ما تقلقكوش». ثم أضافت: «قال صحيح يا صافي إنتِ متضايقة ومش بتقولي؟». فصمتت أمي لبرهة، ثم ضحكت.

ماما خرجت من السجن

خرج الجميع، وقررت أني أحب الرئيس محمد حسني مبارك، وعلَّقت صورته في غرفتي. قالت أمي:

ـ إيه دا؟

قلت لها:

ـ هو اللي خرجك ليَّ، أنا باحبه.

لكن أبي لم يخرج. بدا الأمر عاديًّا، وكأن مكان أبي الطبيعي هو السجن، ومن الطبيعي أن يخرج كل الناس إلا أبي!

عدت مرة أخرى للتواصل مع أبي عبر جهاز التسجيل، والصور، وصورة عادل إمام المعلَّقة في غرفتي، وما زلت أصر على أن عادل إمام يشبه أبي، على الرغم من أنني رأيته، وتفرست في ملامحه جيدًا، وعلمت أنه يشبه حسن شحاتة، لكنني لم أجد غضاضة في أنه يشبه حسن شحاتة وعادل إمام، مع إقرار كامل بأن عادل إمام وحسن شحاتة لا يشبهان بعضهما بعضًا.

٧

طنط حياة

شال الهوى بينا
حط الهوى تاني
واحنا والسفينة
في بحر الأماني
عمي يا اللي ماشي
ع الشَّط القُريب
قولي وانت ماشي
لأ ولَّا طيِّب
حبي راح ما جاشي
مش هييجي تاني

كما ذكرنا، خرج كل معتقلي سبتمبر، وأقيمت الأفراح والليالي الملاح، وعدت مع أمي إلى بيتنا في العباسية، أو بالأحرى بيت جدتي الذي كانت تقيم فيه أمي لأنها لم يكن لها بيت خاص بها. وتوافد الزوار لمتابعة عرض المونوكوميديا الذي تقدمه أمي عن تجربتها في السجن.

ولم يعد أبي.

ـ فين بابا؟

ـ لسه في السجن!

ـ ليه؟

ـ ...

لا أعلم كم لبث في السجن. وبعد أن طالت المدة، أزلت صورة محمد حسني مبارك من غرفتي.

ثم خرج أبي من السجن، لكنني كنت قد تخلصت من الصورة فلم أعدها على الحائط. قالت لي أمي:

ـ أبوكِ خرج.

ـ طيب مش هاشوفه؟

حضر محمد علي هذه المرَّة ومعه طنط حياة الشيمي[1]. رحبت بها أمي ترحيبًا شديدًا، وتبادلتا الأشواق، واجترتا معًا ذكريات اعتصام الطلبة، وقالت لها أمي:

ـ صحتك مش عاجباني يا حياة! خاسة أوي ليه كده؟

وأصرت أن تغذيها، وألحت عليها أن تأكل. قالت طنط حياة إنها ستأتي دومًا لتصطحبني إلى أبي.

أخذتني هي وعمو محمد علي إلى أبي، وقضيت يومين عنده، وكانا يومين مختلفين. كانت ابنة طنط حياة طفلة ربما في الثانية، ولأول مرة أجد من يعد لي طعام الغداء وطعام العشاء بشكل منتظم عند أبي، وأستيقظ على طعام الإفطار.

حين استيقظت قالت لي طنط حياة:

ـ عادل إمام كان هنا، وكنت عايزة أصحيكِ، بس كنتِ نايمة خالص. أنا عارفة إنك بتحبيه وبتقولي عليه شبه باباكِ، بس هو مش شبهه.

ـ طب شافني وأنا نايمة طيب؟

(١) حياة الشيمي، كاتبة ومترجمة وممثلة، وواحدة من عناصر حركة الطلبة في جيل السبعينيات.

ضحكت طنط حياة، وقال أبي:

- آه، وقال مين بنت الكلب دي!

منذ عودتي من العراق، في المرات القليلة التي بت فيها عند أبي، كنت أبيت ليلة واحدة وأستيقظ وهو نائم ليأخذني عمو محمد إلى أمي. هذه المرة بت ليلتين، ولأول مرة أرى أبي وهو مستيقظ من النوم. كانت صدمة، لكنني تعودت بعد ذلك.

أبي حين يستيقظ من النوم يكون سيئ الخلق بشكل شنيع، فهو يستيقظ عابسًا، مهمومًا، ويقول لمن حوله: «صباحكم خرا على دماغكم»!

حين كبرت، وكنت أبيت في بيت أم زينب، وأرى هذا الصباح «الخرا» على دماغنا، بدأت في القراءة عن أسباب استيقاظ بعض «الذكور» وهم سيئو المزاج، وعلمت أن ذلك يكون عادة بسبب الأحلام السيئة والكوابيس، ووجدت أن ذلك منطقي جدًّا في حالة أبي. لم أسأل أبي قَطُّ عن كوابيسه وأحلامه السيئة، لكنني أفكر الآن، وبعد أن فارقنا، في أن من مر بكل تلك الأهوال فإن الكوابيس «أقل واجب»! لكن أبي أحيانًا كان يرى أحلامًا يقول عنها المؤمنون بالميتافيزيقا «رؤى»، أي: أحلام تتحقق، أو أحلام تحذيرية. وأذكر أنني كنت أمر بأمر شخصي جلل، ولم أفصح به لأحد، فرأى أبي أن ثعبانًا لدغني، فاستيقظ مفزوعًا وأخبر أم زينب عن الرؤيا وطلب منها أن تسألني عما ألم بي. اندهشت، وقلت لصديقتي، وهي الوحيدة التي كانت تعلم بمشكلتي، فأجابت ضاحكة:

- سبحان الله! الأب مهما كان ظلنطحي أب برضو.

نعود إلى طنط حياة. كنت في الثامنة وقد شارفت على التاسعة، ولم أفهم لماذا هو غاضب! وما الذي فعلته! لم أكن مستكينة و«كيوتة» وكتكوتة، على الرغم من محاولات أمي التي ذهبت هباءً لتربيتي على طراز «الأدب العثمانلي»، يعني، بصراحة، رددت عليه الصاع صاعين، ولم يكن ذلك بسبب أنه سمح لي بما لم تسمح لي به أمي، لا، لا، لا، لا... كنت أرد على

أمي ردودًا قوية مع الحرص على استخدام كلمة «حضرتك» كي لا أضيع حقي معها. المهم أنني قلت لأبي:

- ليه بتقولنا كده؟ حد يصحى الصبح يشتم الناس؟

- بس، اسكتي!

- لا مش هاسكت، إحنا ما عملناش حاجة!

- يا بنت الكلب!

- والله دا مش ذنبي إن الكلب خلفني!

وهكذا...

فجأة، وفي أثناء ردودي المتتالية شديدة الصفاقة عليه، انفجر ضاحكًا، وقال بإعجاب هذه المرة:

- يا بنت الكلب!

ثم عانقني. فقلت:

- إنت غريب جدًّا! يعني نكدت علينا على الصبح وبتضحك دلوقت؟

فقال:

- ما خلاص بقى! دا إنتِ أوبة!

استكملنا الحديث ونحن نتناول طعام الإفطار الذي أعدته طنط حياة.

وقلت له:

- ماما بتقول إني لازم أقول للكبار «حضرتك»، بس أنا مش حاسة إني ينفع أقول لطنط حياة «حضرتِك»، فأنا هاقول لطنط «حضرتِك» ولّا هاعمل إيه؟

أجاب على الفور:

- لا، أنا ما أحبش أدب القرود دا.

قلت:

- بس ماما بتزعل، فباعملها اللي هي عايزاه. وساعات أنسى.

قالت طنط حياة:

- الموضوع دا مش مهم، كانوا عندنا في البيت برضو عاملين مشكلة على الموضوع دا...

ثم ضحكت وقالت:

- أنا متربية زيك تقريبًا.

عدت إلى بيت أمي، وبالطبع استجوبتني بخصوص كل شيء، واطمأنت أن طنط حياة كانت معي طوال فترة زيارتي لأبي، وقالت:

- أنا باحب حياة، بنت جميلة ومؤدبة وبنت ناس طيبين...

ثم أضافت:

- كويس إن أبوكِ ما راحش جاب حاجة عِرة زي ما هو متعود! أهو الواحد يتطمن عليكِ وإنتِ عنده!

هذه هي الحقيقة، حياة «بنت» جميلة ومؤدبة، وبنت ناس طيبين، هذا ما خبرته في الفترة القصيرة التي كانت فيها مع أبي. كانت حريصة بشدة على أن تأتي أسبوعيًّا لتصطحبني لزيارة أبي. وجعلت موعدًا أسبوعيًّا تأتي فيه لتأخذني، وأصبحت تأتي وحدها من دون عمو محمد، وتقضي وقتًا لطيفًا مع أمي، تتضاحكان، وتطمئن أمي على أحوالها مع أبي، وتحذرها:

- اوعي يضايقك وتسكتي، هو عبيط يعني وغلبان، بس ساعات يعمل فيها فلة، ما تسكتيش.

فقالت:

- لا مش بيضايقني.

- أي حاجة قوليلي وأنا أتصرف معاه.

- حاضر.

ثم أذهب أنا وطنط حياة، وأقضي يومين عند أبي ثم أعود. بسبب طنط حياة نشأت صداقة بيني وبين أبي. يبدو أنه بدأ يعجب بشخصيتي «ذات اللسانين»، فيتعمد أن يتشاجر معي كي أرد عليه ردودًا تضحكه. كنت أحب التمثيل والحياة في عالم موازٍ. وجدت خطابًا على الطاولة، وكان هذا شيئًا

نادرًا، ففتحت الخطاب ومثلت أنني أقرأه، الحقيقة أنني لم أتمكن من قراءة حرف منه لأنه كان «بخط الكبار»، فنهرني:

- إنتِ بتفتشي ورايا؟ بتقري الجواب بتاعي ليه؟

قلت:

- أولًا أنا مش باعرف أقرا خط الكبار، أنا كنت بامثل، أنا باحب أمثل، وبعدين إيه بتفتشي ورايا دي؟! هو أنا مراتك؟ دا إنت مخبرين الدنيا كلها بتفتش وراك! أساسًا الجواب مرمي على الترابيزة وأي حد معدي هياخده! إنت عايز تزعق وخلاص؟!

فيضحك. وأستغرب:

- إنت بتضحك على إيه؟! تعصبني وتضحك؟!

- خلاص يا بومة!

تبتسم طنط حياة:

- بطل تعصبها عشان تتفرج عليها وهي بتهزأك.

ثم تربت على شعري:

- ما تزعليش يا حبيبتي. طظ فيه.

قالت أمي لطنط حياة إن عيد ميلادي التاسع قد اقترب، وإنها ترغب في إقامة حفل لي بحضور والدي والشيخ إمام وعمو محمد علي، وقالت لها:

- اعزموا كل اللي إنتو عايزينه، أنا عايزة نوارة تفرح بوجود أبوها معاها. اتحرمت كتير!

تحمست طنط حياة للفكرة. قالت أمي:

- أنا هاعتمد عليكِ عشان نجم ما يهربش.

قالت طنط حياة:

- لا، يهرب إيه؟ هاجيبه ما تقلقيش.

أقامت أمي حفلًا كبيرًا، ووليمة عظيمة، وحضر أشخاص كثر، لا، تقريبًا كل الأشخاص، كل الأقارب: خالاتي وأبناء خالاتي وأخوالي، وكل أصدقاء

أمي ونخص بالذكر الإخوة بالروح لا بالدم: طنط وداد وعمو الدكتور سعد لوقا الأستاذ بكلية الهندسة، وابنَيهما سهيل وريم، وطنط محسنة توفيق والمهندس أحمد خليل، وابنَيهما وائل وعزة، وطنط شاهندة، وابنتها بسمة، لأن ناجي ووسيم (رحمه الله) كانا في روسيا، وطنط جمالات الزيادي[1] وزوجها عمو سعد الموجي[2] (حبيب القلب من جوه والله)، وأبناءهما سحر وإسلام وجاسر، وعادل حسين[3] وزوجته طنط ناهد، وابنَيهما، وعالم... البيت يفضي ويملا، يفضي ويملا. وجميعهم حضروا خصوصًا لحضور أول حفل يقيمه نجم وإمام ومحمد علي بعد خروج أبي من السجن.

كانت أمي، استعدادًا لهذا اليوم، قد اشترت لي فستانًا جديدًا، وحذاءً جديدًا.

لا أعلم كم تكلف عيد الميلاد بالطبع، لكن أعلم أن أمي كانت مفصولة من عملها، ولم يكن لها دخل سوى معاش التأمينات (سبعون جنيهًا في ذلك

---

(١) جمالات الزيادي، إحدى الإذاعيات الرائدات في مصر والعالم العربي، وزوجة سعد الموجي. ولدت في ٢٩ يناير عام ١٩٣١ في المنصورة. حصلت على ليسانس آداب قسم تاريخ من جامعة القاهرة عام ١٩٥٦. أول برنامج إذاعي قدمته هو برنامج «الأسبوع في ساعة» ثم برنامج «كلمات من نور»، ومن أشهر البرامج التي انفردت بإعدادها وتقديمها البرنامج الصباحي الشهير «أخبار خفيفة» في فترة السبعينيات من القرن الماضي.

(٢) الأستاذ سعد الموجي، صحفي ومترجم، وهو الصديق بالنسبة إلى أبي، لا ليس «صديق» بل هو «الصديق». هو من قدم الشيخ إمام إلى أبي، وقدم أبي إلى الشيخ إمام، ورعى تجربتهما. وهو الابن الأكبر للشيخ عبد السلام الموجي الشريف الحسني، إمام مسجد «الفكهاني» بحوش آدم، وقد ذكره أبي في قصيدته «حارتنا»: «مدد أنس الحبايب. مدد حاضر وغايب. مدد زين الصحايب. يا سادة يا موجية».

(٣) عادل حسين، صحفي مصري وناشط سياسي معارض. انتقل من الماركسية إلى الإسلامية. الأخ الأصغر لأحمد حسين، مؤسس حزب مصر الفتاة (١٩٣٣). قاوم عادل حسين الاحتلال البريطاني لمصر منذ صباه، واعتُقل مرتين في أثناء حكم جمال عبد الناصر بسبب نشاطه السياسي: الأولى من ١٩٥٣ إلى ١٩٥٦. تخرج في قسم الجيولوجيا بكلية العلوم جامعة القاهرة في عام ١٩٥٧، ثم اعتُقل مرة أخرى من ١٩٥٩ إلى ١٩٦٤. واعتُقل في عهد مبارك وقت أن كان رئيسًا لتحرير جريدة «الشعب».

الوقت)، ولم تكن مدخراتها من عملها في العراق كبيرة نظرًا إلى أنها عاشت منها طوال الفترة السابقة، ودفعت منها مصاريف مدرستي.

لكنها كانت ليلة من ألف ليلة وليلة، وكانت من اللحظات الأكثر سعادة في طفولتي، سعادة لا يشوبها الخوف والقلق والمرارة المعتادة. هذه المرَّة كانت سعادة صافية.

كان أبي معجبًا بصوتي، فأصر على أن أغني «باحبك يا مصر»، وأجبر الشيخ إمام على العزف لي كي أغني، ويبدو أنه كان المعجب الوحيد، وراح يقول: «بتجيب من جواب الجواب»، والجميع لا يعلِّق. وغنى أبي، وعمو محمد علي، وغنى الجميع.

ثم استغلني أبي لدس مهموز، أو ما ظنه مهموزًا، فهمس في أذني:

ـ قولي للشيخ إمام إنك عايزة تسمعي «يا اسكندرية بحرك عجايب».

الحقيقة أنني لم أكن قد سمعت هذه الأغنية من قبل، ولم ألتقط عنوانها جيدًا، فقلت للشيخ إمام:

ـ يا عم الشيخ عايزة أسمع «يا اسكندرية يا بحري يا عجايز».

فقال الشيخ إمام:

ـ إيه؟!

فقلت:

ـ «يا بحري العجايز».

فقال أبي:

ـ عايزة تسمع «يا اسكندرية بحرك عجايب» يا إِمة.

بالطبع كطفلة فتانة، رويت لأمي القصة بعد أن انتهى الحفل، فضحكت أمي ملء شدقيها:

ـ أما راجل عبيط صحيح!

قلت لها:

ـ ليه؟

قالت:

ـ عشان هو مألف الأغنية دي على عزة بلبع أيام ما كان بيعط وأنا قاعدة في العراق، ولما لقاني ما غيرتش من حياة حب يخليني أغير من الأغنية!

ثم أخذت تضحك وقالت:

ـ معلش غلبان.

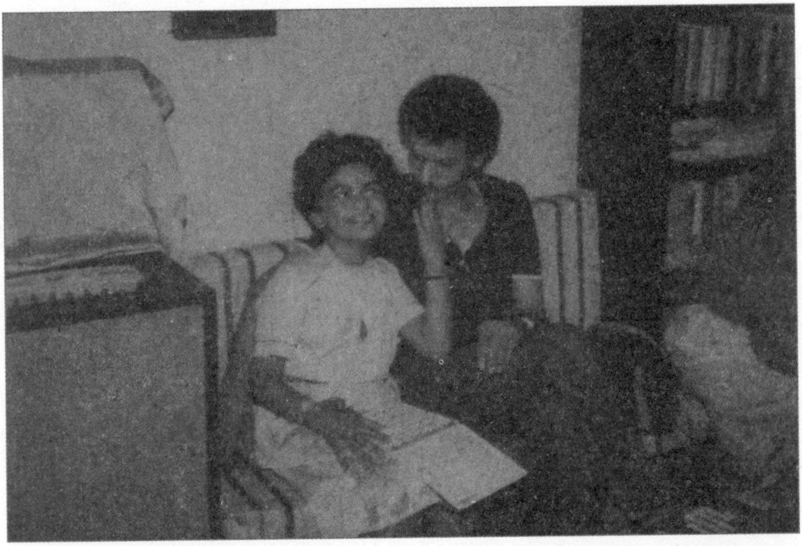

عيد ميلادي التاسع أجمل عيد ميلاد

ظللت أذهب إلى أبي مع وجود طنط حياة. في تلك الآونة تعرفت على عدد جديد من أصدقاء أبي، كان من بينهم المخرج مراد منير[1]، الذي أحضر معه ابنته نوارة، كانت تصغرني بأربع سنوات أو خمس، قلت لعمو مراد:

ـ إنت مسمِّي بنتك على اسمي؟

(١) مراد منير، مخرج مسرحي مصري. درس في كلية الحقوق، وأخرج على مدى مسيرته الفنية عددًا من المسرحيات المهمة، منها: «ملك الشحاتين»، «منين أجيب ناس»، «الملك هو الملك»، «سي علي وتابعه قفة».

قال:

ـ أيوه.

اقتربت من الطفلة التي شعرت تجاهها بمسؤولية لأنني أنا الكبيرة، ولأنها مسماة على اسمي، وقلت لها بلطف:

ـ إنتِ اسمك نوارة زيي.

قالت:

ـ لا، اسمي رشا.

كان عمو مراد مشغولًا بالحديث مع أبي، فقلت له:

ـ يا عمو، بتقول إن اسمها رشا.

فقال:

ـ لا يا حبيبتي، اسمها نوارة.

فقالت نوارة مراد:

ـ اسمي رشا.

فنظر إلى أبي وهو يشير إلى ابنته:

ـ طالعة غتتة لأبوها!

وقابلت عمو أمير سالم(١)، وكان وسيمًا، ويأتي دومًا إلى أبي بصحبة الجميلات، هذا بخلاف الجميلات الموجودات بالفعل ويحاولن الإيقاع به. ويبدو أنني كنت «أروبة» لأنني لاحظت هذه التحركات المريبة. أسكت؟ لا طبعًا. همست في أذن طنط حياة بما لاحظته، فقالت لأبي، ونشر أبي الملحوظة بين الجلوس، وشعر البعض بالحرج بينما ضحك البعض الآخر.

وقابلت هناك الفنان سعيد صالح، وكنت سعيدة جدًّا. كان شخصًا شديد اللطف والحنان والأبوة. والغريب أن حضوره لم يغب عنه حتى في

---

(١) أمير سالم، محامٍ حقوقي، وأحد عناصر حركة الطلبة في السبعينيات.

الجلسات الخاصة، كان حقًّا مثل الشمس. سألت على «الفلاح الكافر» صديقي، لكنه كان منشغلًا بالحياة، أو منقطعًا لفترة، كعادة أصدقاء أبي الذين يغيبون ويعودون.

تغير الأصدقاء، يذهبون ويجيئون، وبقي الشيخ إمام وعمو محمد علي وعمو محمود اللبان وأسامة الفيل وعصمت النمر، وبالطبع سعد الموجي، «راكور» في حياتي مع أبي، حتى حدث الفراق بين الثلاثي، إمام ونجم ومحمد علي، لاحقًا.

كانت غرفة أبي في الغورية تعج بالزائرين المستريحين المتعاملين وكأن البيت بيتهم، والدار دارهم. يتجمع سكان حوش آدم في الغرفة لمقابلة عادل إمام وسعيد صالح وصلاح السعدني وخيري شلبي وغيرهم من الفنانين والكُتَّاب الذين كانوا يحضرون لزيارة أبي. وقالت لي إحدى الجارات ذات مرة:

- إنتِ فاتك بقى لما كانت سعاد حسني بتيجي هنا، بس مش حلوة ولا حاجة زي ما بتبان في التلفزيون، رفيعة أوي، ملهاش «...» ولا «...» خالص.

سألت أمي عن حقيقة أن سعاد حسني لم تكن جميلة على حقيقتها كما على الشاشة، مع تمرير مقص الرقابة على استطرادات الجارة، فقالت أمي:

- إيه دا؟ دي أحلى من التلفزيون!

فاستنتجت أن الجارة بنَت حكمها على رشاقة سعاد حسني التي اعتبرتها عيبًا.

وذات مرة، بعد ليلة حافلة بالزوار، نمنا واستيقظت أنا على صوت «خرفشة»، ففتحت عينَي لأجد شخصًا مجهولًا يسرق من درج أبي مبلغًا من المال، لا أذكر إن كان خمسة جنيهات أم خمسين جنيهًا، وكنت نائمة بجوار أبي، فأيقظته:

- بابا! بابا! حرامي يا بابا!

ففتح أبي نصف عين وقال:
ـ ششششش.. بس بس.. إيه؟
قلت:
ـ حرامي يا بابا بيسرق فلوس من الدرج!
قال:
ـ اعملي نفسك نايمة، ما تحرجيهوش.
قلت:
ـ ما احرجهوش إيه؟! دا حرامي!
فوضع يده على فمي، واحتضنني بقوة حتى كاد أن يزهق روحي.
وخرج اللص.
فتركني.
قلت:
ـ إيه يا بابا كنت هتموتني!
ـ يا بنتي إنتِ مالك إنتِ؟
ـ يعني هو استأذنك عشان ياخد الفلوس؟
ـ اعتبريه استأذني.
ـ أعتبره؟! يعني حرامي بجد!
ـ حرامي. عايزة إيه؟ إنتِ مش شايفة أنا عايش فين؟ هو إنتِ في الزمالك؟ ناس غلابة ودا بائس لدرجة إنه بيسرقني أنا، تكسفيه ليه؟
ـ دا بايت عندك يا بابا وكان سهران عندنا طول الليل!
ـ خلاص، يبقى من صحاب البيت. ما هو أكيد محتاج الملاليم دي، أمَّال سارقها عشان يعمل بيها مشروع؟!
قالت طنط حياة وهي لا تزال مغمضة العينين:
ـ نامي يا بنتي، دا مفيش فيه أمل!

* * *

عادة ما كانت المباريات تقام في أيام الجمعة، على ما أذكر. كان أبي أهلاويًّا بجنون، وذكرت من قبل أنه يركض في الشارع حافيًا في حال فوز الأهلي. كنت أتابع معه المباريات. لم أكن تجرأت بعدُ وصارحته بزمالكاويتي. لكن ونحن نشاهد مباراة بين الأهلي والزمالك، أحرز الزمالك هدفًا في مرمى الأهلي، فاحتفلت به احتفالًا شديدًا، فقال:

ـ إيه يا بنت الكلب؟! دا الجون فينا!

قلت:

ـ فيكم.

فنظر إليَّ وقد استدارت عيناه، فأكملت:

ـ أنا زمالكاوية.

قال:

ـ ليه يا زيلو يا معفنة؟

لا أعرف لماذا لم أقل له إنني زمالكاوية لأن حسن شحاتة يشبهه. ربما شعرت بأنه سيزهو بنفسه بشكل مبالغ فيه، أو قد يساومني على زمالكاويتي ويخبرني بأنني إن كنت أحبه إلى هذا الحد فعليَّ أن أشجع الأهلي. لذلك قلت له:

ـ عشان الزمالك مظلوم دايمًا.

قال:

ـ بت! إنتِ جبتي الكلام التيبييت دا منين؟

قلت:

ـ يعني إيه تيبييت؟

قالت طنط حياة:

ـ كلمة وحشة ما تقوليهاش في المدرسة. إيه يا نجم اللي بتعمله دا؟

* * *

بدأ العام الدراسي قبل عيد ميلادي المجيد. كنت أذهب بانتظام إلى

تلك المدرسة، التي تضم أبناء صفوة المجتمع. كانت المدرسة مختلطة، وكان الأولاد يلعبون لعبًا عنيفًا، بينما تجلس البنات تتحاور وتتناقش وتقول كلامًا «أروبًا» وكأنهن «مدامات» صغيرات. كان معي من أبناء الرجال الأثرياء وأصحاب المشاريع (لاحقًا أصبح يطلق عليهم «رجال الأعمال») والمشاهير ممن لن أذكرهم هنا.

ربما تنسى الأمهات اللاتي يتابعن بناتهن وهن يعدن من المدرسة بروايات «المدامات» أنهن أيضًا كُن «مدامات»، وعادة ما تقول الأجيال الأكبر: «إحنا ما كناش كده أبدًا».

غير أن طفولتي حاضرة في ذهني بشكل يفوق أقراني، وقد بحثت في التفسير العلمي لذلك، وعلمت أن الأطفال الذين يمرون بصدمات كبرى في طفولتهم، إما أن تُحفر الأحداث في ذاكرتهم، وإما أن ينسوا كل طفولتهم تمامًا، وقد اختار مخي أن يحفر الأحداث في ذاكرتي. لذلك، فإنني أؤكد لكم أننا «كنا كده» و«أكتر من كده».

ذات مرة، أرادت مدرِّسة الألعاب الرياضية أن تصنع جوًّا لطيفًا بين الأطفال، وتعقد صداقة معهم، فقالت لنا:

- مين بيشجَّع كرة القدم؟

فرفع معظم الفصل يده.

في هذه الفترة من الزمن لم يكن النادي الأهلي هو النادي الوحيد، ولم يكن الزمالك يؤدي دور السنيد الذي يقتصر وجوده على مهمة إمتاع مشجعي الأهلي بـ«التحفيل» عليه كما أصبحت عليه الحال لاحقًا في عهد مبارك، بل كانت كرة القدم تتمتع بقدر من التنافسية فقدته لاحقًا. الزمالك الآن قد بدأ يستعيد لياقته ويحصل على الدوري في عامين متتاليين، وكنت أود أن يكون أبي حيًّا كي «أفرسه» كما كان «يفرسني». وكانت هناك فرق أخرى لها مشجعون متحمسون، مثل: المقاولين، والسكة الحديد، والمصري. نعم، الصدارة للأهلي والزمالك، وكانا كفرسَي رهان، لكن كان هناك حضور

قوي لبقية النوادي، وفي أحيان كثيرة كان الأهلي والزمالك يتراجعان لتتقدم الأندية الأخرى.

قالت مدرِّسة الألعاب الرياضية:

ـ كل واحد يقولنا بيشجع نادي إيه وليه.

أجاب الأطفال: «باشجع نادي الزمالك، زي بابا». «باشجع الأهلي، زي بابا». «باشجع المقاولين، زي بابا». «باشجع الإسماعيلي، زي بابا». «باشجع السويس، زي بابا»، إلخ.

كل الأطفال يشجعون زي بابا!

حتى وصلت إليَّ:

ـ باشجع الزمالك.

قالت:

ـ زي بابا؟

قلت لها:

ـ لا، بابا أهلاوي.

قالت:

ـ زي ماما؟

قلت:

ـ لا، ماما ما بتشجعش كورة. أنا باشجع الزمالك عشان حسن شحاتة شبه بابا، خصوصًا لما كان هربان.

قالت المدرِّسة:

ـ مين اللي هربان؟

ـ بابا.

ـ هربان من إيه؟

ـ من السجن!

صوت صرصور الحقل!

حدثت هذه الواقعة بعد موضوع سويسرا، وذلك لأنني رويت لأمي قصة سويسرا، فقالت:

ـ لا، إحنا مش بنكدب يا نوارة. أنا ما كنتش تاجرة مخدرات، إحنا هنقول الحقيقة واللي يرضى يصاحبنا بحقيقتنا أهلًا وسهلًا، واللي مش راضي هو اللي ما بيفهمش.

قلت لها:

ـ خالاتي قالولي كده.

فقالت:

ـ معلش، خالاتك لهم أفكار مختلفة.

* * *

عودة إلى المدامات، كانت لي صديقة أحبها وتحبني، كما يقال بالتعبير الدارج: «صاحبتي الأنتيم». كنا كالتوأمتين، حتى إن الجميع كانوا يظنوننا توأمتين بالفعل نظرًا إلى التشابه الشكلي بيننا. كانت تكبرني بشهر واحد، هي مواليد برج «العذراء»، وأنا مواليد برج «الميزان». ومن ثَمَّ، كنت ملتصقة بها لأنها تعرف كيف تحميني من أراذل الأطفال المتنمرين، وتقترح عليَّ دومًا اقتراحات دفاعية نحصن بها أنفسنا، وأحيانًا ما كانت تقترح اقتراحات شيطانية، لكنها كانت طفلة ذكية وعمرها العقلي أكبر من سنها الحقيقية بكثير، و«مدام» جدًّا في نفسها. كنا نجلس معًا في الفسحة، تحكي وأحكي. تحكي لي فيلمًا شاهدته، وأحكي لها مسرحية شاهدتها، نظرًا إلى أن أمي كانت من رواد المسرح حتى وهي مفصولة من عملها كناقدة مسرحية، وهكذا.

ذات مرة جلست تحكي لي عن أسرتها: والدها ضابط مُتوفًّى، وعلى ما يبدو أنه كان أحد أبطال الحروب السابقة، ووالدتها متزوجة من رجل أعمال، ولها أخت شقيقة، وأخت من والدتها. زوج والدتها طيب وحنون، تقول له «دادي». تقيم في فيلًا وتتحدث عنها كثيرًا: «النهارده

وأنا خارجة من باب الفيلَّا»، «إمبارح وأنا داخلة الفيلَّا»، «أول إمبارح وأنا باعمل الواجب في الفيلَّا»، «وإحنا نايمين في الفيلَّا»، «اتغدينا فراخ في الفيلَّا».

بالطبع، كطفلة صفيقة، ترد على والدها ردودًا غير مهذبة، وعلى الرغم من حبي الشديد لصديقتي، لم أملك إلا أن أقول:

ـ هي الفيلَّا دي إنتو معزلين فيها جديد ولَّا حد مديهالكم هدية؟

ـ ليه؟

ـ أصل إحنا كناس ساكنين في شقق بنقول دخلت البيت، نمت في البيت، اتغديت في البيت، محدش بيقول دخلت الشقة، خرجت من الشقة، إلا إذا كان أول مرة في حياته يسكن في شقة!

امتقع وجه صديقتي لأنها للمرة الأولى لم تتمكن من استحضار رد من ردودها الساخنة المفحمة، فتنبهت إلى أنني كنت سخيفة، وحاولت تلطيف الأجواء، فقلت لها:

ـ أنا باسأل بس.

قالت:

ـ دي الفيلَّا بتاعة بابا.

فقلت لها:

ـ الله يرحمه.

لم أعرف قَطُّ إن كان والدها شهيدًا، أم مات في التدريبات، أم ميتته «طبيعية»، لكنني أعرف أن هذه فيلَّا من فلل القوات المسلحة.

طلبت مني أن أحكي لها عن أسرتي، فحكيت. ولا أذكر منها سوى نظرات الريبة والذهول.

بالطبع، لكونها طفلة «أروبة»، كما كان يقال لها في المدرسة، فإنها قررت أن تحتال عليَّ بحيلة لتضعني في مأزق وتقتص لنفسها من «غتاتتي» السابقة، فقالت:

ـ عندكم في البيت تلفون؟

ـ أيوه.

ـ إحنا كمان عندنا تلفون. إحنا رقم تلفوننا «...» وإنتم؟

ـ تمانية تلاتة صفر تسعة تمانية تلاتة.

تبادلنا أرقام التلفون التي حفَّظتها لنا أمهاتنا عن ظهر قلب حتى نتمكن من الاستنجاد في حال تعرضنا للخطف! هكذا قالت لنا الأمهات.

عدت إلى المنزل، ثم تحممت، ثم تناولت الغداء، ثم شرعت في عمل الواجب، فرن جرس التلفون، فقالت لي أمي:

ـ ردي يا نونو.

رددت.

ـ ألو يا نوارة.

كانت صديقتي. سعدت جدًّا بهذه المكالمة، فقد كبرت وأصبحت أتلقى مكالمات خاصة بي. لكنها بعد التحايا والحديث عن الواجب، طلبت مني أن تتحدث مع أمي. اندهشت قليلًا، فقلت لها:

ـ ليه؟!

قالت بحسم:

ـ عايزاها في حاجة كده.

ناديت أمي وكلي فخر وأنا أقول لها «فلانة» صاحبتي عايزاكِ. جلست بجوار أمي، ولم أسمع منها سوى:

ـ أيوه يا حبيبتي... آه... حصل... فعلًا... حقيقي دا... آه يا حبيبتي... عايزة تكلمي نوارة؟ طيب يا حبيبتي.

ثم نظرت إليَّ أمي ضاحكة:

ـ إنتِ قلتِ إيه في المدرسة؟!

سألت أمي عما حدث، فعلمت أن الآتي هو ما دار بينها وبين صديقتي:

ـ طنط، هو صحيح بابا نوارة شاعر كبير؟

ـ أيوه.
ـ طب والشاعر الكبير دا ساكن في حارة؟
ـ آه.
ـ طب وبيتسجن؟
ـ أيوه.
ـ طب وعادل إمام وسعيد صالح صحابه وبيروحوله الحارة دي ولما نوارة بتروحله بتلاقيهم؟
ـ أيوه يا حبيبتي.
ـ طب وحضرتك صحفية مشهورة؟
ـ آه.
ـ وجدك شاه إيران؟
ـ أيوه.
ـ وبتتسجني؟
ـ فعلًا.
ـ كتير؟
ـ آه.
ـ وسعاد حسني صاحبتك؟
ـ أيوه.
ـ ولما نوارة كانت بيبي سعاد حسني كانت بتشيلها؟
ـ حصل الكلام دا.
ـ طنط، هو صحيح حضرتك وبابا نوارة كنتوا بتتحبسوا عشان السادات ما كانش بيحبكم وشتم بابا نوارة في مجلس الشعب؟
ـ آه يا حبيبتي.
ـ طيب شكرًا يا طنط. عمومًا أنا الصيف اللي فات شفت صفية العمري في ميدان المساحة.

- عايزة تكلمي نوارة؟
- لأ.

هذه الفتاة ظلت صديقتي لمدة طويلة، ولا أنكر أن معاملتها معي بعد هذا الحوار تغيرت قليلًا، يعني، كانت مرتبكة قليلًا، فهي لا تعلم هل أنا دون المستوى لأن أبي يسكن في حارة وأهلي «رد سجون»، أم أنني فوق المستوى لأن أبي شاعر كبير وصديق سعيد صالح وأمي حفيدة شاه إيران وصديقة سعاد حسني. وعلى ما يبدو أن الأمر أحدث أزمة حقيقية لها إلى درجة استشعار أسرتها لهذه الأزمة في البيت، فحضر زوج والدتها إلى بيتنا، وأظهر الكثير من التبجيل والاحترام لوالدتي، وذكر أبي بالخير، ونظر إلى صديقتي وقال لها:

- دول ناس عظام، بس مش كل الناس هتفهم كده دلوقت، في يوم هتقولي إنك كنتِ صاحبة بنتهم.

أذكر ذلك الرجل الطيب وقد ذكَّرني بعمو أمير (رحمة الله عليهما). أذكر شعره الأبيض، ووسامته، ولطفه، وثقافته. وأظن أنه هو من حافظ على صداقتي بابنة زوجته لسنوات عدة بسلوكه هذا. وأنا ممتنة له بشكل شخصي، فلو أن صديقتي «الأنتيم» قاطعتني بسبب ارتباك رواية حياتي، لكنت أصبحت لقمة سائغة للمتنمرين من الذكور والإناث في زمن لم يكن الأهالي يهتمون بردع أبنائهم عن التنمر، بل إن لفظة «تنمر» لم تكن قد صُكَّت بعد، كما أن أهالي ضحايا التنمر لم يكن لديهم اهتمام بالدفاع عن أبنائهم. لقد رويت لأمي كل ما كان يحدث في المدرسة، سواء ما تعرضت له من إيذاء في المدرسة من الأطفال، أو ما قام به المدرسون من أذى. وكانت أمي، شأنها في ذلك شأن أغلب الأهالي، تتعامل مع الأمر باعتيادية: «الأطفال بيغلسوا على بعض عادي»، «المدرس ما يغلطش وما يصحش أنصر عليه عيلة»، إلخ. ففهمت أن عليَّ الدفاع عن نفسي، أو إيجاد حيل للدفاع عن نفسي، فكنت أحسن ضرب أولئك الذين يضايقونني من

الأطفال بمساعدة صديقتي «الأنتيم»، التي حافظ لي «دادي» على علاقتي بها. وحين صفعتني مدرِّسة على وجهي وأنا في الصف الرابع الابتدائي، كتبت شكوى بخط يدي، وسلمتها إلى السيدة مديرة المدرسة، ميسز عياد، وبعد مرور أسبوع ذهبت إلى ميسز عياد وقلت لها:

ـ حضرتك عملتِ إيه في الشكوى بتاعتي؟

تحدثت معي ميسز عياد بجدية وقالت:

ـ هي بتقول إنكم كنتوا عاملين دوشة.

قلت لها:

ـ مش حقيقي، هي ضربتني أنا على وشي وهي بتصحح الواجب!

فقالت:

ـ أنا أخدت منها وعد إنها ما تكررهاش تاني.

وبالفعل، أكملت هذه المدرِّسة السنة من دون أن تتعرض لي مرة أخرى.

لاحظ الزملاء ما حدث، وعلموا بما فعلت، فتحولت إلى «عرضحالجي» شكاوى، وأصبح الأطفال من زملائي يأتون إليَّ لأكتب لهم شكاوى في المدرسين الذين يتبنون العنف في معاملة الأطفال، خصوصًا مدرس اللغة العربية البغيض. وانهالت الشكاوى على ميسز عياد ضد مدرس اللغة العربية، ليس من فصلنا فحسب، وإنما من الفصل المجاور الذي علم بوجود «عرضحالجي» يكتب الشكاوى، فأصبحوا يأتون إليَّ في الفسحة: «نوارة، عايزك تكتبيلي شكوى في مستر «فلان» (مدرس اللغة العربية)».

كان الألطف في هذا الموقف هو السيدة المديرة، ميسز عياد، التي استدعت مدرس اللغة العربية وأخبرته بأن عددًا كبيرًا من الأطفال يشكون من عنفه معهم. فعاد المدرس البغيض غاضبًا ومنفعلًا، ودخل الفصل وقال:

ـ إنتو فاكرين إيه لما تشتكوني؟ فاكرين إن ميسز عياد هتهتم بكلامكم؟ المدرس مُصدَّق. إنتم شوية عيال، وأنا عايز أعرف مين اللي بيكتبلكم

الشكاوى دي! الشكاوى دي واحد بس اللي بيكتبها، البت (تلميذة زميلة لنا) الخايبة دي اللي بتجيب صفر في الإملاء ما تعرفش تكتب الشكاوى دي، مين اللي بيكتبهالكم؟

صمت كل الأطفال ولم يبُح أحد بالسر. بعض الأطفال لا يعرف، والبعض الآخر من مقدمي الشكاوى لم يتكلم. فازداد الرجل عنفًا معنا، بعد أن أوهمنا بأن شكاوانا ذهبت هباءً منثورًا، وصدقناه لأننا كنا أطفالًا. لم نشتكِ مرة أخرى، ويبدو أن عدم تكرار الشكوى أوهم ميسز عياد أنه استجاب لتحذيراتها. اقترحت على الزملاء تقنية أخرى كي يُقلع هذا الوحش الكاسر عن تصرفاته، قلت لهم:

- إنتو لاحظتوا إنه مش بيبطل ضرب غير لما بنعيط وبيبقى مبسوط؟ ما نتولوش اللي هو عايزه، معلش نستحمل شوية ضرب لحد ما هو اللي يتعب، ولما يمشي نبقى نعيط، هو بعد شوية هيزهق، ولو ما زهقش أهو دمه يتحرق.

وبالفعل، التزمت بما قلت، وكنت أتلقى ضرباته وأنا أبتسم، فيزيد في ضربه، فأبتسم أكثر، وكنت قد تدرَّبت جيدًا على حبس دموعي منذ أن قالت لي أمي: «ما تعيطيش، المسلمين ما يعيطوش»، ويعني كام مسطرة على يدي لا توازي اعتقال أمي في الفجر، فإذا اجتزت ذلك فأنا أستطيع اجتياز غيره. لكن إحقاقًا للحق، لم يتمكن بقية الأطفال من الالتزام بما اتفقنا عليه. وقال لي أحد الأولاد:

- أيوه يعني لما نضحك فنفرسه فهو يزود ضرب، إحنا هنستفيد إيه؟ ما نعيط بسرعة عشان يبطل ضرب.

وكانت وجهة نظر حكيمة لم أتبين حكمتها إلا بعد سنوات. صحيح، لماذا ابتكرت قضية صمود لم تكن تستحق كل ذلك العناء؟

يلّا أهو غار، ربنا يولّع فيه بالجاز!

* * *

نعود إلى طنط حياة. مع الأسف، انتهت هذه الفقرة السعيدة من حياتي مع أبي بانفصال سريع حدث بين أبي وطنط حياة.

يبدو أنه ضايقها كما توقعت أمي.

ويبدو أنها لم تأخذ عرض أمي للمساعدة بجدية.

لاحقًا، وبعد سنوات طوال، استفادت أم زينب من عرض أمي السخي، وطالما لجأت إليها في حل مشكلاتها مع أبي. وبذلك، استمرت أم زينب مع أبي قرابة ربع قرن.

٨
كأنك في طبع العناد سندباد

مسافر مسافر
ودايمًا مسافر
في قلب الخطرِ ع الطريق الصَّعيب
مسافر بعمرك وأمرك عجيب
كأنك بطبع العِناد سندباد
وعاشق وعشقك بِعيد البلاد
مسافر تودِّي الوداد للرَّفاقة
مسافر تجيب الحليب للولاد

* * *

يدور الزمان بالمكان والوجود
يقابلك مسافر
وتجري الحوادث وترجع تعود
وِتفضَل مسافر
ويوم ما اتقابلنا قابلتك مسافر
ويوم ما افترقنا فارقتك مسافر
مسافر مسافر أيا سندباد

وداير تلف الزمان والبلاد
مسافر لأنك لقيت الحقيقة
مسافر لأنك عِرفت المعاد

كان أبي قد كتب هذه القصيدة في رثائه لصديقه المقرب، المحامي الحقوقي والمناضل اليساري، الشهيد زكي مراد، وكان كلما ألقى هذه القصيدة بكى. على الرغم من معرفتي بحبه الشديد لعمو زكي مراد، فإنني منذ طفولتي، ينتابني إحساس غامض بأن أبي يبكي نفسه حين يلقي هذه القصيدة. بكاء أبي ليس سهلًا. لو كان سهلًا لأمضى عمره يبكي، فليس في عمره سوى النوائب التي حوَّلها إلى نكات أو حكايات شيقة أو قصائد. قلت في السابق إنني أرى أن الشاعر يضع من ذاته في كل قصيدة، حتى إن كانت قصيدة هجاء. في هذه القصيدة التي رثى فيها أبي صديقه المقرب، أظن أنه وضع ذاته كلها. قبل وفاته، ألَّف موتسارت سيمفونية جنائزية لرثاء نفسه، وأظن أن أبي قد رثى نفسه وهو يرثي صديقه.

كنا قد سافرنا إلى الإسكندرية بقافلة كبيرة: أنا وأمي، وطنط شاهندة وبسمة ابنتها، وطنط وداد وعمو سعد وريم وسهيل ابناهما، وطنط محسنة توفيق وأسرتها. أقمنا في شقة في المعمورة، لا أذكر لمن تعود، وربما أجرناها. وقفت طنط وداد ترقب غروب الشمس وتقول:

ـ الله! والله هاعيط!

وهذه كانت عادة طنط وداد متري. طنط وداد تخرج في نزهة مع أصدقائها، أو تحضر عشاءً في بيت أحد الأصدقاء، فتتمتع بكل شيء وتثني على كل شيء: «الله! شوك ومعالق»، «الله! طبق نضيف»، «الله! بيض مسلوق»، «اللااااههه! كوباية نضيفة وفيها شاي»، «يا خبر! دا فيه نعناع كمان!»، «مش معقولة الجمال دا!»، على الرغم من أن الدنيا لم تترك مصابًا لم تُصَب به طنط وداد متري، بداية من السجن ومرورًا بالفقد والمرض والتهديد وتشويه السمعة وقطع الأرزاق، وكله كله والله، لكن هي في حالة «اللاااااه! مش معقول الجمال دا» مستمرة!

مع طنط وداد أمي الثانية وعمو سعد لوقا وصافي

بعد أن عبرت طنط وداد عن انبهارها واندهاشها من أن هناك شرفة، وأن الشرفة، سبحان الله، تطل على الشارع، لا والشارع دا فيه ناس ونضيف، الله على الجمال، وصلتنا أخبار بأن أبي في الإسكندرية يقيم عند سعيد صالح. طلبت أمي من طنط شاهندة أن تصحبني لرؤية أبي. ذهبت لأقابل أبي فرأيت سعيد صالح، ومن فرط السعادة والارتباك أخذ قلبي ينبض على الرغم من أنني كنت قد رأيته من قبل، لكن هذه المرة الأولى التي أراه فيها بلا زحام. أقبل سعيد صالح عليَّ مرحبًا وحاول تقبيلي، لكنني خجلت وتراجعت إلى الوراء، وأشعر الآن بالضيق كلما تذكرت أنني رددته بهذا الشكل، خصوصًا أنني لم أعبِّر له قَطُّ عن سعادتي برؤيته. قال عمو سعيد إن لديه ابنة مثلي اسمها «هند»، وإنها تحبه كما أحب أنا أبي، وإنه وأبي يحضِّران لمسرحية، وإنه يلحن أشعارًا لأبي. لا أذكر أين كان الشيخ إمام في هذه الفترة، ما أعلمه أن أمرًا كهذا كان ليُغضب الشيخ إمام.

أخذني أبي إلى الشاطئ، ولأول مرة تصلني معلومة أنه يجيد السباحة، ولما سألته كيف تعلم السباحة، أجاب بأنه تعلمها في ترعة قريته، فسألته:

- أمَّال ما جالكش بلهارسيا زي عبد الحليم ليه؟

فقال:

- جالي وخفيت منها.

فقلت:

- أمَّال عبد الحليم مات وما خفش ليه؟

قال:

- عشان ربنا يبعتلي واحدة تنبر عليَّ زيك كده يا بومة!

فقلت:

- أنا باسأل عن السبب العلمي.

فضحك قائلًا:

- عايز أمسك وشك أعصره في إيدي يا بنت الكلب!

* * *

حزب التجمع. لي ذكريات جميلة في حزب التجمع. وذلك لأنني كطفلة كان حزب التجمع، وحديقة نقابة الصحفيين، والندوات الشعرية، وعروض المسرح التجريبي، ضمن نزهاتي. كنت أذهب إلى حزب التجمع بسبب ومن دون سبب، أذهب مع طنط شاهندة، أذهب مع عمو محمد علي، أذهب مع أمي. وعادة كان السبب الرئيسي أن أبي والشيخ إمام يقيمان حفلًا، أو لحضور عرض مسرحية «العقد» التي كتب أبي أشعارها. وأذكر أنني حضرت عرض مسرحية «العقد» مرة مع أمي ومرة مع طنط شاهندة ومرة مع أبي. وكنا نذهب لحضور ندوات، ونكون جالسين هكذا في أمان الله، ثم يقف شخص ما ليهتف هتافًا ما، فيهتف الناس خلفه ثم يصفقون لأنفسهم بعد أن يهتفوا. وإحقاقًا للحق، وحتى لا أنحاز إلى من أنتمي إليهم، فقد هتفت أمي وهتفت طنط شاهندة وأنا صفقت لهما، ولم أكن أعلم لماذا أصفق، لكن الناس كانت تهتف وتصفق. وذات مرة هتفت أمي وهتف الناس وصفقوا، فصفقت وقلت لأبي:

- إنت مش بتصقف ليه؟ صقف.

فصفق، لكنه بالطبع لم يهتف؛ أبي هو محرك الهتاف، أبي يقول القصيدة فيهتف الناس، أبي يغني الأغنية فيهتف الناس، أما هو فيضحك!

طفولة مرحة وسط المناضلين

وقد غنيت على مسرح التجمع. حفَّظتني أمي أغنية «جابوا الشهيد» من الفولكلور الفلسطيني وغنيتها وصفق لي الجميع بشدة، وشعرت بخجل، فركضت بعيدًا لأتوارى. ثم رفضت بعد ذلك أن أصعد إلى المسرح وحدي مرة أخرى! فكرة أن يراني عدد كبير ويركز نظره عليَّ يبدو أنها أزعجتني. لكنني كنت أحب الصعود إلى المسرح مع أبي والشيخ إمام وعمو محمد علي، كنت أجلس معهم وأغني معهم.

* * *

هناك موقف عليَّ أن أرويه حتى أتخلص منه، لأنه لا يزال يؤذيني حتى هذه اللحظة: ذات مرة، علمنا أن أبي سيقيم حفلًا هو والشيخ إمام وعمو محمد علي. كنت في ذلك الوقت مريضة، أعاني نزلة برد وحرارة، لكنني بكيت لأنني أريد أن أذهب إلى الحفل، فقالت طنط شاهندة لأمي:

- دفيها كويس، واديها خافض حرارة، وأنا هاخدها معايا.

كيف دفأتني أمي «كويس»؟ ألبستني ملابس ثقيلة، ثم لفت رأسي بطرحة تشبه الحجاب، فقلت لها:

- دا شبه الحجاب يا ماما!

قالت:

- وماله؟ خليهم يتغاظوا.

شعرت بضيق لأنني أرتدي حجابًا، وأنا التي لم تحبه لثانية قَطُّ، طوال حياتي وأنا أكرهه.

كانت أمي وأنا طفلة تقول إنني حين أبلغ سوف أرتدي الحجاب، وكان ذلك يقع في قلبي موقع التهديد. وحين قالت هذه العبارة أمام طنط وداد، قالت طنط وداد:

- حرام عليكِ! أمّال بقى تلبس التاييرات وتتشيك إزاي؟

نظرت برجاء إلى طنط وداد كي تكمل إلحاحها، لكن طنط وداد لم تكن شخصًا لحوحًا بالأساس، فقالت أمي:

- لأ!

فسكتت طنط وداد.

ظللت أفكر في الأمر...

وذات مرة كنت في التاكسي أنا وأمي، واقتربت من أمي بابتسامة وقلت لها:

- ممكن يعني لما أكبر شوية ما ألبسش الحجاب عشان أتمتع بنفسي وبعدين أبقى ألبسه بعدين؟

ابتسمت أمي وقالت:

- مفيش متعة في معصية الله.

فصمتُّ على مضض.

لكن هذا الأمر كان بالنسبة إليَّ بمثابة حصار لا أستطيع الفكاك منه بسبب إصرار أمي عليه. وعبارة «مفيش متعة في معصية الله» ظلت توجعني، وأشعر الآن بتقلصات في بطني وأنا أكتبها.

المهم أنه في ذلك اليوم لم تكن أمي قد قررت أن تلبسني الحجاب بعدُ، كانت فقط تحاول التأكد من عدم تسرب الهواء البارد إلى رقبتي، وفي الوقت نفسه لا مانع من «إنهم يتغاظوا»، ولم أعلم من هم، لكن علمت بعدها أنها على خصومة مع بعض الأشخاص في حزب التجمع، فهم كانوا من العناصر اليسارية، وحين تزوجت أبي هاجموها هجومًا شديدًا، وتنمروا عليها بالتعبير العصري، وآذوها بالكلام، وحين تساءلت عن سبب الأذى قالوا لها: «لأنكِ مؤمنة!»، فانتاب أمي شعور بأنها في حرب مستعرة مستمرة مع بعض «رموز اليسار». وفي الواقع، وكما هو بادٍ، فإن جُل أصدقاء أمي كانوا من اليسار أيضًا، فهذه التفصيلة في علاقة أمي باليسار بالنسبة إليَّ أمر غير مفهوم، ولا أعلمه جيدًا، لأنني لم أحضر فلان وعلان وهم يوبخون أمي لأنها تزوجت أبي، لكن على أي حال أنا أروي ما علمته. ذهبت إلى الحفل، وقابلني أبي بوجه عابس ونبرة موبخة:

ـ إيه اللي إنتِ لابساه دا؟

ـ ماما ملبساهولي عشان أنا عيانة.

ـ اقلعيه.

ـ مش هينفع أقلعه عشان ما أعياش، هيخش هوا لرقبتي و...

ـ لو ما قلعتيهوش مش هتطلعي معايا المسرح!

ثم ذهب وتركني. صعد على المسرح وغنى هو والشيخ إمام وعمو محمد علي. حاولت الصعود إليه فنظر إليَّ نظرة زاجرة، فجلست على طرف المسرح أغني وحدي. وكان شيئًا مؤذيًا جدًّا منها وقاسيًا جدًّا منه! فلا هي كانت محقة في استخدامي «عشان يتغاظوا»، ولا هو كان محقًّا في معاقبة أمي عن طريقي، واستخدامي كان مؤذيًا، والمشاحنات بينهما كانت ذنبًا في حقي، وكان عليهما الاعتذار عنها لا معاقبتي عليها وبها، ولقد ظلماني جدًّا بهذا السلوك، الاثنان! ولا أفهم سر إصرار أبي على أن أخلع الحجاب وهو يعلم أني مريضة! لاحقًا فهمت أنه ليس لديه أي شيء ضد الحجاب بالمرَّة، لكنه شعر بالحرج بسبب وجود جمهور يكره الحجاب، فأراد إرضاءهم على حسابي، ولم يفكر في أنني في هذه اللحظة أشعر أيضًا بالحرج وأنني أحتاج منه إلى لطف، ومحاولة لإيجاد حل آخر كي لا يتسرب إليَّ البرد وفي الوقت ذاته لا أكون مرتدية ما أكره! لكن من أين سيأتي بكل هذا الوعي؟

الحمد لله، قصصت القصة التي كانت تنغص عليَّ ذكرياتي، وسامحهما الله، وقد سامحتهما، ولا بأس من مروري بهذه التجربة، فقد تعلمت منها ألا أفعل مثلهما. وعلى فكرة، «لا نكد في طاعة الله»! وما دام الإنسان أصابه النكد من حمل نفسه على ما يكره، فهذه ليست طاعة يا ماما. وطظ في الناس، أيًّا كان عددهم، وما يكرهون وما يحبون، في مقابل مشاعر ابنتك يا بابا.

* * *

أبي مسافر، أو كما قال في مذكراته إنه ولد مقلوبًا ونزل من بطن أمه بقدميه، ومن يومها وهو يسير «بلاد الله.. لخلق الله»، أو كما وصفته أم منى جارته في حوش آدم: «ملوش...»، وهذا ليس مجرد قدر كُتب عليه، بل هو نهج وفلسفة ينصح بها الآخرين:

مِد الخطوة وامشي

تلجى الصعب فات

أبي دائم التحرك، وأنا دائمة الركض خلفه، ولم يكن ذلك جيدًا. أرجو من أي أب ألا يعرض ابنته أو ابنه لهذا، فهذا ليس عظيمًا، ولا لطيفًا، ولا مضحكًا، ولا براقًا، ولا فاتنًا. وبهذه المناسبة، فقد أتاني معتذرًا عدة مرات بعد وفاته، ووسَّط آخرين ليبلغني اعتذاره عن طريقهم. وقد قبلت الاعتذار. لم أقبله في التوِّ واللحظة، قبلته بعد إلحاح منه. ربما تعتقد أنني أؤمن بالخرافة، أو أنني أهذي، لكنه اختار أناسًا لا أعرفهم ولا يعرفهم ليقابلوني مصادفة ويخبروني أنهم رأوا أبي وأنه يعتذر وأنهم لا يعلمون لماذا يعتذر: «دا إنتِ محظوظة بأبوكِ». على أي حال، اعتبرني أهذي وأؤمن بالخرافة.

قضيت خمس سنوات في طفولتي المبكرة أسمع صوت أبي وأرى صوره وأغني أغانيه، ثم قضيت ثلاث سنوات أبحث عنه، ثم سنوات أخرى يسافر فيها أبي، وأنا في العاشرة من عمري، ليقضي خمس سنوات أخرى يجوب بلاد الله، ويتزوج، ويطلق، ويتشاجر مع الشيخ إمام ومحمد علي، ويتصل بيَ مرة واحدة، ويرسل لي «بلوفرًا» وألف جنيه لي، وألف جنيه أخرى لأختي عفاف. ما زلت أحتفظ بالبلوفر حتى هذه اللحظة.

أختي عفاف؟

لم أرَ أختي عفاف إلا بعد عامين من عودتي إلى مصر. حضرت مع زوجها. كانت تحاول الإنجاب. جاءت تسأل أمي عن طبيب، وعن أبي، وعما إذا كان بإمكان والدي مساعدتها ماديًّا في نفقات علاجها

كي تنجب. ذهبت أنا وهي لزيارة أبي، ثم عدنا، ثم غابت عفاف وعادت حبلى.

جاءت معي لتودع أبي قبل سفره. لم أكن على وعي بأن أبي سيغيب كل هذه المدة. سألته عن الرحلة، فقال إنها رحلة لإقامة بعض الحفلات مع الشيخ إمام، ثم سيعودان قريبًا. كانت غرفة حوش آدم تعج بالناس، و«الفلاح الكافر» يعد لي طعامًا كما هي العادة، وأنا أمزح وأرغي كثيرًا، وعفاف حبلى وتهمس في أذن أبي بأشياء لا أعلمها حتى الآن. وحضرت طنط محسنة توفيق لتودع أبي.

سافر أبي وكانت أختي عفاف في بداية حملها، وغاب كثيرًا. ولدت عفاف طفلها الأول فنزل ميتًا. جاءت إلينا تبكي نفسها وحظها، وتتذكر كل ما فعلته بها الحياة منذ أن كانت في عمر سنتين، وكيف عانت بعد أن تركها أبوها، وكيف أذلتها العائلة، وكيف ذاقت الأمرّين وهي تصر على استكمال تعليمها، وكيف كانت تعمل و«تشقى» منذ نعومة أظفارها، وكيف كانت دائمًا قليلة الحظ، إلخ. هذه السردية المؤلمة رافقت عفاف طيلة حياتها، ولم أرَها يومًا بعد ذلك إلا وسردت هذه المرثية، حتى وافتها المنية بعد عام من وفاة أبيها. قبل وفاتها طلبت منها أن تسامح أبي، فقالت إنها سامحته. لا أعلم. لكنها قالت ذلك.

المهم، حين أرسل إليها أبي ألف جنيه سعدت جدًّا، واستثمرتها في الإنجاب مرة أخرى، ونجحت المحاولة وحملت في ابنتها الكبرى.

قالت أمي:

ـ أول مرة نجم يبقى معاه فلوس من يوم ما عرفته، كتر خيره إنه افتكر بناته.

في ذلك الوقت كان مبلغ ألف جنيه باهظًا، والقوة الشرائية للجنيه كانت أعلى لأن التضخم كان أقل.

غاب أبي كثيرًا. وصلتنا أخبار بأنه اختلف مع الشيخ إمام وعمو محمد

علي، وأن عمو محمد علي والشيخ إمام انحازا معًا ضد أبي، ثم تشاجر عمو محمد مع الشيخ إمام، وانفرط عقد الثلاثي الملتصق إلى الأبد.

قالت أمي إن ما حدث بينهم ربما مؤامرة من الأمن، وربما لأن أبي لا يُحسن اختيار أصدقائه الذين يؤثرون عليه سلبًا ويرغبون في عزله عن إمام ومحمد علي، لأنهم أشرار. لم تكن أمي تحب أصدقاء أبي كما ذكرت من قبل، وذكرت السبب، فهم بالنسبة إليها كانوا ضد زواجها من أبي، وهم أيضًا من شجعوه على طلاقها والزواج من عزة بلبع، هكذا قالت.

حين عاد عمو محمد علي، ثم الشيخ إمام، ثم أبي، بهذا الترتيب، تحدثت معهم، وكان أبي مجروحًا جدًّا، وهو عادة لا يُجرح بسهولة. أبي لا يغضب من الناس حين يقومون ببعض النذالات. حين أسأله لماذا لم يأخذ موقفًا حادًّا من فلان الذي أساء إليه، يجيب قائلًا:

- ما أنا يعني مش النبي محمد، ما أكيد عملت حاجات في ناس وأحب إنهم يسامحوني، وأحب إن ربنا يسامحني.

لا أعلم إن كان قد شعر بجرح ومرارة من الشيخ إمام وعمو محمد بسبب قربهما إلى قلبه وأنه توقع منهما أن يكونا شيئًا مختلفًا، أم أن هناك سببًا حقيقيًّا لهذه المرارة. الحقيقة أن رواياتهم جميعًا كانت تبدو طفولية: «وشتمني»، «لا دا قفل السكة في وشي»، «على فكرة زقني وسفخني على وشي بالقلم»، «ما هو شتمني بأمي وحدفني بطبق الملوخية»، «ما هو نجم كل يوم والتاني جايبلنا مَرَة وعايزها تغني»، «ما هو إمام بخيل ويفسي يجوع وميت ع القرش»، «محمد دا معاهم عليهم عليهم»، «وقلتله خليك ماشي ورا الراجل التونسي اللي بيطلع منك مصلحة»... لا بجد! ما هذا؟! أنا لم أسمع من ثلاثتهم سوى هراء!

شعرت بجرح أكبر ومرارة أعظم بسبب هذا الشقاق، أبي والشيخ إمام وعمو محمد هم هكذا، كتلة واحدة، أبي يعني نجم وإمام ومحمد. شعرت أن هذا الفراق شوَّه صورة جميلة، ومزَّقها.

علمنا أن أبي كتب قصيدة لعبد الناصر، وغضبت أمي بشدة، وأعطتني كتابًا بعنوان «البوابة السوداء»، يتحدث عن تعذيب الناس في سجون عبد الناصر، وكان كتابًا أقرب إلى الكوميديا، فقد أطلق الكاتب العنان لخيالاته المريضة ولم يحاول أن يمرر خياله على المنطق أو قوانين الفيزياء أو الأحياء، لذلك فلم أكمل الكتاب. أظنني كنت في الثانية عشرة أو الثالثة عشرة من عمري، ومؤكد كنت أرتدي الحجاب وقتها. وخجلت من مواجهة أمي بأنني لا أصدق هذا الكاتب لاستحالة تحقق ما يرويه على كوكب الأرض.

اتصل أبي بي هاتفيًّا، وقال إنه يفتقدني، وإنه سيأتي قريبًا. لا أعلم كم مر من الشهور أو الأعوام، لكن حضرت عفاف أختي وقالت إن أبي عاد من السفر، واصطحبتني لأسلم عليه. عندما قابلته كنت مراهقة يافعة، أرتدي الحجاب، عانقني، وقال ضاحكًا هذه المرة:

- إيه يا بت اللحاف اللي لابساه على دماغك دا؟

لم أجب. لم أشأ أن أجيب. لم أرغب في ارتداء الحجاب ولم يكن هو موجودًا ليساندني، ولم يتدخل أحد لإنقاذي.

بالنسبة إلى موضوع الحجاب، جرى عليَّ ما يجري على بنات حواء قبل بلوغي الثانية عشرة بثلاثة أشهر، فقالت لي أمي:

- إنتِ دلوقت اتفرض عليكِ الحجاب، يا إما تلبسيه يا إما تبقي عاصية لله!

كانت لديَّ مشاعر مختلطة، أنا لا أحب الحجاب، ولا أظن أن فتاة في هذه السن تحب الحجاب، فهو يجعل البنات أقل جمالًا وأكبر سنًّا، ولا توجد فتاة تحب أن تبدو أقل جمالًا وأكبر سنًّا، في الحقيقة ولا فتى، لكن الفِتيان لم يوضعوا في هذا الاختيار طوال حياتهم، لم يخيِّرهم أحد بين ارتداء ما يرونه جميلًا وبين طاعة الله! لذلك فهم لم يستشعروا أي أزمات. وأنا لساني طويل، لكنني مطيعة في النهاية كما ذكرت، كما أن صياغة الأمر تحت عنوان «أمر الله» لم يدع لي مجالًا للفكاك، أنا أكره

الحجاب وأحب الله، ولساني طويل لأعبر عن رفضي لما يفرض عليَّ، وليس لديَّ حجة لصغر سني.

في الوقت ذاته، أريد أن أشعر بأنني كبرت، كانت هناك عدة اختيارات تشعرني بأنني كبرت، مثل أن ألبس حذاءً بكعب ثلاثة سنتيمترات، أو أن أبدأ في وضع قليل من المكياج، أو أن أذهب إلى الكوافير بانتظام، أو أن أنمص حاجبَي، لكن الخيار المتاح الوحيد الآن هو ارتداء الحجاب. فارتديت الحجاب بلا مقاومة تُذكر. استسلمت لشيء أبغضه ولم يدافع عني أحد.

بدأ العام الدراسي، ودخلت الصف السادس الابتدائي. بدأ الأطفال من زملائي ينظرون إليَّ باندهاش، بعضهم ضحك، وبعضهم اندهش، وبعضهم شعر بالرهبة حيالي. طفلة وأريد أن ألعب، لكن التنورة الطويلة والحجاب يمنعاني من اللعب بارتياح مع أصدقائي، وبعض الأصدقاء يرددون عليَّ في استنكار: «ما ينفعش، إنتِ محجبة». ما ينفعش إيه مش فاهمة! لكنهم شعروا بأنه ما ينفعش. ذهبنا في رحلة إلى قلعة صلاح الدين، بدأ الأطفال في أتوبيس الرحلة يغنون ويرقصون، لكن المدرِّسة قالت لي حين اندمجت مع الأطفال: «يا محجبة، عيب كده»، ولم تقل لهم عيب. كانت في المدرسة نشاطات كثيرة، منها نشاط رقص توقيعي وغناء، استُثنيت منه من دون الأخذ برأيي. كل ذلك لأن الحجاب لم يكن منتشرًا في المجتمع. أنا سعيدة بأن الفتيات المحجبات الآن وجدن أنه لا مناص من ممارسة حياتهن والاستمتاع بها على الرغم من وجود الحجاب على رؤوسهن، وأن المجتمع، مع كثرة المحجبات الراقصات والمغنيات واللاعبات والراكضات، لا يملك سوى أن يتقبل ذلك بصمت، أو ببرطمة خفيفة. لكنني كنت من الطليعة التي تعرضت لقمع كبير بسبب الحجاب، وحُرمت من ممارسة حقي في الحياة وأنا طفلة ومراهقة بسبب الحجاب.

الطفلة الوحيدة المحجبة في الصف السادس الابتدائي

لم يتدخل أحد لمنع ذلك، لم يكن أبي موجودًا، ولا أحد يرغب في الدخول في معركة مع أم بشأن ابنتها. «بنتها وهي حرة فيها». ولا أظن أنني كنت في سن تسمح بالنضال.

لاحقًا، وأنا في الرابعة عشرة، يبدو أن أمي شعرت بأنني أنزوي، أو ربما شعرت بالذنب، لا أعلم، فكانت تصر على أن أذهب إلى الكوافير أسبوعيًّا، على الرغم من أن كل ذلك سيغطيه الحجاب. وبالفعل، لم أرَ جدوى من الذهاب إلى الكوافير في وجود الحجاب، فأقلعت وامتنعت عن الذهاب إلى الكوافير على الرغم من إلحاح أمي.

حين قابلت أبي كنت أبكي لأنني كنت أفتقده، أو لأنني كنت في فترة المراهقة لا أكف عن البكاء بشكل عام.

حسمت أختي عفاف الأمر قائلة، وهي تضحك بشكل لم أتمكن من تفسيره:

- ما خلاص عياط يا نوارة، ما عيطنا كتير، هنقضي عمرنا بنعيط؟!

٩

بابا والمراهقة

بعد عودة أبي من السفر، كان يأتي لزيارتنا في بيت أمي، وكان ذلك تقليدًا غير متبع قبل سفره، باستثناء حضوره إلى بيت أمي في عيد ميلادي التاسع. بعد عودته من السفر كان عادة ما يأتي بصحبة رفقاء، مثل: عمو إبراهيم منصور[1] (رحمه الله)، وعمو بهاجيجو (بهجت عثمان)[2]، وإبراهيم داود الشاعر الشاب وقتها، ومراد منير المخرج.

لم يكن حضوره بالساهل، ولم يكن متوقعًا، يعني أتصل به ليحضر، فيعد بالحضور ولا يحضر، أو يفاجئنا بلا سابق إنذار أو توقع للحضور. في البداية، كنت أذهب إليه، وبما أنني كبرت قليلًا فأصبح من الممكن أن

---

(١) إبراهيم منصور، عمو إبراهيم منصور، من أبرز كُتَّاب جيل الستينيات، وأحد مؤسسي مجلة «غاليري ٦٨»، وهي مجلة طليعية، صدرت تعبيرًا عن أزمة المثقفين بعد هزيمة ١٩٦٧. وقد ترك مجموعة من القصص القصيرة نُشرت في الستينيات، من أبرزها قصة بعنوان «اليوم ٢٤ ساعة».

(٢) بهجت محمد عثمان (١٩٣١-٢٠٠١)، فنان وكاتب ساخر ورسام كاريكاتير مصري. وُلد في حي بولاق. وهو من أشهر رسامي الكاريكاتير السياسي. نُفي إلى الكويت في الثمانينيات بسبب رسومه الساخرة في أثناء حكم أنور السادات، ثم عاد إلى القاهرة، وتحول من الرسم السياسي إلى مجلات الأطفال والكتب بعد أن فقد الأمل في إصلاح الكبار على حد قوله.

أركب المواصلات وأذهب إليه من دون أن تصطحبني أمي وتضطر إلى تكبد مشقة البحث عنه.

مواصلات؟

كنت في الخامسة عشرة!

لا أظن أنني سأسمح لابنتي بأن تركب المواصلات وهي في الخامسة عشرة! لكنني كنت أستقل الميكروباص أو التاكسي!

ربما كانت الحياة أكثر أمنًا.

كان ذهابي إلى والدي يتضمن مجازفة عدم العثور عليه. الحقيقة أنها مجازفة لأنني كنت أتألم بشكل مبالغ فيه حين لا أجده. أحيانًا كنت أجده، وأحيانًا كان يعرف الجيران أين هو فيذهبون لإحضاره، وأحيانًا أعود خالية الوفاض. لذلك، ومنعًا للإحراج، فقد أعطاني أبي رقم تلفون البقال الوحيد في حوش آدم! إلى جانب رقم عمو إبراهيم منصور (رحمه الله)، ورقم عمو مراد منير، حتى يتمكنا من العثور عليه والقبض عليه، أو على الأقل طمأنتي عليه، لأنني بدأت مشوار «مرض القلق» أو الـ«anxiety» مبكرًا.

البقال! كان يتعامل مع جماهير المتصلين بكل «آلاطة» بوصفه مدير أعمال الشاعر أحمد فؤاد نجم، بينما كان يتلطف معي لأنني بنت البيه! أحيانًا ما كنت أتصل، فيخبرني مدير الأعمال أن أبي غير موجود للأسف، فأسأله عن آخر مرة رآه، فيخبرني أنه رآه منذ ثلاثة أيام، فأتصل بعمو إبراهيم منصور، فيرد عليَّ ابن أخيه الذي كان دومًا مستيقظًا من النوم ومتأففًا مني بشكل مستمر، فأبدأ في الشعور بالقلق، «مش لاقية باباعععع»! وبما أنه لم يكن صغيرًا في السن (لاحقًا علمت أن قلقي ليس متعلقًا بسن من أقلق عليهم)، وبما أنه كان يسير في الشوارع على غير هدى ولا أحد يدري إلى أين هو ذاهب ولا من أين يأتي، وبما أنني كنت مدمنة قراءة صفحة الحوادث، فقد كانت تأتيني خيالات بأن سيارة صدمته، أو أن عصابة اختطفته وذبحته، فأتصل بعمو مراد منير:

ـ عمو! بابا مش لاقياه!

ـ أيوه. فين الخبر؟

ـ باقولك مش لاقياه يا عمو! أنا خايفة يكون جراله حاجة!

ـ ما هو إنتِ يا نوارة عايشة في إفيه مستمر، إنك قلقانة على أبوكِ، ودي حاجة محدش يقدر يعمل قصادها حاجة. مسيرنا نلاقيه.

ثم يتضح أنه ذهب إلى السويس أو إلى المنصورة، أو أنه ببساطة جلس وأطال الجلوس في مقام مولانا الإمام الحسين، أو أنه مع أشخاص لا نعلمهم، أو أنه في بيت شخص أو «شخصة» ما، أو في الغالب لا نعلم أين كان ولا يخبرنا هو أين كان.

قال لي البقال:

ـ طيب، اديني الركم يا ستنا أتسل بيكي لمن ييجي.

ففعلت.

في بعض الأحيان يرن جرس التلفون ويأتي صوت البقال مدير الأعمال:

ـ أيون، لسه داخل أهو الحارة أهو هههههه.

أصوات تتعالى في الخلفية لأهالي الحارة وهم يتضاحكون ويسألون:

ـ إنت كنت فين إنت؟ البت بتسأل عليك! ملكش «...ـيز»؟! هههههه.

يرد البقال:

ـ بس يلَا ما تقولش البت! دي بنت الست سافيناش.

ثم يأتي صوت أبي:

ـ ألوووووو...

ـ يا بابا إنت كنت فين؟

ـ شُفتِ الأهلي يا زيلو يا بنت الكلب؟ رنجشناكم. أنا جايلكم بكرة.

قد يأتي وقد لا يأتي. وحين لا يأتي كنت أبكي كثيرًا، وأعاود الاتصال بالبقال مدير الأعمال.

ذات مرة اتصلت به باكية، وكان لحسن الحظ موجودًا، فأرسل إليه البقال مدير الأعمال أن احضر حالًا، لأن صوتي كان في غاية السوء.

تحدثت كثيرًا وكثيرًا وأنا أبكي، لا أذكر ما قلته، لكن يبدو أنني قلت كلامًا مُرًّا. فصمت كثيرًا، ثم قال:

- يبدو إني ابن كلب في نفسي، أنا جاي حالًا.

علمت أنه يحب محشي الكرنب فسألت جارتنا عن طريقة عمله، وأعددت بعضًا منه، وكان في غاية السوء الحقيقة، لكنه أكله وقال:

- حلو والله.

كان كلما أتى أسحبه من يده إلى الحمَّام وأغسل يديه ووجهه وأقص له أظافره. حين كنت أحاول غسل وجهه في الشتاء كان يقاوم وهو يردد:

- وشي لأ! وشي لأ! الميه ساقعة!

- أنا مدفيالك الميه.

- الصابون هيخش في عيني!

- غمض عينك كويس.

- يوووو بقى! شُفتِ؟! قلتلك الصابون هيخش في عيني! الميه ساقعة أهي!

كنت في ذلك الوقت أحب حميد الشاعري جدًّا، وما زلت، لكنه لم يكن مقتنعًا بتلك الموسيقى السريعة، فقال لي:

- هو جديد، بس أنا مش لازم أتبسط منه، ممكن يكون مناسب ليكم.

* * *

بعد نجاح باهر لمسرحية «الملك هو الملك»، سألني أبي عن رأيي، فقلت:

- محمد منير كان تحفة. إيه دا؟ دا بيغني لايف كل يوم؟

فقال:

- آه... يا بت باسألك عن رأيك.

فقلت:

- هو محمد منير ظريف كده زي ما بيطلع على المسرح ولَّا مغرور بقى وكده؟

فلم يجب. لكنه باغتني في يوم واتصل قائلًا:

ـ عندكم أكل؟ بكرة أنا ومراد ومنير جايينلكم.

وكالعادة، أعدت أمي الوليمة بمساعدة من يساعدونها عادةً في هذه المهام.

في الحقيقة ليس كل الآباء يخلفون وعودهم مع أبنائهم، لكن أيضًا ليس كل الآباء يأتون بالملك محمد منير لابنتهم المراهقة المعجبة.

حضروا جميعًا، وكنت في غاية السعادة وأنا أنظر إلى محمد منير. لكن أمي تضايقت لأنه لم يكمل طبقه، وتساءلت إن كان الطعام سيئًا إلى هذه الدرجة، فرد بأنه أكل كثيرًا عن المعتاد، وقال لها عمو مراد منير:

ـ دا مسموم، دا ما بياكلش.

كانت أمي من أكثر المشجعين للمخرج مراد منير، وترى فيه مخرجًا واعدًا، وكتبت مقالًا عن المسرحية، ولم تذكر سوى مراد منير، وإخراج مراد منير، وجهد مراد منير، وتجاهلت الجميع. لم يغضب أبي، لكن محمد منير بدا عليه الأسى، أما مراد منير فانتفخت أوداجه وبدا كالطاووس وراح يعيِّر أبي ومحمد منير، في حضورنا جميعًا: «ولا تسووا يا ولاد الـ...». ضحك أبي، لكن محمد منير لم يضحك، وتضايقت لأنه لم يضحك، فعبرت له عن أهميته بالنسبة إلى جيلي والأجيال السابقة عليَّ والتالية إن شاء الله، ولم أكن أنافقه. الكبير كبير يا محمد يا منير.

وذهبت إلى المدرسة في اليوم التالي وأخبرت صديقاتي بأن محمد منير كان عندنا في البيت يتناول الغداء، ولم يصدقنني، حيث إنهن كن يعتبرن كل رواياتي «فشر» بسبب غرائبياتها. الوحيدة التي صدقتني هي صديقتي التي كانت قد هاتفت أمي ونحن في الصف الثاني الابتدائي، وكانت عادة ما تدافع عني حين تكذبني البنات، أو يسخرن من قصصي، فتقول لهن:

ـ لا، هي بتقول الحقيقة، هي حياتها غريبة كده.

* * *

واصلت البحث عن أبي في الندوات والوقائع. علمنا أن الهيئة العامة

للكتاب ستعقد ندوة لأبي، فذهبنا جميعًا، أنا وأمي وطنط شاهندة وطنط وداد والصحبة الكريمة. بعد ذلك حين أقول «ذهبنا جميعًا»، فعليكم أن تفهموا أنها المجموعة المذكورة وذريتها الميمونة. كنا نتحرك كالقبيلة.

وكالعادة، أخلف أبي وعده، فبعد أن وعد الهيئة العامة للكتاب بالحضور لم يحضر. قابلني الدكتور سمير سرحان، رئيس الهيئة العامة للكتاب حينها، في الردهة، وقال:

ـ يا نوارة، أبوكِ فين؟

فابتسمت:

ـ دا سؤال محدش يعرف يجاوب عليه.

ـ يعني ينفع كده إحنا منزلين إعلان والقاعة زحمة زي ما إنتِ شايفة! يكون راح فين؟

ـ آديك نمرة البقال؟

ـ ما هي معايا، والبقال مش عارف هو راح فين!

ـ نمرة عمو إبراهيم منصور؟

ـ ما هو جاي في الطريق وفاكره وصل!

ـ عمو مراد؟

ـ ما يعرفش فين.

ـ يعني معاك كل النمر اللي معايا؟

ـ آه.

ـ ما يقدرع القُدرة إلا ربنا يا عمو.

ـ نعمل إيه دلوقت؟

ـ زمانه جاي.

طبعًا أنهيت الحوار بـ«زمانه جاي» لأتحلل من مسؤولية ليست لي. كان الشاعر زين العابدين فؤاد بين الحضور، وكانت معه الكاميرا، فطلب منه الدكتور سمير سرحان أن يقوم بإحياء الندوة الشعرية لرفع الحرج عن الهيئة.

استجاب عمو زين العابدين مشكورًا، ووقف على المنصة، وبدأ بالاعتذار نيابة عن أبي، ثم قال:

ـ معلش، نجم دي طبيعته، ممكن يكون حد قابله في السكة خده معاه، ممكن يكون نسي، ممكن يكون عرف إن بنته جاية فبيتهرب منها!

ابتسمت ملء شدقَي لأواري الألم الذي تسبب لي فيه. لكن الحمد لله أمي وطنط شاهندة انتظرتاه بعد الندوة وأسمعتاه ما لذ وطاب.

القبيلة

* * *

في عيد ميلادي السادس عشر، وعدني أبي أن يحتفل بي احتفالًا كبيرًا. قالت أمي إنها ستقيم عيد الميلاد في بيتها، وإن عليه دعوة من يشاء.

دعوت أصدقائي في المدرسة، ودعت أمي أقاربها وبالطبع طنط شاهندة وطنط وداد وطنط منى أنيس وكل الطنطات، القبيلة يعني كما ذكرنا. ودعا أبي عمو إبراهيم منصور، وعمو بهاجيجو، وطنط سميعة البرلسي[1]، التي

---

(١) سميعة البرلسي (١٩١٩-١٩٩٤)، من طليعة النسويات والحركة اليسارية، معلمة فنون ورسم، زوجة سعد زهران، ووالدة فريد زهران.

بمجرد أن دخلت وسلمت عليها، وأنا لم أنبس ببنت شفة، نظرت إليَّ بكل جدية ووجه عابس وقالت لأبي:

- البنت دي دمها خفيف يا نجم.

فقال أبي الـ«آه» الشهيرة، فارتفع صوتها وقالت:

- آه إيه؟! أنا باتكلم بجد!

ثم ازدادت حدةُ صوتها:

- باقولك البنت دي دمها خفيف.

فبدت على أبي الرهبة، ونظر إليها في خوف وقال:

- حاضر.

أنا بالفعل لم أنطق بما يدل على خفة أو ثقل ظلي. وعلى أي حال، فقد شرفت بمقابلة طنط سميعة لأول وآخر مرة. وحضرت الفنانة سمية الألفي، وعدد كبير من أصدقاء أبي. كان جمعنا ينقصه الشيخ إمام، وكان نقصًا كبيرًا، لكنه كان جمعًا سعيدًا، وشعر زملائي من المدرسة لأول مرة بأنني لم أكن «فشارة» في كل ما أرويه لهم، وذلك لأنهم شهدوا بأنفسهم التشكيلة البشرية الموجودة. ثم اتصلت بي فردوس عبد الحميد لتخبرني أن أبي عليه النزول الآن لأن بينهما موعد عمل، فقلت لها:

- دا عيد ميلادي!

قالت:

- معلش. والنبي سيبيه!

وذهب والدي بعد دعوة الحضور، وظللت أبكي، لكنني لم أقل إنني أبكي لأن أبي غادر، بل قلت إنني أبكي من فرط سعادتي بأنني سأصدر بطاقة شخصية! والحقيقة أنني لم أبكِ لأنه غادر بالضبط، وإنما بكيت لأن السيدة فردوس قالت: «والنبي سيبيه»! من قال إنني «ماسكة فيه»؟ هو الذي اقترح عليَّ أن يقيم عيد ميلادي السادس عشر، وهو الذي أصر على أن يدعو الجميع، ويبدو أنه نسي موعده مع فردوس عبد الحميد، فتحجج بي، كما

تحجج معي بفردوس عبد الحميد، وتركنا لنتطاحن معًا حتى تنتصر إحدانا على الأخرى فتقرر له إلى أين يذهب. فتركته يذهب.

على أي حال، أنا أبكي كثيرًا، وأكثر فترات حياتي بكاءً كانت فترة المراهقة. تعلمت حبس دموعي بعد إنجابي لطفليَّ حتى لا أشعرهما بالقلق.

في سن السادسة عشرة قلت له:

ـ أنا عايزة أطلع ملحِّنة.

ـ طيب، بس دا معناه إنك لازم تتعلمي مزيكا.

ـ أنا باسمع مزيكا كتير.

ـ لا، مش كفاية. أنا هاجيبلك عود، وهاجيبلك مدرس عود صاحبي يعلمك.

كانت هذه مفاجأة! من يرى أبي من الخارج، يظن أنه شخص غير مهتم، والواقع أنني طالما شككت في محبته لي، بل إنني ظللت مقتنعة بأنه لا يحبني حتى مات، وتعاملت مع الموقف، ربما كنت أشعر ببعض الألم، لكنني قلت لنفسي: مش مهم يحبني، أنا باحبه، وهو أبويا. إلا أن أبي اهتم جدًّا بمسألة الموسيقى. وعلى الرغم من تهربه من المواعيد، وعدم قدرتي على العثور عليه، وعلى الرغم من أنه يبدو عشوائيًّا تمامًا، فإنه ذهب إلى شارع محمد علي، واشترى لي عودًا على حسابه الخاص، وكان العود بمائة جنيه، وكان ذلك مبلغًا لا يستهان به، واتصل بأحد أصدقائه وطلب منه أن يعلمني العود. كان معلم العود اسمه «عصام».

تحمست أمي بشدة لتعلمي العود، وتقافزت الفرحة على وجهها حين رأت اهتمام أبي.

الأمر الذي لم يعلمه أبي وأمي أنني لا أحب العود، وأنني كنت أرغب في تعلم الجيتار. وبصوت كابتن لطيف (إذا كنت من مواليد التسعينيات فلن تفهم الإفيه لأن الكابتن لطيف كان معلِّقًا رياضيًّا شهيرًا، وظلت لازماته حية

بعد وفاته لفترة طويلة): «ييجي واحد يقولي، طب ما قلتيش ليه إنك عايزة تتعلمي جيتار؟».

قلت، فقالا لي:

ـ لاااه! جيتار إيه؟ هو العود.

ماشي.

أنا أقول والله، أقول إنني لا أريد كذا وأريد كذا، فيقول لي من حولي: «لا! كذا أحسن»، فأصمت.

قطعت شوطًا جيدًا جدًّا في تعلم العود، إلا أن عصام معلِّم العود كان يرى أن صوتي جميل، وكان يقضي الحصة في العزف لي وأنا أغني. وذات مرة، في أثناء اجتماع أبي وأمي بالأستاذ عصام ليعطيهما ملخصًا عن مستواي في العود، ويجيب عن سؤال أبي: «هي ليه بتنجِّد كده على العود؟»، قال الأستاذ عصام:

ـ نوارة مغنية، وأنا هامرَّنها.

فقالت أمي:

ـ ولا مغنية ولا حاجة. هي ودنها حلوة بس.

فقال الأستاذ عصام بكل حماس:

ـ يا أستاذة، نوارة صوتها جميل جدًّا، نفَسها طويل، وبتمسك المقام، وخامة صوتها جميلة. وما تزعليش مني يعني، صوتها أحلى من صوتك.

فقالت أمي بسرعة وحسم:

ـ لأ، لأ.

فقال أبي:

ـ آااه، دخَّلت إنت نفسك في زحاليق ملكش فيها!

فقالت أمي بإصرار:

ـ لأ، هي مش مغنية، وصوتها مش حلو.

تأثرت بشدة من هذا الموقف، وفقدت شغفي بحصة العود، خصوصًا

بعد أن تنبه الأستاذ عصام إلى أن أمي تخشى أن تتفاقم فكرة «المغنية» في ذهني، وأنحرف وأعمل في المجال الفني وأمشي في الحرام وتبقى داهية سودا من وجهة نظرها. فأقلع عن تدريبي على الغناء، فهو لا يرغب في الوقوع في مشاكل. لكنني حتى الآن لديَّ معلومات موسيقية جيدة جدًّا، ومعرفة بالمقامات والنوتة الموسيقية بسبب تدربي عليهما لفترة، وإن كنت فقدت صوتي بسبب التدخين وعدم المران.

فجأة قلت:

ـ أنا مش عايزة أستاذ عصام ييجي تاني. اعتذروله.

فاعتذروا له.

قلت لأمي:

ـ هاتيلي مدرس تاني.

فبحثت عن معلِّم متخصص من معهد الموسيقى العربية. حضر عدة حصص، لكنني نجحت في «تطفيشه».

كنت أحب الغناء، وكنت أتدرب على موشحات فيروز، وأغاني أم كلثوم، وأستمع يوميًّا إلى إذاعة أم كلثوم، وأحفظ أغنيات كثيرة، لكن الغناء «حرام»، ولا يمكن لمطربة أن تغني وهي محجبة، ولذلك فقد ارتأت أمي أن تخبرني بأنني لا أصلح للغناء. كما أنني كنت أحب الرقص، وأرقص بالساعات في غرفتي، لكن أمي قالت لي:

ـ من رقص نقص.

* * *

كنت أحب القراءة منذ الصغر، وقلت لأبي:

ـ على فكرة، أنا قريت الأعمال الكاملة لصلاح جاهين، وهو أحسن منك.

فقال:

ـ طبعًا.

ـ لا، مش من قلبك دي.

ـ لا، من قلبي.

صمت برهة ثم قال:

ـ على فكرة، بنت صلاح بتحبني أكتر منه، وقالتله زيك كده. إنتو عيال ولاد كلب!

لا أعلم مدى صحة هذا الكلام، ولم أسأل أمينة في هذا الصدد، لكن في كل الأحوال، هو أراد أن يخبرني بأنني بنت كلب. ولم أعنِ هذا الكلام، كنت فقط أستفزه لأسباب أخرى تمامًا، أظنني كنت محقة فيها. عادي يعني، هو يستحق أن أغيظه بعض الشيء، أو ربما كان ذلك شكلًا من أشكال جذب اهتمامه.

* * *

نسيت أن أروي قصة مهمة.

قبل سفر أبي سفرته الطويلة، كنت أجلس معه أنا وعفاف أختي، فنظرت عفاف إليه ثم نظرت إليَّ وقالت:

ـ وهي ليه أبلة صافي يعني ما ترجعش لبابا؟

كنت طفلة في العاشرة، لكنني قلت:

ـ لأ.

فقالت عفاف:

ـ إخص عليكِ يا نوارة!

وبدا ضيق مكتوم على وجه أبي.

ييجي واحد يسألني: «لماذا قلتِ لأ؟». لا أعلم، لكن أظن أنني كنت سخيفة.

بعد عودته من السفر، فاتح أبي أمي عدة مرات في إعادة تجربة الزواج مرة أخرى، ووسَّط أصدقاء مشتركين، ورفضت أمي بإصرار. لم أحاول قَطُّ التوسط بينهما، بل إنني لم أجد سببًا لذلك، ولم أجدهما مناسبين، ولم أسعَ لاجتماعهما، وتخيلت أن الحياة بينهما ستكون جحيمًا، بل إنني كنت دومًا لا أفهم لماذا تزوجا أساسًا.

علمت بوضوح أن أبي جُرحت مشاعره بسبب رفضي لعودته إلى أمي، ولأنني لم أتدخل لأتحدث معها في ذلك. ربما ظن أن سلوكي هذا يعود إلى أنني لا أشعر بالاحتياج إليه. وهذا غير صحيح بالمرة. لم نتحدث معًا بشكل مفتوح وصريح في هذا الأمر. هو شعر بالألم، وأنا شعرت بالحرج. فهمت سبب ألمه، لكنني لم أشرح أو أفند.

كان يجب أن أوضح له أنني أحتاج إليه كأب لي، لكن لا أحتاج إليه كزوج لأمي، ولا أحتاج إلى حضور شجار متوقع بسبب تباين الطباع وأسلوبِ الحياة، وأنني أحب أسلوب حياته كما هو، ولا أرغب في تغييره، لكن أظن أنه غير مناسب لأسرة، خصوصًا البيئة التي نشأت فيها، وأرى أن أمي لن تتقبله، وأعرف أن كلًّا منهما سيحاول فرض نمطه على الآخر، وسأعاني أنا معاناة أكبر من معاناتي وأنا أبحث عنه لأجلس معه ساعة. لم يفهم هو كل ذلك، فهم فقط أنني لا أحبه بالقدر الكافي، ولم أحاول أن أشرح له.

* * *

في سن السابعة عشرة من عمري، اتصل عمو إبراهيم منصور بأمي، تحدثت معه قليلًا، ثم بعد أن وضعت السماعة قالت وهي غارقة في الضحك:

ـ أبوكِ اتجوز أميمة بنت عم علي. يا خبر يا مجنون يا نجم!

أعرف أميمة جيدًا، اسمها الحقيقي «نبوية علي عبد الوهاب حسن الإسريجي»، يناديها الناس بـ«أميمة»، ويناديها أبي بـ«الترومواي»، ولاحقًا أصبحت «أم زينب». كانت من سكان حوش آدم، وكانت تكبرني بثلاثة أعوام تقريبًا، وكان والدها يصنع الكراسي الخوص بطريقة فنية جميلة، شأنه شأن عمو محمود اللبان الذي كان يصنع تماثيل وبراويز فنية، وفوجئ بالمثقفين الذين يزورون أبي يخبرونه بأنه نحات عظيم، فأومأ برأسه موافقًا بلا اكتراث. هذه المنطقة مليئة بالفنانين المجهولين الذين لا يُحسنون قراءة أو كتابة! كذلك قال المثقفون لعم علي إنه فنان، فوافق على الفور، وباع لهم كراسيه.

كان لعم علي ابنة تكبرني بكثير اسمها محاسن، وكانت أحيانًا تأتي لتصطحبني إلى والدي:

- جه في دماغي إن البنية لازم تشوف أبوها. لقيته قاعد، قلت أما أتسحب كده وآجي آخدها. هي واحشاه، هو قالي.

وكنت ألعب في حوش آدم مع أميمة.

أميمة؟!

بابا اتجوز أميمة؟! طيب!

ذهبنا ليلتها أو الليلة التالية، أقصد القبيلة، إلى مسرحية اسمها «أنشودة الدم»، كانت تُعرض في المسرح القومي، جلست أمي في قاعة المسرح وقالت بصوت عالٍ لطنط وداد:

- شُفتِ أنشودة الدم بتاعة أحمد فؤاد نجم؟

انتابني الحرج وقلت:

- وطي صوتك يا ماما.

فنهرتني أمي لأن هذه قلة أدب، فقالت لها طنط وداد:

- خلاص يا صافي، وطي صوتك فعلًا.

بعدها حضرت طنط منى أنيس وقالت لأمي:

- هي لازم تروح لأبوها بعد الموضوع دا.

ونحن في التاكسي، أخذت طنط منى أنيس تتحدث كثيرًا عن أبي وطباعه، ومفاجآته، وأنني يجب أن أتقبله كما هو، وأنه على كل الأحوال شاعر عظيم.

كنت أهز رأسي، لكنني في الحقيقة لم أفهم لماذا حدث هذا! ولماذا كان على طنط منى أن تشرح لي كل هذا الشرح! أنا أعلم أنه قد يأتي بأي فعلة، عادي، ولست أشعر بأي ضغينة مما حدث. أنا ذاهبة لأطمئنه.

وصلت إلى حوش آدم، ولا أعلم سبب الارتباك الذي وُضع فيه الجميع عداي، لكن يبدو أن هناك حرجًا ما دفع طنط منى أنيس إلى أن تدخل بي منزل أم منى جارة أبي، لا أن ندخل بيته مباشرة، والذي كان فيه العروس.

جاء أبي، وجلس بجواري، وشرع في محاولة شرح الموقف لي:

- أنا حاولت أرجع لأمك بس هي ما رضيتش، وإنتِ ما اتدخلتيش.

فقلت له ضاحكة:

- أنا تتجوز عليَّ يا نجم؟

فانفجرت طنط منى وأبي في الضحك، فقلت:

- مبروك يا عم. هي فين أميمة؟

- جوه.

- طيب هتعرف تعمل غدا ولّا خايبة زيي؟

- خايبة زيك، بس يلّا بينا.

دخلت إلى غرفة أبي فوجدت أميمة متزينة زينة عروس جديدة، ويبدو عليها القلق، فأقبلت عليها:

- مبروك يا أميمة. والنبي أنا ما عارفة عملتِ في نفسك كده ليه يا بت!

فنظرت إلى أبي في تعجب، ثم ابتسمت لي:

- وربنا أنا عارفة إنك تربية الأستاذة. الأستاذ أحمد قالي خلي بالك من مشاعرها، بس أنا قلتله أنا ونوارة صحاب.

- الأستاذ أحمد مين؟!

- والدك.

- إنتِ بتقوليله الأستاذ أحمد؟!

وانتهى الموقف بسلام، وبدأت علاقة فريدة بيني وبين صديقتي أم زينب، التي ظل أبي حتى آخر يوم في حياته يناديها: «يا تروماااااي»، وهي تجيب: «نعم».

١٠

بابا وسيدنا الحسين

يقول أبي:

يا حوش آدم يا دارنا
يا ساكن حُضن جارنا
سيدنا الحسين تبارك
شهيد الإنسانية

كما قال أيضًا رضي الله عنه وأرضاه:

يا سيدنا الإمام
يا حسين يا شهيد
وهلبت عالم
ورأيك سديد
لمين ود سلمى
في شرع الطريق
ومين القُريب
ومين البعيد
ومين اللي باقي
ومين اللي زايل

ومين اللي شايل

ومين اللي طايل

ومين اللي يثبت

في وقت الهوايل

ومين فينا ميت

ومين فينا حي

كان أبي متعلقًا بمولانا الإمام الحسين تعلُّق الرضيع بأمه، وكان يحب ذكره وذكر اسمه والحديث عنه، وهو في ذلك يطابق قول الشاعر أحمد رامي:

ولما أشوف حد يحبَّك

يحلالي أجيب سيرتك ويَّاه

وأعرف جراله إيه في حُبك

وأد إيه صانه ورعاه

أبي من مجاوري مولانا المعظم الإمام الحسين بن علي وفاطمة الزهراء. وكان في كل خروج ودخول إلى غرفته بحوش آدم يمر على الإمام، إما دخولًا أو مرورًا من الخارج، ليسلم عليه: «حبيبي يا مولانا، إزيك؟». هكذا كان يفعل.

وإنه لأمر مستغرب أنني كنت أزور مولانا المعظم مرارًا، وكان أبي يزوره دومًا، وذهبت مع أبي إلى أماكن كثيرة، لكنني لم أذهب معه قَطُّ لزيارة مسجد الإمام الحسين.

لم نمثُل أمام ولي نعم معًا إلا في يوم جنازة أبي!

في كل زيارة كنت أقوم بها للإمام الحسين، كان يتصل «مصادفة» على هاتفي الجوال، ليسأل عن مكاني، فأخبره بأنني أمام مولانا، فيقول لي:

ـ سلميلي عليه.

فأبلغ السلام، فيأتي شخص مجهول، لا أعلمه، امرأة أو رجل، ليرد السلام على أبي بطريقة ما!

ففور إبلاغي السلام لمولانا الإمام، تارة تأتي سيدة وتقول لي:

ـ إنتِ بنت الشاعر أحمد فؤاد نجم، سلميلي عليه أوي.

فأقول لها:

ـ هو معايا.

فتخطف مني الهاتف:

ـ يا حبيبي، يا حبيبي، يا حبيبي... ربنا يسلمك من كل شر... أنا قدام مولانا أهو وهاقرالك الفاتحة وأدعيلك.

وتارة ينظر إليَّ رجل من قسم الرجال ويبتسم لي ويحييني تحية عسكرية.

وغير ذلك من المواقف التي لا شأن لي بروايتها، لأنها تخص أبي ومولاه، ولست طرفًا فيها.

كنت أذهب مع أبي إلى منطقة الحسين والأزهر وحوش آدم، حتى بعد أن اضطر إلى مغادرة المكان بعد سقوط بيته في الزلزال، نذهب لنأكل في «العهد الجديد»، أو لنجلس مع عمو أحمد الدجوي صديق أبي على المقهى، لكننا لم ندخل المقام معًا قَطُّ، كلٌّ منا يدخل المقام وحده، وحين يدخل أبي المقام يطلب من أم زينب (أميمة «الترومواي») أن تتصل بي لأزور عبر الهاتف.

* * *

لماذا يحب أبي مولانا المعظم الإمام الحسين؟

عند وفاة والدي، هاج الإسلاميون وماجوا، وأكثروا وأزبدوا، وعاثوا في مواقع التواصل الاجتماعي فسادًا، يأمرون الناس بألا يترحموا على أبي لأنه «ملحد وشيوعي وشيعي وكافر وناكر للصلاة وبيأله الحسين». وكنت وقتها حبلى في شهري التاسع، وكانوا ينشرون صورتي وأنا أبكي على أبي، ويلحقونها بتعبير ساخر، ويعيدون تحريرها (صناعة الكوميك)، وهذا أمر لم أتمكن من التسامح معه حتى الآن. وعمومًا لا أظن أن الإسلاميين يستحقون التسامح عن مجمل أعمالهم.

لست بصدد نفي صفات عن أبي أراها ليست تُهمًا بالأساس، ولست مخولة بأن أجيب عن أسئلة استهزأ بها في حياته، ولم يتكلف الرد عليها.

نحن عائلة تحب مولانا المعظم ولي النعم الإمام الحسين، أقصد هنا عائلة بكل فروعها وتفرعاتها، يعني من جهة أمي، ومن جهة أبي وزوجة أبي.

من جهة أمي أمر مبرر، لأن الرواية والأوراق وشجرة العائلة والمخطوطات تقول بانتماء أسرتها إلى نسَبه.

من جهة أم زينب لأنها من «المجاورين».

من جهة أبي، فهذا حديث شرحه يطول، وأنا الليلة لست مشغولة، أنا معكم.

بالنسبة إليَّ أنا، لماذا أحب سيدنا الحسين؟

هناك مغناطيس مجهول المصدر يعلق القلوب به. أقصد أن فكرة الميلاد على ديانة الإسلام وحدها ليست سببًا كافيًا لهذا التعلق. لقد رأيت عددًا من المسيحيين يزورون الإمام الحسين.

هناك عدة خصال يعددها الزائرون في المقام، مثل أنه ثائر، وأنه بطل، وأنه ضحى بنفسه وولده، وأنه قُتل مظلومًا، وأنه حبيب رسول الله، وأنه سبط من الأسباط، وأنه «أحب الله من أحب حسينًا». كل هذا جميل، إلى جانب حقيقة أخرى يعلمها ويرددها مرتادو مقام الإمام: «كل من دخل مكسور خرج مجبور».

لكن هذه ليست الأسباب. هذا حب مجهول السبب.

أما أبي، فكان يقول ضاحكًا: «هو اللي دبسني التدبيسة دي هو وأبوه».

كان أبي يتعامل مع الإمام الحسين قائلًا: «بتاعنا». فهو كما يراه، ملك دولة الفقراء والمظلومين والمهمشين. وقال إنه كان كثيرًا ما يسأله: «مبسوط مني يا مولانا؟». وكان يقول عنه: «المقتول بالكلمة». ويروي أنه ذات

مرة كان حزينًا مهمومًا يواجه خطرًا من ضمن الأخطار التي واجهها كثيرًا، فدخل المقام ونظر إليه وقال غاضبًا: «إنتو تقلتوا إيدكم عليَّ أوي، يتمتوني وفقرتوني ومشتوني على كعوبي وحبستوني وشردتوني وما اشتكتش ولا اتكلمت، وقلت بيحمِّلوا عليَّ محبة، وأنا راضي بالوصال ودا من العشم، بس كده كتير بقى! هو مفيش غير «...» أمي في البلد؟». ثم يروي أنه نظر حوله فوجد المريض والمسن والنساء الباكيات الفقيرات والأمهات اللاتي يحملن أطفالًا يعانون، فعاود النظر إليه: «لا، معاك حق، الله يكون في عونك، إنت في إيه ولَّا في إيه؟ يلَّا سلام يا مولانا». لكنه يقول، والعهدة عليه، إن هذه من المرات القليلة التي حُكم له فيها بالبراءة في إحدى المحاكمات، وإنه لم يزُره بعدها مباشرة.

- طب طالما طلَّعك براءة ما رُحتش تاني ليه؟

- اتكسفت. باقولك لامم كل اللي دايسهم قطر حواليه!

* * *

كان أبي يستقبل الزوار من كل الأصناف والأشكال والألوان، وكان لا يقصر حسن ضيافته على الفقراء فحسب، ذلك لأن الفقراء حوله لم يكونوا ضيوفًا، إلا أنه كان يُحسن استضافة الأثرياء، ويُحسن معاملتهم، بوصفهم أغرابًا. ذات مرة زاره رجل ثري من دولة عربية، وكانت هذه الزيارة في إثر إصابة أبي بالجلطة، فهرع إليه الرجل وأبدى قلقه. كان الرجل، شأنه شأن الناس جميعًا، قد عرف من مصدر ما عنوان أبي، وذهب وطرق الباب، فرحب به أبي، ثم طلب الرجل منه أن يقبل منه هدية، فرحب أبي وقال:

- النبي قبل الهدية.

فعرض الرجل أن يوجه دعوة إلى أبي لزيارة البيت الحرام وأداء مناسك العمرة، فتردد أبي قليلًا ثم قال له:

- طب ما القرشين اللي هتصرفهم على العمرة ما عندنا ناس غلابة محتاجين.

فأوضح له الرجل أنه بالفعل يتكفل بفقراء كثيرين، وأنه لن يتكلف كثيرًا في دعوة العمرة. كما أن أم زينب ألحت عليه، وقالت له:

- نفسي أبوس شباك النبي.

فأجاب أبي:

- ما هنطخ المشوار ومش هيسيبوكي تبوسي حاجة.

فقال الرجل إن لديه علاقات، وإنه سيساعد أم زينب لكي تقبِّل شباك النبي.

بعد لَأْي، انصاع أبي للدعوة، وذهب وأخذ التطعيمات اللازمة لأداء مناسك العمرة. وقد مررت عليه بنفسي لأصطحبه إلى مكتب الصحة هو وأم زينب، وزينب.

بعد أن كان مترددًا، بدأ يؤهل نفسه لتقبيل شباك النبي كما وعده الرجل، وأخذته حالة روحانية. حضر الرجل في زيارة أخرى للاطمئنان على والدي، وللتأكد من أنه أخذ التطعيمات، وللحديث عن بقية الإجراءات اللازمة، ووعده بأن تأتيه الفيزا وهو جالس في مكانه، ثم طلب منه جوازات السفر، وتناول الغداء معه، وجلسا يتسامران. وبما أن أبي كان قد أدخل نفسه في «الحالة» فقد أخذ يحدث الرجل عن سيدنا الحسين.

سيرة الحسين أحد الأحاديث المفضلة لدى أبي، إلى جانب سيرة مصر والنادي الأهلي. أي حديث آخر تفتحه معه تبدأ عيناه في التسبيل استعدادًا للنوم، ويبدأ في جذب شعرة من ذقنه، وإحداث صوت بفمه وأسنانه يشبه صوت فرخ الصقر، ويبدأ في ترديد: «آه... آه... آه... آه...». كنت قد ذكرت هذا المشهد في أثناء حديث «الفلاح الكافر» مع أبي لإقناعه بالتقدمية من وجهة نظره.

المهم، طفق أبي يتحدث عن مولانا الإمام الحسين، وعن والده الإمام علي، والرجل يقاطعه بذكر أسماء أخرى يراها لا تقل أهمية، وأبي يشعر بالضيق، لكنه يكمل حديثه، حتى باغته الرجل وقال له:

ـ وإنت ليش تحب الحسين هكذا؟

فقال غاضبًا:

ـ عشان أنا مش تيبيت! امشِ ياض يا ابن التيبيت! مش كفاية تيبيت ومستحملك بكرشك دا؟! تيبيت تيبيت تيبيت...

وكلام كثير لن أذكره.

وضاعت العمرة على أم زينب.

لم يحسن أبي تفسير محبته للحسين، لكنه كان يؤكد بما لا يدع مجالًا للشك أن كل من لا يحب سيدنا الحسين حبًّا يصل إلى الولَه والعشق فهو تيبيت وتيبيت وتيت تيت وأشياء كثيرة.

أود أن أنوه بأن سكان جوار المقام لديهم نفس الرأي الذي مال إليه أبي، كما أنهم يصرحون بنفس التفسير، وهم يحبون مولاهم كما يحبه أبي. وحين كنت أذهب إلى منطقة الحسين والأزهر لزيارة حوش آدم، أو تناول الغداء في «العهد الجديد»، أو الجلوس على أحد المقاهي معه، كان دخول أبي كدخول الملك، وكنت بجواره أعامَل معاملة الأميرات. وحتى الآن، حين أذهب إلى المنطقة، أحيانًا ما يتعرف عليَّ بعض السكان وينادون عليَّ: «يا عم أحمد، يا عم أحمد»، ثم يرفعون يدهم إلى أعلى في تحية مهيبة.

سقى الله أهل أحب المناطق إلى قلبي.

* * *

هناك قصة أخرى رُويت لي في حينها، وقد رواها عمو مراد منير في مذكراته، وعاودت الاتصال به وأنا أكتب هذا الكتاب للتأكد من الرواية.

في أثناء كتابة أبي لمسرحية «عجايب»، كان شبه مقيم عند عمو مراد، وكان ذلك حدثًا سعيدًا، حيث إن عمو مراد كان وقتها يسكن في شارع «الشيخ أبو النور» بالخليفة المأمون، أي أن بينه وبين بيت أمي عشرين دقيقة سيرًا على الأقدام. كنت في حينها في السنة الأولى في كلية الآداب قسم اللغة الإنجليزية بجامعة عين شمس، وكثيرًا ما كنت أتشاجر مع أمي بسبب اعتراضها على أنني أرتدي البنطلون الجينز وأضع المساحيق على وجهي، فأخرج من الجامعة غاضبة، وأسير من الجامعة حتى بيت عمو مراد حيث أجد أبي. وكنت في الوقت نفسه أتدرب على الصحافة في مجلة «الشباب» تحت رئاسة الأستاذ عبد الوهاب مطاوع (رحمه الله). وذات مرة طلب مني الأستاذ عبد الوهاب مطاوع أن أُجري حديثًا مع أبي وأمي. كان وقتها خالي الحبيب قد توفاه الله، وكانت أمي تمر بمرحلة اكتئاب وحزن شديدَين، لكني أجريت الحوار معها، ثم تشاجرت معي بسبب البنطلون و«الروج»، فخرجت من عندها ومعي جهاز تسجيل وشريط تسجيل بالٍ، وقلت لأبي:

ـ أنا مش عايزة أرجع.

ورويت لأبي ما حدث، فاتصل بأمي وقال لها:

ـ إنتِ عنيدة وهي عنيدة.

فقالت أمي:

ـ يبقى مين اللي ينخ للتاني؟

فقال:

ـ إنتِ سامعة نفسك؟ إنتِ بتفكري في مين اللي ينخ للتاني؟

الخلاصة يعني، لم يصل مع أمي إلى شيء، فحاول تهدئتي، وسألني بشأن الحوار الذي يجب أن أجريه معه، فأجريت معه الحوار، وبعد أن انتهيت أخرجت الشريط البالي من الكاسيت، فقال لي:

ـ إيه الشريط دا؟ النتانة هتقتلك.

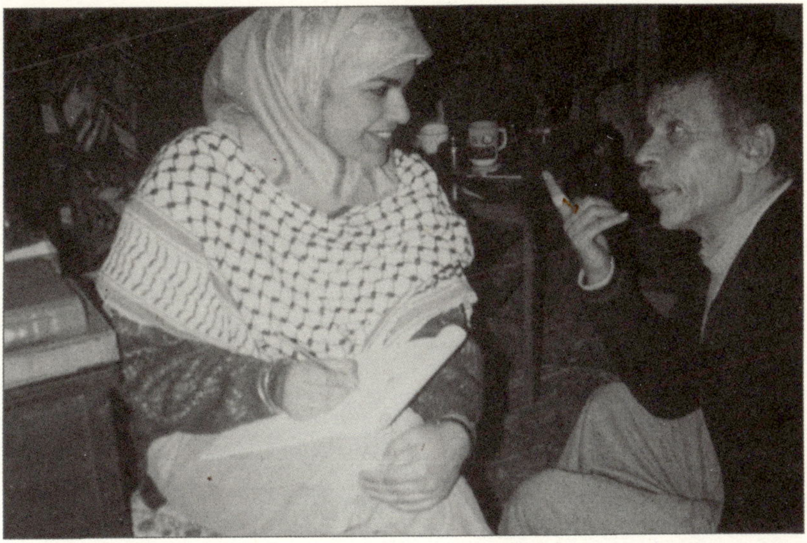

الصحفية الشابة تجري حوارًا مع أبيها

وقضيت اليوم في بيت عمو مراد، ثم نظر عمو مراد إلى أبي وقال:

ـ مش هتحكيلها؟

فحدجه أبي بنظرة نارية، ثم غيَّر الموضوع. انتابتني شكوك وقلت له:

ـ إنت هتعمل إيه؟ إنت بتعرف واحدة على أم زينب؟

فقال:

ـ آه.

فظللت أتشاجر معه نصرةً لأم زينب، ثم قال إن لديه موعدًا، وسألني إن كنت سأخرج معه، فأجبت:

ـ أنا قاعدة مع فايزة وعمو مراد. مش مروحة.

غادر أبي، فسألت عمو مراد عن المرأة التي يعرفها أبي، فضحك وقال:

ـ طيب أنا هاقولك، مش هاقولك كل حاجة، هاقولك اللي مأذون ليَّ أقوله.

ـ قول يا عمو بقى فيه إيه، البيت هيتخرب!

ـ ولا هيتخرب ولا حاجة. أنا أعرف واحد، واحد غلبان يعني، هو معرفة

فايزة (يقصد الفنانة فايزة كمال رحمها الله، التي كانت قليلة الكلام كثيرة الابتسام، وكانت تجلس وتسمعنا)، جه قالي العدرا عايزة تشوفك يا أستاذ مراد، الحقيقة يا نوارة أنا ما باصدقش في الحاجات دي، أنا أمي ست متدينة وما كانش بيعيشلها ولاد، ونذرت إني لو عشت تربي ضفايري وتوهبها للدير، وفعلًا ربت ضفايري ووهبتها للدير، وأنا شايف إن دي حاجة متخلفة أوي، ربنا هيعمل إيه بضفايري؟

- آه يا عمو، أنا عارفة إنك مش متدين.

- لا، أنا كافر، أو كنت كافر.

- ليه كده يا عمو؟

- إنتِ هتسمعي ولَّا هتطلعي دين أمي؟

قالت فايزة بصوت هادئ:

- اسمعيه بس.

ثم روى لي أن الرجل كان يلح عليه لزيارة مريم العذراء في السويس، وأنه كان يعده بذلك وهو لا يعني وعده، وإنما يحاول فقط التخلص من إلحاحه، حتى جاءه الرجل غاضبًا وأخبره بأنه ليس على استعداد لتحمل غضب العذراء بسبب تكاسله عن تلبية الدعوة. في ذلك اليوم كان عمو مراد ذاهبًا لزيارة أبي، وروى له ما قاله له الرجل في تندر، لكن أبي أخذ الأمر بجدية، وطلب منه أن يذهبوا جميعًا إلى السويس لزيارة العذراء. انصاع عمو مراد لمطلب أبي، وبالفعل ركبوا جميعًا السيارة، عمو مراد وفايزة وأبي، متجهين إلى السويس. ولأن عمو مراد اعتاد أن يقود السيارة بسرعة جنونية، فقد دخل في طريق خطأ، فوجد شرطيًّا ينهره، فطلب منه أبي أن يدخل يمينًا، فدخل يمينًا، ثم أخذ يلوم أبي على هذه النصيحة الخاطئة التي جعلته يسير عكس الطريق، إلا أنهم وجدوا كنيسة قديمة صغيرة شبه مهجورة. نزلوا إلى الكنيسة، وطرق عمو مراد الباب، ففتح لهم الباب قس مسن، فأخبروه بأنهم يريدون زيارة العذراء، فرحب بهم بصوت واهن وأدخلهم.

ـ اسمها إيه الكنيسة يا عمو؟

ـ ما أعرفش والله. اسكتي.

ـ حاضر.

أكمل عمو مراد قائلًا إنهم حين دخلوا وتوجهوا نحو تمثال العذراء، فوجئ بالتمثال يلتفت وينظر إليه. اندهش عمو مراد وشك في نفسه، وراح يذكِّر نفسه بأنه ليس مخمورًا ولم يتناول أي مخدر، ثم مال على فايزة في تردد وسألها عما ترى، فقالت إنها رأت التمثال يستدير نحوه وينظر إليه، ثم سمع صوتًا من خلفه يقول: «يا أستاذ، يا أستاذ»، فالتفت ليجد القس وقد حمل صينية فيها أكواب من الماء، ويتحدث إلى أبي، وأبي تعلقت عيناه بالتمثال وبدا ذاهلًا فاغرًا فاه مشدوهًا لا يسمع صوتًا حوله، والقس يكرر عليه النداء: «يا أستاذ، يا أستاذ»، واضطر القس إلى أن يهز كتف أبي، فانتبه أبي مطلقًا صرخة، ثم ارتمى في أحضان عمو مراد وأجهش بالبكاء كالأطفال وهو يردد وجسده كله ينتفض: «العدرا كلمتني، العدرا كلمتني».

ـ قالتله إيه؟

ـ أهو دا اللي مش هاقدر أقوله أبدًا. أنا آسف.

نظرت إلى فايزة كمال في اندهاش، كان وجهها مبتسمًا وأومأت لي برأسها أن ما يقوله عمو مراد حق.

حين قابلت أبي بعدها سألته عن الحدث، وبعد أن تحقق مما قاله لي عمو مراد، وتأكد أنه لم يفصح عن شيء، قال بصوت غاضب:

ـ الموضوع دا لا إنتِ ولا غيرك ليكم دعوة بيه.

ثم قام وتركني.

ذلك ما رواه عمو مراد في حينها. عاودت الاتصال به بعد مرور كل تلك السنوات، فأعاد ما رواه، فسألته مرة أخرى عما قالته لأبي، فقال:

ـ قالي قالتله إيه، ومش هاقول.

قلت:

ـ ما هو مات يا عمو.

قال:

ـ أنا آسف، هو قالي ما تقولش وأنا عمري ما هاقول. دا إحنا اتخانقنا لرب السما وعمري ما طلَّعت سره، أخونه وهو ميت؟

علمت من عمو مراد أنه روى القصة نفسها في كتابه «الغجري: مذكرات مخرج مسرحي»، الصادر عن دار الثقافة الجديدة.

١١

وهكذا سقطت لويز على يد أم زينب العظمى

عصفور محنِّي
يغني على الأفراح
ومن تاني
يرمي الغناوي
تقاوي
تبوس الأرض
تتحنَّى
تطرح
وتفرح
وتسرح
وترجع تاني تتغنَّى
اللي بنى مصر
كان في الأصل حلواني

في رحلة اللهاث خلف أبي، وحلق من هنا يا عمو مراد، وامسك من هنا يا عمو إبراهيم، واقفش يا عمو محمد... لم أتمكن من الاطمئنان إلى وجود والدي في مكان ثابت، وقدرتي على رؤيته بشكل مؤكد، من دون

التعرض لمجازفة أن يكون غادر قبل ثوانٍ من وصولي، إلا في مناسبتين، بعد القبض عليه وإبقائه في السجن، وبعد زواجه من أميمة التي أصبحت والدة أختي الصغرى زينب (رحمها الله).

بعد زواج أبي من أميمة، زرته عدة مرات في حوش آدم، وكان البيت يعج بالسادة الزوار الدائمين المقيمين، وكانت أميمة تجلس في حرج وانكماش بين الناس، وإذا ما رأتني أتحدث مع أيٍّ من الأشخاص في محيط والدي، تميل نحوي وتهمس:

- خلي بالك، مش كويس.

حتى الآن لم أتمكن من معرفة التفاصيل التي جعلتها تصف البعض بأنه «مش كويس»، لكن يمكنني التخيل. كانت أميمة دومًا تنادي أبي بـ«الأستاذ أحمد»، وكان ذلك مبعث سخرية وضحكات من جانب أصدقاء أبي، ونظرات استفهام من جانبها.

في بداية زواجها بأبي، لم تكن أميمة تُحسِن الطبخ، لم تكن تعلَّمت بعدُ، ثم اكتشفت في نفسها بعد ذلك الموهبة وأصبحت «الشيف أميمة».

حملت أميمة، وأخفت حملها خوفًا من أن يتضايق أحد، ولا أعلم من الذي سيتضايق، لكنني علمت من أبي وباركت لها ورحبت بالمولود، وقلت لها إنني سعيدة بأخي أو أختي القادمة، فبكت تأثرًا.

حدث زلزال ١٩٩٢، فهدم بيت حوش آدم، ذلك الأثر القديم الذي يعود تاريخه إلى عهد المماليك، وكانت خسارة تاريخية فادحة، فهو بيت يقطنه مصريون منذ أن تم إنشاؤه، وظل يقطنه المصريون جيلًا بعد جيل، وهم يطلون من شرفتهم على بيت شهبندر التجار الفاخر. لا يزال بيت شهبندر التجار قائمًا، أما بيت المواطنين الذي كان يسكنه أبي فلم يحظَ بما حظي به بيت شهبندر التجار من رعاية وترميم فانهار. وهكذا تلاحق التفرقة الطبقية الموتى! هُدم بيت ذكرياتي وطفولتي في الزلزال، فذهب أبي إلى بيت له في قليوب. كنت أسمع عن «شقة قليوب»، وهي كل ما تمكن أبي من إنجازه خلال رحلته التي

جاب فيها بلادًا كثيرة، والتي تشاجر فيها مع الشيخ إمام وعمو محمد علي.

كادت الشقة أن تضيع من أبي بسبب عدم سداده للأقساط. كان مسافرًا حين حضر عمو محمد علي، الذي كان لا يزال على خلاف معه، وقال لأمي:

ـ الشقة هتروح عشان القسط.

فدفعت أمي القسط. وظلت شقة قليوب مغلقة، لا يذهب إليها أبي إلا حين يهرب من الحكومة، والحكومة تعرف مكانها، وتتغاضى بعض الوقت، وهكذا.

بعد انهيار بيت حوش آدم ذهب أبي إلى قليوب برفقة زوجته الحُبلى، وذهبت لزيارته في هذا المكان البعيد.

ذهبت أنا وأمي إلى الشيخ إمام، كانت أمي تود الإصلاح بين أبي والشيخ إمام، وأعاد الشيخ إمام رواياته حول «شتمني بأمي»، «ما هو بيقول إنك حدفته بطبق الملوخية»، «ما هو زقني»، إلخ. وأعاد أبي القصة من وجهة نظره: «وقفل السكة في وشي»، «وحدفني بطبق الملوخية».

وكان الشيخ إمام يأتي لزيارتنا في الفترة التي كنت أتدرب فيها على العود، ويعطيني نصائح بشأن العزف، ثم يعزف على عودي ويغني.

أخيرًا، تمكن فاعلو الخير من مصالحة أبي على الشيخ إمام، وتقرر إقامة أول حفل بعد الصلح في بيت الدكتور جلال أمين[1] (رحمه الله)، حضرت الحفل في بيت الدكتور جلال أمين مع طنط منى وطنط شاهندة، ولم تتمكن أمي من الحضور. بعدها أقامت طنط منى أنيس حفلًا آخر، وعزمت جميع عناصر حركة الطلبة في السبعينيات، ولم أتمكن من الذهاب إلى الحفل لأنني كنت أمتحن الثانوية العامة. عادت أمي من الحفل وقالت لي:

---

(١) جلال الدين أحمد أمين (١٩٣٥-٢٠١٨)، عالم اقتصاد وأكاديمي وكاتب مصري. من أشهر كتبه: «ماذا حدث للمصريين؟»، الذي يشرح التغيُّر الاجتماعي والثقافي في حياة المصريين خلال الفترة من ١٩٤٥ إلى ١٩٩٥، أي خلال نصف قرن من الزمان، ويعود هذا التغير الملحوظ إلى ظاهرة الحراك الاجتماعي. والده هو الكاتب أحمد أمين.

- مرات أبوكِ بتولد، وأبوكِ ما جاش الحفلة.

ولدت أميمة بنتًا، وهاتفنا أبي ليبشرنا، فقلت له:

- سمِّيها شاهندة، على اسم طنط شاهندة مقلد[1].

---

(١) أورد هنا نبذة مطولة عن طنط شاهندة وحياتها، وقد اخترت ألا أضعها في المتن، لأن المتن خاص بأبي. كتب أبي عن طنط شاهندة: «يا شاهندة وخبرينا، يا أم الصوت الحزين، يا أم العيون جناين، يرمح فيها الهجين، إيش لون سجن القناطر، إيش لون السجانين، إيش لون الصحبة معاكي، نوار البساتين». وفي يوم وفاة طنط شاهندة كتبت على حسابي على موقع التواصل الاجتماعي فيس بوك أنعاها، وأرغب في أن أضع ما كتبته هنا، عسى أن يعلم القارئ ما تمثله لي. كتبت في الثالث من يونيو سنة ٢٠١٦: «للي ما يعرفوش شاهندة مقلد ومكسلين يقروا كتابها «من أوراق شاهندة مقلد»، وبيسألوا مناضلة في إيه يعني، الكلام في عجالة عشان الناس ما بتحبش تقرا، وآسفة لو فيه تلخيص مخل للأحداث: طنط شاهندة اتولدت ١٨ نوفمبر سنة ١٩٣٨، والدها كان المأمور، وقعدت فترة كبيرة في الصعيد في طفولتها وصباها بسبب نقل والدها من مكان لمكان كمأمور للبلد. بعدين والدها تُوفي وهي لسه صبية، وكان لها ابن عمتها الشهيد صلاح حسين، كان وقتها طالبًا في كلية الحقوق، وكان مناضلًا ضد الإقطاع، وكان بيتقبض عليه كتير أيام الملك. وهي كان عندها تعاطف شديد مع الفلاحين والظلم اللي بيتعرضوا له، مع إنها من عائلة ميسورة وكبيرة، وعائلة مقلد عائلة كبيرة ومعروفة. ومرة حكت لي إنها وهي صغيرة كانت بتشوف الفلاحين ماشيين من غير حاجة في رجليهم على الأرض في عز الحر، ومن كتر ما كانت بتضايق عشانهم قلعت جزمتها وشرابها ومشيت حافية عشان تحس بيهم ورجليها اتلسعت وورمت. والدها أصلًا سبب وفاته إنه اتخانق مع ظابط تاني عشان كان بيضرب واحد غلبان، ومن كتر انفعاله جات له أزمة قلبية ومات. وبعدين قامت ثورة ١٩٥٢. بعدها بشوية هي وابن عمتها حبوا بعض واتقدم لها وهي عندها ١٧ سنة، فمامت طنط شاهندة قالت لعمتها: «أنا هاقطع شاهندة حتة حتة وآدي للكلاب كل كلب حتة، ومش هادي صلاح حتة من شاهندة، ده كل شوية في السجن». المهم هاه هاه هاه... مامتها لا ممكن أبدًا، وخطبتها لواحد تاني هي ما كانتش بتحبه، فراحت لعمتها وقالتلها: «أنا جايالك تنقذيني وتجوزيني صلاح». وفعلًا هي والمناضل صلاح حسين اتجوزوا وكانت ظروفه المادية مش قد كده بسبب الظروف السياسية اللي هو كان عايشها. وبعدين لما جه عبد الناصر قسم أراضي الإقطاعيين على الفلاحين، بقى فيه إقطاعيين بيعملوا حيلة كده اللي هي تهريب الأراضي، وما كانش بسهولة يسلموا أراضيهم للأجرية اللي بيشتغلوا عندهم، وكان الله يرحمه بقى السادات مسؤول لجنة الإصلاح الزراعي، وكان عنده تعاطف كده مع العائلات الإقطاعية، فكان بيطنش على تهربهم من تنفيذ القانون. فالشهيد صلاح حسين كان بيساعد الفلاحين، ويسأل كل واحد إنت حصتك طلعت في أرض مين؟ أرض فلان... يلا بينا عشان تاخد أرضك. وكان بيقف مع الفلاحين عشان يساعدهم

فقال لي:

ـ حاضر.

وقالت له أميمة:

ياخدوا أرضهم اللي كفلها لهم القانون، والعائلات الإقطاعية كانت رافضة تنفذه، عشان كده العائلات الإقطاعية كانوا مسميينه البلطجي، لأن الفلاحين كانوا حديثي عهد بالذل ومش مصدقين نفسهم إن بقى عندهم أرض، وكانوا بيخافوا يروحوا ياخدوا أراضيهم، خصوصًا إن العائلات الإقطاعية كان معاها سلاح وكانت بتضرب اللي يتجرأ بالنار. المهم، فضل على كده يساعد الفلاحين عشان ياخدوا أراضيهم لحد ما قتلوه، حد من عائلة الفقي سلط عليه واحد، والشخص ده اتقبض عليه واعترف إن عائلة الفقي هي اللي سلطته عشان يقتل الشهيد صلاح حسين. كان وقتها متجوز طنط شاهندة بقاله عشر سنين، ومخلف منها ناجي، ووسيم، وبسمة اللي كان عندها حوالي خمسين يوم. طنط شاهندة ما اتكسرتش من موت جوزها، وكملت من بعده المسيرة، وفضلت تساند الفلاحين عشان يتحصلوا على أراضيهم. وهي بقى كانت ست مش راجل، ومع ذلك وقفت وهي ست قصاد الإقطاع. والسادات الله يرحمه بقى، شال منها جامد قوي عشان كانت بتقول وتبعت برقيات إن مسؤول لجنة الإصلاح الزراعي موالس مع العائلات الإقطاعية. وكان لها موقف شجاع قوي في مساندة أبويا، كانت كل سنة بتعمل ذكرى الشهيد صلاح حسين، وعزمت أبويا والشيخ إمام، والأمن جه وطلب منها تتراجع وهي رفضت واتحدتهم. المهم، مات عبد الناصر، والسادات جه وشايل منها طبعًا، ففضل يقبض عليها كل ما يسمع اسمها، كل ما يصحى الصبح مقريف يقبض عليها ويلفق لها قضية «قلب نظام الحكم» اللي متلفقة لمالك دلوقت. دفعت أتمان باهظة، وأطفالها الأيتام اتحرموا منها كتير بسبب اضطهاد السلطة لها. ومع ذلك فضلت تناضل وتكافح القوانين الجديدة اللي عملها السادات واللي كان هدفها إنها تاخد الأراضي من الفلاحين وترجعها للعائلات الإقطاعية. دخلت حزب التجمع، ومن خلاله بقت تخوض معارك انتخابية وتقاوم التزوير. أنا فاكرة مرة جات لنا وأنا طفلة دراعاتها كلها زرقا، عمالة تحكي بحماس عن الأمن اللي جه وحاول ياخد صناديق الانتخابات اللي في اللجنة عشان يستبدلها، راحت رامية نفسها على الصناديق، فالأمن مسكوها من دراعاتها ـ وهي كانت مستعفية روحها كده الله يرحمها ـ وهي مفيش، متبتة في الصناديق، لحد ما دراعاتها كانت هتتخلع في إيديهم. «طيب يا طنط وبعدين؟»، «وبعدين ما عرفتش أحمي الصناديق للأسف، عرفوا يشيلوني، كانوا تلاتة». طنط شاهندة جوزها شهيد، وأنا شخصيًا باعتبر والدها شهيد لأنه كان بيدافع عن غلبان، وأخوها أشرف شهيد في حرب الاستنزاف، وابنها وسيم شهيد الغربة، وهي بعد كفاح طويل وتعب كتير راحت لهم، من غير ما تطلع من الدنيا دي لا بأبيض ولا بأسود، كل اللي حيلتها الشقة اللي كانت ساتراها، أوضتين وصالة. الله يرحمها ويعفو عنها ويجعل مثواها الجنة، الشريفة الكريمة بنت الأصول».

ـ سمِّيها سارة. عاجبني اسم سارة.

فقال لها:

ـ حاضر.

ثم خرج وغاب كثيرًا، ثم عاد وقد سجَّلها باسم «زينب».

ـ زينب؟! دا اسم قديم أوي يا بابا!

ـ ما أنا لما كنت رايح أسجِّل عديت على أم هاشم، ونمت عندها (كان النوم في المقامات إحدى عاداته)، وبعدين شُفت موكب وعروسة وشها نور، فخرجت من عندها وسجلتها زينب.

ـ خير.

ضحكت أمي وقالت له:

ـ كذاب!

فقال:

ـ ما أنا مش مفروض أقول الحاجات دي قصاد العامة اللي زيكم.

ثم تقرر إقامة سبوع لزينب، أختي الجديدة. كانت مشاعري مختلطة، أخت جديدة غير شقيقة وأنا في سن المراهقة، أمر محير! ذهبت إلى قليوب مع طنط شاهندة. كان معنا في السيارة شاب لبناني مطرب، يبدو أنه لم يشتهر، لكنه ظل يغني طوال الطريق، وكان صوته جميلًا. وكان معنا شخص آخر، سيدة، أظنها الدكتورة ريما حسن الخفش، أو غيرها، لا أذكر، لكنها طبيبة فلسطينية، هذا هو المؤكد، وهذا الشاب اللبناني هو موهبة اكتشفتها الطبيبة واصطحبته معها إلى سبوع زينب ليسمعه نجم، وغنى لوديع الصافي: «بتحبني وشهقت بالبكي»، ونحن في السيارة.

وصلنا إلى بيت أبي في قليوب، كانت أم زينب منهكة من الولادة، فقد كان بنيانها ضعيفًا، وولادتها صعبة، فتوليت أنا أمر «تسبيع» زينب، والتسبيع عادة مصرية تشتمل على غربلة الطفل في الغربال، ودق الهون، ورش الملح، وإضاءة الشموع، وخلافه.

ظللت أحمل زينب طوال الحفل، تأخذها أمها لترضعها، ثم تعيدها إليَّ. الآن واجهت الموقف، هذه ليست أختًا جديدة، هذه ابنة، أتشارك مع أمها في أمومتها. غنى الشيخ إمام، وغنى المطرب اللبناني، وأخذ أبي زينب من بين أحضاني ليُسمعها صوت العود، ثم أعادها إليَّ.

جلسنا وغنينا وحكينا وضحكنا. وكان يومًا لا يُنسى، حضره أغلب أصدقاء أبي الثابتين، والثابتين هنا بمعنى أنهم رافقوه دربه وتحملت علاقتهم المشاحنات والمشاجرات واستمرت بلا قطيعة.

ظللت أزور أبي في قليوب بانتظام متباعد، لأن المكان بعيد وحار ومزدحم. كنت أحيانًا أذهب إليه برفقة صديقتي آمال عويضة، التي تعرفت عليها وأنا أتدرب على الصحافة، وقد بدأت المران بداية من الإجازة الصيفية ما بين الثانوية العامة والسنة الأولى في الجامعة، وواصلت لمدة ثلاث سنوات، ثم توقفت في السنة الأخيرة نظرًا إلى ظروف سأرويها لاحقًا. تعرفت على آمال ونشأت بيننا صداقة مقربة وكأننا وُلدنا في اللحظة نفسها ومن البطن نفسه، وبناءً عليه، فقد أصبح نجم هو أبو آمال أيضًا، لأنها أختي.

في هذا العام حظيت بابنة لم ألدها، وهي زينب، وأخت لم تلدها أمي، وهي آمال.

ذات مرة اتصلت أم زينب على تلفون منزل أمي، وقالت لها:

- أيوه يا أستاذة، ممكن أكلم نوارة؟

- إنتِ بتعيطي يا أميمة؟ حصل حاجة؟ نجم عايش؟

اختطفت السماعة من أمي، ظنًّا مني أن أبي مات:

- فيه إيه يا أميمة؟ بابا ماله؟

- أبوكِ اتجنن، أنا هربت منه وركبت الميكروباص ونزلت على حوش آدم.

- عمل فيكِ إيه؟

- بيكلم السخان!

ـ آه، لا مفيش حاجة، دا بيكتب.

ـ بيكتب؟! باقولك بيكلم السخان وبيضحك معاه وبيستناه يرد عليه!

ـ أيوه بيكتب عادي. مفيش حاجة.

ـ لا بقى، دا إنتو عيلة كلكم مش طبيعيين!

ثم أغلقت الهاتف.

في يوم آخر، اتصلت بي وهي تبكي مرة أخرى:

ـ أبوكِ عمال يهزر مع «فلانة» وهي عمالة تضحك وتقرصه في خدوده... يرضيكِ كده؟ أنا قلتله يا أستاذ أحمد ما تخونيش عشان أنا مش هاقدر أخونك.

ـ طب معلش يا أم زينب، هي ما تقصدش.

ـ ما تقصدش إيه؟! باقولك بتقرصه في خدوده!

ـ يا أم زينب وهو بابا عنده خدود؟ دا جلد على عضم!

ـ أنا باكلمك في إيه وإنتِ بتكلميني في إيه؟!

ـ طب ما تزعليش. أنا هاجي أمشيها دلوقت.

ـ هتيجي بجد ولَّا أنا اللي هاسيب البيت؟!

ـ لا ما تسيبيش البيت. أنا هاجي أمشيها.

العيش في قليوب أصبح مستحيلًا على أم زينب وزينب، فلا ماء، ولا كهرباء، ولا خدمات، وأم زينب تنزل يوميًّا لتملأ قسط الماء من مكان بعيد، وتحمله على رأسها، وكان يقيم معها أيضًا والدها عم علي. اتصلت أمي بالكاتب الكبير محمود السعدني (رحمه الله)، وقالت له إن نجم انهار بيته في الزلزال، وإنه مستحق لشقة من المحافظ، فكتب محمود السعدني مقالًا يطالب فيه المحافظ بمنح شقة للشاعر الكبير أحمد فؤاد نجم الذي أفنى عمره في حب الوطن وخدمته ولم يقبض ثمنًا. وبالفعل، تحرك المحافظ عمر عبد الآخر، وأصدر قرارًا بمنح أبي شقة في المقطم، وكانت من أسعد لحظات حياتي وحياة أم زينب، فهي تعيش الآن في

مكان آدمي، به ماء وكهرباء، وأبي أصبح في مكان قريب يمكنني زيارته فيه بشكل أسبوعي منتظم.

وهنا بدأت مرحلة جديدة في علاقتي بأبي.

أما أم زينب، فقد أصبحت شقيقتي.

١٢

طالع في المقطم جديد

في ذلك الوقت أصدر الشاعران إبراهيم داود وإبراهيم عبد الفتاح نشرة ساخرة، واشتركا في تحريرها، وكانت شديدة اللطف. وحين علما أن والدي انتقل إلى المقطم كتبا فيها خبرًا:

أحمد فؤاد نجم طالع في المقطم جديد.

بدأت أزور أبي بانتظام في بيته الجديد بمساكن الزلزال بالمقطم. في كل جمعة كنت أذهب لزيارته، وكان هو قد بدأ في العمل بشكل مختلف، أي أنه لم يعد يكتب شعرًا ويُلقى القبض عليه بسببه، بل بدأ يكتب أغاني ومقدمات مسلسلات.

أذكر أنه كتب أغنية لحنان ماضي اسمها «عصفور»، وأعطاها من أشعاره القديمة أغنية «عدى الهوى»، ولحنهما ياسر عبد الرحمن.

على الرغم من عقد جلسة مصالحة، واجتماعهما معًا عندنا في البيت، وغنائهما بالتجانس الذي كانا عليه سابقًا، فإن علاقة أبي بالشيخ إمام لم تعد كسابق عهدها. حدث تباعد وشرخ لم يتمكن أحد من رأبه. حضر الشيخ إمام عدة مرات إلى منزلنا، وحضر معه أبي مرة واحدة.

بعد هذا الشرخ، يبدو أنهما تشاجرا مرة أخرى، لا أذكر سبب الشجار، لكنني أذكر أن أبي كان يشكو منه لأمي عبر الهاتف، فقالت له:

- بس بقى يا نجم! الله يرحمه ويحسن إليه.

انقبض قلبي وقلت:

- ليه بتقولي عليه كده يا ماما؟ ليه كده يا ماما؟

فقالت:

- إيه يا مجنونة إنتِ؟ الرحمة تجوز على الحي والميت.

في اليوم التالي استيقظت على خبر وفاة الشيخ إمام، وهرعت إلى حوش آدم، فوجدت أبي جالسًا يلعب «الضومنة» مع صديقه أحمد الدجوي، لمحني من بعيد فترك اللعب ووقف يستقبلني، وهو عادة لا يفعل ذلك، لكن يبدو أنني كنت في حالة مزرية. قلت:

- فين الشيخ إمام يا بابا؟

فقال هامسًا:

- غسلته بإيدي ودفناه يا أبويا.

صرخت وقلت له:

- لا يا بابا!

ظللت في المكان أبكي حتى نصب صوان العزاء، وطفقت أبكي بشكل متواصل وأبي واقف يأخذ عزاءه بنفسه. حضر الجميع، كل من أعرفهم. وجلست بجواري طنط إستر، زوجة المناضل اليساري رمسيس لبيب ووالدة أمل وباسل. نظرت إليَّ، ثم قالت بهدوء:

- ما هو كده ما ينفعش. دا عياط كتير أوي.

ثم صمتت، وكنت لا أزال أبكي، فقالت:

- طيب اسمعي كلام ربنا بقى، كلام ربنا يهديكِ.

وأشارت إلى مقرئ القرآن.

- طيب اسكتي شوية وعيطي شوية، عشان كده غلط.

حضرت كلٌّ من طنط منى أنيس وطنط شاهندة مقلد، رفيقتَي في البكاء، وجلسنا نحن الثلاث نبكي بشكل متواصل، فقالت طنط إستر:

ـ هممم... طيب.

انفض العزاء، وسرت أنا وأبي ومعنا صحبة كبيرة، وسمعته يتمتم: «ما هو إنت ما لقتش حد ياخد عزاك غيري يا إمام، كان لازمته إيه بقى؟!».

* * *

بدأ عدد من الفنانين يتوافدون على بيت أبي في المقطم، راغبين في أن يكتب لهم أغاني.

كان أبي في هذا التوقيت قد أنجب زينب وهو في عمر الثالثة والستين، وكانت زوجته أم زينب ربة منزل، لا تُحسن عملًا خارج بيتها، وليس لها سند ولا عائل غيره، ولأول مرة في تاريخه يشعر أبي بأنه مسؤول عن أسرة: طفلة، وزوجة، وعليه أن يجد وسيلة لإطعامهما. والحق أن المناخ السياسي اختلف في عهد مبارك عنه في عهد السادات، لذلك، فلم يكن هناك مانع من أن يكون عضوًا في رابطة «فنانون وأدباء من أجل التغيير»، أو أن يشارك في نشاطات حركة «كفاية»، وفي الوقت نفسه يكتب أغاني ومقدمات مسلسلات «لزوم أكل العيش»، لكن «أكل العيش» لاقى نجاحًا كبيرًا، وأنتجه جميلًا كما تعود ألا ينتج إلا الجميل. غير أنه شجع التجارب الصحفية الشابة الجديدة، مثل تجربة «الدستور».

كتب أبي لبعض الوقت في «الأهرام الرياضي»، وكان مهتمًا بالرياضة، خصوصًا كرة القدم، وكان من كبار مشجعي الأهلي، ولا أتورع أن أطلق عليه «الكابو الأول».

في عام ١٩٦٥، كتب أبي ديوانًا اسمه «حكاية الأهلي والزمالك»، وتحدث عن الكرة المصرية في حينها. كتب شعرًا يحلل فيه مهارات اللاعبين، وسمات كل نادٍ يشارك في الدوري، وينتقد إدارة النادي الأهلي، ودائمًا ما ظل ينتقد الإدارات، ويكتب هتافات لمشجعي الناديين، الأهلي والزمالك. وكان في المقدمة قد وعد بأن يكتب كثيرًا عن بقية النوادي. وأعتقد أن هذا الديوان مهم لمن يريد دراسة تاريخ الكرة المصرية

وطبيعتها في ذلك الحين، ويطلع على أسماء نوادٍ حصلت على بطولات وهي الآن لا يُذكر لها اسم، مثل: «نادي الترام»، و«نادي بني سويف»، و«نادي السواحل»، وأسماء لم نعد نسمع بها. ويعكس هذا الديوان الحركة النشطة لكرة القدم المصرية، وتفوق عدة نوادٍ. وعلى الرغم من أن عنوانه كان باسم النادي الذي يشجعه أبي والنادي المنافس له دومًا، فإنه يبدو من السجالات الكروية التي سجَّلها أبي شعرًا أن الكرة المصرية في حينها كانت أنشط وأكثر كفاءة وتنافسية، ولم يكن هناك نادٍ فوق الجميع، ولا تحت الجميع، حيث كان «الجميع» هم الجمهور الذي يشجع ناديه، أيًّا كان، بحماس وحب ومن دون أمراض عصابية وحديث عن مؤامرات. وقد تقرأ من سياق القصائد كيف تدهورت الكرة المصرية بشدة، فلا هي استمرت لعبة المهارات الفردية و«الترقيص»، ولا هي تطورت لتصبح لعبة المهارات الجماعية كما هي الحال الآن في دول أخرى.

كان أبي دومًا مع الجماهير، ويرى رأي الجماهير، ويتدفأ بالجماهير. وأذكر في مرحلة المراهقة التي تحدثت عنها في السابق، حين كان يأتي إلى بيت أمي مرتديًا حلة رياضية، وشبشب حمَّام، ويخبرنا بأنه لعب مباراة وأن فريقه فاز. كما أنه، وقت أن كان مسموحًا للجمهور بحضور المباريات، ووقت أن كانت صحته تسمح بذلك، كان يحضر كل مباريات الأهلي، وحين يفوز ناديه يركض في الشوارع وهو يهتف: «إحنا بتوع الظلم».

«إحنا بتوع الظلم»، كان هتاف أبي المفضل، وكان يشعر بأنه أفضل هتاف «يكايد» به جمهور الزمالك الذي اعتاد أن يعزو أي هزيمة أمام الأهلي إلى ظلم الحَكم «الأهلاوي» بالضرورة.

ذات مرة، حين وصلت إلى المرحلة الجامعية، قلت له بانفعال:

ـ أيوه الحَكم ظلمنا! إنت بتتريق على إيه؟

فقال مبتسمًا بجانب شفتيه:

- طب ما يظلمكم ولَّا يطلَّع دين أبوكم، ما إنتو تستاهلوا!

ثم قام من على كرسيه وهو يصفق ويرقص ويغني نتيجة المباراة وينظر إليَّ مبتسمًا بكيد، فقررت أن أمارس مزايدة رخيصة عليه فقلت:

- وعامل نفسك بتاع المظاليم وإنت بتدعم الظلم الكروي!

فقال:

- أيوه، كل المظاليم بيشجعوا الأهلي، ما إحنا مش هتيييت في الشارع والكورة كمان! الزمالك دا بتاع البهوات اللي بيطلعوا طلعة الظلم نزهة.

* * *

استغل أبي شغفه بكرة القدم، وفهمه العميق لها ولفنياتها، وكتب عدة مقالات في صحف رياضية، وكانت هذه وسيلة للكسب. كما استغل موهبته الفذة في أن يصل إلى البيوت وآذان الناس ويحدثهم عن الحب والعدل والكرامة في المطلق من دون تخصيص لزمن أو موقف. لكنه لم يتوقف قَطُّ عن إعلان موقفه وآرائه السياسية، كما أنه لم يتورع عن المشاركة في أي فاعلية أو تظاهرة أو ندوة أو رابطة سياسية، حتى آخر يوم في عمره.

حتى آخر يوم في عمره!

بهذه المناسبة، أحب أن أنوه بأنني كما كنت مصدر إلهام قصيدة «نوارة»، فإنني كنت مصدر إلهام أغنية «حضرة المتهم أبي».

في نحو عام ٢٠٠٥ أو ٢٠٠٦، لا أذكر تحديدًا، تزامن وصول سيناريو مسلسل «حضرة المتهم أبي» إلى يد أبي ليكتب مقدمته ونهايته، مع جلستي معه وفوق أذنه وأنا ألومه. كنت أمر بنوبة اكتئاب شديدة، وكنت دومًا أؤنبه، وظللت ألومه لأنه أنجبني، ولأنه يتعامل مع الإنجاب بلا اكتراث، ولأنه تزوَّج فولدت زوجاته بنات كلهن تعيسات، إلخ.

بعد هذه الزيارة كتب:

نازل وانا ماشي
ع الشوك برجليا
وانت السبب يابا
يا اللي خِليت بيا
لا فرشتلي بستان
ولا حتى بر أمان
أعيش عليه إنسان
والدنيا في إيديا
وانا لما جيت م الغيب
العدل كان كيفي
والحق كان مطمعي
والحب كان سيفي
دقيت على الأبواب
لقتني في السرداب
غابة من الأنياب
مسنونة حواليا
مع الأسف يابا
الدنيا دي غابة
ملناش مكان فيها
يا عيني يا وعدي
ع المغرمين بعدي
والطيبين فيها

ثم كتب رده في أغنية النهاية في المسلسل:

حقك على عيني
يا ابني يا نور عيني

لاجل الوفا بديني
لك عندي بعض كلام
أنا كنت واحداني
والدنيا واخداني
عايز ونيس تاني
يقاسمني في الأحلام
غريب وأنا في بلدي
جبتك تكون سندي
انصفني يا ولدي
واصبر على الأيام

* * *

لنعد مرة أخرى إلى انتقال أبي إلى المقطم الذي عشقه وانتمى إليه. شهدت هذه الفترة بداية صداقة من نوع جديد بيني وبين أبي. فقد سمحت له السلطات بعقد ندوات في معرض الكتاب، وكنت أذهب معه في كل الندوات، وكان يتصل بي خصوصًا كي أذهب معه، وكان ذلك يسعدني. وكنت الشخص الذي تتصل به أم زينب لتشكو له، عادة تشكو من شكوكها في سلوكه وعلاقاته النسائية. كانت أمي ترد عليها، وتخبرها بأن أبي حسن السلوك، وأن من يفسدونه هم من حوله! لم تكن أمي تطيِّب خاطرها، هذا كان اقتناعها. ولقد قالت ذات يوم لسعاد حسني، كما روت هي، إن علي بدرخان يفسد أخلاق نجم. وذكرت أن سعاد حسني، التي كانت صديقتها في تلك الفترة، ضحكت وقالت: «علي بيفسد أخلاق نجم؟»، فأجابتها أمي مؤكدة على ذلك بحيثيات ما زالت مقتنعة بها حتى الآن، من بينها أن علي بدرخان لديه سيارة!

المهم، أحيانًا ما كان يقتصر الأمر على أن تهاتف أمي أبي وتوبخه لأنه أغضب أم زينب، وأحيانًا ما كان يستدعي الأمر أن أنزل بنفسي لفض النزاع.

أبي في حالة الكتابة يكون سيئ الخلق، يستيقظ عابسًا ولا يرغب في محادثة أحد، وأحيانًا ما يتحدث مع الآلات، مثل الحديث مع السخان، مع البوتجاز، مع الستارة، وأحيانًا ما يغسل الأطباق ويكنس البيت، لكنه في كل الأحوال يكون معتل المزاج، وأفضل وسيلة للتعامل معه في تلك الحالة هي تجنبه.

على الجانب الآخر، أم زينب تحب الكلام. لا، أنت لا تفهم، إنها «تحب» الكلام. الكلام لدى أم زينب ليس وسيلة لنقل المعلومة، بل إنه متعة في حد ذاته كالطعام والشراب ومشاهدة المسلسلات، وعن نفسي فإنني أستمتع بصياغات أم زينب المبتكرة والمتفردة، ووصفها الدقيق للأشياء، وسخريتها. وفي أحيان كثيرة كنت أكتب ما تقوله في نوتة، ومع الأسف فقدتها. لكن أبي في حالة الكتابة يريد بعض الهدوء.

الأمر مركب، أبي يحب الضوضاء، لكنه يكره التعاملات، أقصد وهو في حالة الكتابة. يعني لا بأس من الحديث طوال اليوم بجواره، لكن يفضل ألا توجه إليه حديثًا، لأن ذلك يتطلب منه أن يرد، وهو في حالة مزاجية سيئة، وفي أحوال كثيرة لا يرغب في الحديث. يمكن لأبي أن يكتب أجمل القصائد وبجواره شخص يغني وشخصان يتشاجران وخمسة أشخاص يلعبون الورق وشخص يغط في النوم. ما داموا لا يطالبونه بالتفاعل معهم فهو في أمان، الرُّهاب كل الرُّهاب حين يُطالَب بالتفاعل والرد واتخاذ القرارات. ولأجل ذلك أخذ السطح الذي يعلو الشقة وبنى عليه غرفة ليجلس فيها ويكتب ويستقبل أصدقاءه من دون التسبب في إزعاج لأم زينب.

وكلما كان أبي في حالة كتابة، نفَّس عن غضبه في أم زينب، فيحدث شجار، لأن أم زينب لا تقبل الضيم، ولا تصمت أمام الإساءة.

ويمكنني أن أضرب مثالًا بإحدى المشاجرات.

أم زينب بصوت باكٍ:

ـ ألو. أيوه يا نوارة، شُفيلي حل مع أبوكِ. الكلاب في الشارع بتاكل، أنا مش هاعيشله في البيت دا!

ـ حصل إيه؟

ـ وكتاب الله ولا حاجة! صحي الصبح، باقوله صباح الخير يا نجم، صباح الهنا والسرور، صباح مشرق، تفطر؟ أعملك إيه؟ عندنا جبنة رومي وجبنة بيضا وجبنة براميلي وعندنا بيض بلدي، قالي اعمليلي شاي بلبن وبقسماط، فأنا قلت دا ما اتعشاش هاعمله بيض مقلي، وحطيتله جبنة رومي وجبنة بيضا وزتون وعيش، وحطيتله الشاي بلبن والبقسماط، راح واكل بقسماطاية سقاها في الشاي، وما كملهاش، وبعدين باقوله ما كملتش الشاي بلبن ليه؟ دا حليب من اللبان مش لبن بودرة، دا أنا ما أدخلوش أبدًا ولا حتى لبن المصانع، دا حتى جوز أم صلاح جاله المرض الوحش، جاله الله أكبر في اللامؤاخذة تحت منه، إكمن بيقولك الحاجات الصناعي دي خطر، وصلاح عدى عليك، ولسه باتكلم راح مقاطعني، وقالي ما تكتمي بُقك! إنتِ إيه؟ ما بتفصليش؟ قلتله أتكتم؟! ليه كده يا نجم على الصبح؟ ليه؟ صباحك فل، قالي صباحك خرا على دماغك! قلتله ليه كده؟ ليه يا نجم كده؟ إنت ليه بتيجي على اللي منك كده يا نجم؟ ما اشبهش اللي بيجولك؟ الألاضيش اللي إنت لاممهم حواليك؟ «فلان» اللي راح اتكلم عليك عند هاني، وهاني جه قالك وألاقيك صابح الصبح مدخَّله عندك واعملي عشا يا أميمة! إنت كده، ما تعرفش اللي يحبك من اللي يكرهك! وراح سرق زرعة الصبار اللي عندنا بره، وقفشته، وإنت تقولي براحته! هو إنت فاكرني ناسية لما زعقتلي وجبرتني أعمله عشا وأنا مش عايزة؟ عمرها ما تخرج من قلبي أبدًا!

ـ أم زينب، إنتِ قلتِ دا كله؟!

ـ استني بس، أيوه، ما أنا لازم أقوله. المهم لقيتلك راح زاقق الباب السلك برجله وراح خارج من البيت وطالع السطوح وهو عمَّال يقول مَرَة نكد، رحت طالعة وراه...

ـ الله! طلعتِ وراه ليه تاني يا أم زينب؟

ـ أمَّال أسيبه يعني يشتمني في سره؟ لعلمك، أنا رفعت عليه السكينة بس عشان ما تشيليش مني وتقولي كانت عايزة تقتل أبويا، أنا باقولك عشان ما احبش النفاق.

ـ رفعتِ على مين السكينة؟ على أبويا؟

ـ هو إنتِ كل اللي يهمك أبوكِ؟

ـ أيوه، ما هو أبويا يا أم زينب!

ـ تصدقي؟ أنا غلطانة إني وثقت فيكِ!

وأغلقت الهاتف، ثم عاودت الاتصال بي بعد خمس دقائق:

ـ المهم، أكمِّلك، قلتله أنا مَرَة نكد؟ إنت بتقول أنا مَرَة نكد؟ إنت حد يستحملك إنت؟ دا أنا باعملك الفطار وباكويلك جلابيتك وباعمل الغدا ليك ولصحابك، وباعشيك، أنا مَرَة نكد أنا؟! تصدق؟ خير تعمل شر تلقى، أنا الغلطانة، بس أنا مش مستحملة عشانك، لا، أنا مستحملة عشان بنتي، قام قالي ما تتكتمي بقى لأقوم أكتمك! قلتله تكتمني؟! تكتمني ليه يا نجم؟ هو أنا...

ـ طيب يا أم زينب، يعني شتمك وشتمتيه، وصلتوا للسكينة إزاي طيب؟

ـ حدفني بالكرسي البلاستيك اللي على السطوح، هو آه ما جاش فيَّ، بس أنا قلتله بتحدفني بالكرسي؟! وكان فيه سكينة مرمية على الأرض كانوا بيقطعوا بيها اللي إنتِ فاهماه، رحت ماسكاها عشان أدبَّها فيه، تصدقي؟ طلع قلبه إسود، وراح زق إيدي بالجامد وقالي إنتِ مَرَة مجنونة!

ـ المهم يعني، السكينة جات فيه؟

ـ إنتِ كل اللي هامِّك أبوكِ؟!

ـ لا، أنا باسأل عشان بس لو عملك محضر يعني ما تروحيش في داهية.

ـ لا، ما باقولك قلبه إسود... يعني إنتِ يرضيكِ يحدفني بالكرسي؟

ـ طيب يعني، هو سليم؟

ـ سليم أيوه.

ـ لا ما يرضنيش. استني أنا جايالك دلوقت حالًا، وما تتعرضيش له لحد ما آجي.

ـ حاضر.

وذهبت إلى بيت أبي، ودخلت وأنا أرفع صوتي كي يصل إليه وهو فوق السطوح، وقلت لأم زينب:

ـ لمي هدومك وهدوم البت وتعالي يلَّا، ملكيش عيش هنا! ولو عم علي عايز يقعد مع صاحبه دا شأنه، رجالة زي بعض ويتفاهموا.

سمع أبي فنزل مسرعًا إلى الشقة، ودخل:

ـ إنتِ جيتي يا قلب بابا؟

ـ أنا مش جاية زيارة، أنا جاية آخد أم زينب وزينب.

أبي بكل استهبال:

ـ إيه؟ هتاخديهم تفسحيهم؟

ـ لا، هاخدهم يقعدوا عند أمي، وتبعتلها ورقتها هناك، عارف العنوان ولَّا أديهولك؟ بتمد إيدك عليها عشان يتيمة أم؟

ـ ما مديتش إيدي عليها وحياة نوارة!

ـ نوارة دي هتموت من كُتر الحلفانات كذب! أم زينب ما تكذبش، إنت بتكذب! حدفتها بالكرسي ولَّا ما حدفتهاش؟

ـ ما هو ما جاش فيها.

ـ إنت كنت عايزه ييجي فيها كمان؟

ـ لا، أنا حادفه بطريقة ما يجيش فيها.

قالت أم زينب:

ـ كذاب! أنا اللي فاديته.

قلت:

ـ ولو حادفه عشان ما يجيش فيها؟ بتخوفها يعني؟ بتخوفها ليه؟ عشان أبوها وأخوها بيطيبولك وأمها ميتة؟

وكان عم علي مقيمًا مع والدي وأم زينب في نفس الشقة، فقال:

ـ أنا يا بنتي باطيبله؟!

ردت أم زينب:

ـ أيوه بتطيبله وبتاخد صفه!

ـ ما إنتِ مَرَة رغاية ومجنونة! تمسكي السكينة عليه؟! إنتِ عايزة تروحي في داهية؟

فقال بابا:

ـ تروح في داهية؟ هو دا اللي هامك يا علي؟!

تحدثت أنا وأم زينب في صوت واحد بكلام مختلط:

ـ ما ترغي ولَّا تقول اللي هي عايزاه!.. هو إنت هتكتم نفسي في بيتي ولَّا إيه!.. إنت السادات ولَّا إيه؟

ـ أنا السادات؟!

ـ أيوه، ما إنت بتكتمها أهو زي ما السادات كان عايز يكتمك!

ـ أنا دماغي مشغولة، باكتب...

تحدثت أنا وأم زينب في صوت واحد بكلام مختلط:

ـ ما تكتب ولَّا إن شا الله ما كتبت!.. دي كانت شغلانة سودا دي!.. إنت بتكتب على قفاها ولَّا إيه!.. ما كنت اتجوزت راجل طبيعي بدل الشغلانة السودا دي!

ـ طب أنا آسف!

- لا مع نفسك بقى. هي جاية معايا. يلَّا لبسي زينب.

دخلت أم زينب تمثل أنها تحزم حقائبها، فمال أبي عليَّ:

- إنتِ هتاخديهم بجد؟

- آه. إنت مستضعفها وخيالك مهيألك إن ملهاش حتة تروح فيها.

اتصلت أمي فرددت على الهاتف، فقالت:

- اديني أبوكِ دا!

فأمسك بابا بالهاتف:

- ألو... لا... ما... أيوه... أنا كنت باكتب... طيب... هتاخديها فين؟ ورقتها إزاي؟! ألو...

ثم التفت إليَّ:

- أمك قفلت السكة في وشي!

- المهم اتأكدت بنفسك إن أمي اللي عايزاها عندها في البيت.

قال بابا وقد دمعت عيناه:

- أنا آسف!

وبعد فترة صمت، قلت:

- ما أسمعش عنك شكوى تاني!

- حاضر.

- حاضر إيه؟ خش بوس راسها وطيِّب خاطرها، لو هي قبلت اعتذارك ماشي، ما قبلتش يبقى هتيجي معايا. أنا أمي قالتلي ما ترجعيش من غيرها.

دخل أبي وقبَّل رأسها وطيَّب خاطرها، فقالت:

- أنا مش قاعدة عشانك يا نجم! أنا قاعدة عشان العيِّلة دي، غير كده مفيش بيني وبينك أي حاجة، ولا لسانك يخاطب لساني!

كانت أم زينب قد بدأت على استحياء تتخلى عن لقب «الأستاذ أحمد»،

واضطرت إلى أن تناديه باسم «نجم» تفاديًا لسخرية أصدقائه، إلا أنه لم يتخلَّ عن لقب «الترومای» لآخر لحظة في عمره.

هذا مثال لإحدى المشاجرات التي يمكن أن تقيس عليها. وإن كانت أخطاء أبي كثيرة، فإنه كان يبدع في الأخطاء، أي أنه لا يكرر الخطأ، بل يأتي بخطأ جديد، وفي كل مرة نقوم بهذه التمثيلية الثلاثية أنا وأمي وأم زينب، حتى أصبح زوجًا وديعًا في آخر سبع سنوات من عمره. وهذا لا يعني انتهاء المشاكل والتشاحن المنزلي، لكنه كان يكتفي بجملة:

- اسكتي ولَّا مصيرك هيبقى مبهم!

وكانت تتصل بي وتقول:

- أبوكِ بيقولي اسكتي ولَّا مصيرك هيبقى مهبب!

في تلك الآونة أيضًا، كانت أم زينب تتصل بي لتستنجد بسبب أشياء أخرى ربما لا يحق لي ولا لها أن نبدي فيها رأيًا، مثل:

- الحقيني! أبوكِ نزل مظاهرة! وأنا هاعمل إيه دلوقت؟ ينفع أبوكِ يتسجن وهو في سنه دا؟ أروح أنا فين بالبت دلوقت؟

- مظاهرة إيه؟

- موجهون ضد التغيير.

- إيه؟!

- موجهووون ضد التغييير.

- آه. طب يا أم زينب أنا هاشوف الموضوع دا، بس ما تخافيش يعني مش هيقبضوا عليه.

- إنتِ ضاربة زي أبوكِ بالظبط! إنتِ إيش عرَّفك؟! ما إنتِ كمان ما يهمكيش يتقبض عليكِ ونتشحطط وراكِ! أنا إيه اللي رماني ع العيلة دي؟ باقولك أبوكِ في خطر!

- ولا خطر ولا حاجة يا أم زينب. عادي.

- كلميه خليه ييجي، أنا مش حمل بهدلة.

- حاضر.

وطبعًا لم أحاول الوصول إليه، وعلمت بعد ذلك أنه كان في تظاهرة «أدباء وفنانون من أجل التغيير».

لا أذكر تحديدًا متى كانت مظاهرة «موجهون ضد التغيير» هذه، لكن أعلم أنها كانت بعد اعتقالي.

١٣
ليلة القبض على «توتة»

في عام ٢٠١١، وقت الثورة، حدثت قرصنة لحسابي على تويتر، فاقترح عليَّ وائل خليل أن أستعين بوائل غنيم لأنه ذو منصب كبير في جوجل وأعاد لكثيرين حساباتهم. راسلت وائل غنيم أطلب منه أن يرد لي حسابي على تويتر، فقال لي:

ـ معلش، مش هاقدر عشان إنتِ بتقولي ألفاظ وحشة يا توتة!

لم أملك سوى أن أشهِّر به وأروي ما قاله لي، وسجلت للتاريخ أنني لم يحزنني أنه تخاذل عن رد حسابي على تويتر بقدر ما أحزنني أنه قال لي «يا توتة».

لكنني، في عام ١٩٩٥، كنت «توتة» فعلًا. كنت في كلية الآداب قسم اللغة الإنجليزية، وكنت أتدرب صحافة في «الأهرام ويكلي» و«الشباب»، وكنت فتاة رقيقة، أي أنني كان يشار إليَّ بصفة «الرقيقة» في تلك الفترة. ثم حدث ما حوَّل «توتة» إلى «أوشة أخت مليجي»، أو كما قال أحد الجزائريين لأبي: «الدنيا كلبة يا سي أحمد». ولم تبقَ توتة على حالها.

شاركت الدولة الصهيونية في المعرض الصناعي بالقاهرة، وكنت في الجامعة وقتها، فشاركت في التظاهرات ضد المشاركة الصهيونية، ثم اتفقت مع زملائي، وكان منهم زيزي خير وفاطمة خير وباسل رمسيس وياسر شكري

وحسن ديفيد وأشرف (من لا أذكر اسمه بالكامل أو اسمه الحقيقي لم أتحقق منه)، أن نذهب إلى المعرض الصناعي ونتظاهر هناك، ثم أخذت الجلالة باسل رمسيس، فأمسك بالميكروفون في إحدى التظاهرات الجامعية، وقال:

ـ يوم الجمعة هنتجمع كلنا عشان نتظاهر ونضرب ونحرق جناح إسرائيل.

قلت لياسر شكري:

ـ نضرب ونحرق إيه يا ياسر؟ أنا باخاف من البوتجاز!

فقال:

ـ لا، باسل ما يقصدش.

ـ بس الأمن اللي سامعنا مش عارف إنه ما يقصدش.

ـ لا، عارف.

ـ متأكد؟

فصمت.

يوم الجمعة هذا كان في مارس، لا أتذكر تاريخه بالتحديد، أمي تتذكره، ولن أراجعه، هكذا سأكتب، هو كان فيه ١، يا ١١، يا ٢١، يا ٢٣، الله أعلم يعني. المهم، في ذلك اليوم كانت أمي غاضبة مني ولا تكلمني لأنني قلت لها قبله بيومين «إنتِ» ولم أقل «حضرتِك». قلت لأمي:

ـ أنا نازلة رايحة المعرض.

ـ روحي مطرح ما إنتِ عايزة، أنا ما ربتش ومليش بنات!

بعد فترة صمت، قالت أمي:

ـ إحنا النهارده عاملين احتفال بمناسبة العزال في الشقة الجديدة، وطنطاتك جايين كلهم، شاهندة ووداد ومنى وخالاتك.

ـ هاروح وأرجع على طول مش هاغيب.

ـ إنتِ حرة. روحي مطرح ما إنتِ عايزة.

كنت أرتدي الحطة الفلسطينية، وذهبت إلى الجناح كما هو متفق عليه. يبدو أنني حضرت مبكرًا، إذ لم يحضر أيٌّ من الأصحاب بعد. لكن مشهدًا

استفزني: المصريون يقفون طابورًا طويلًا أمام جناح إسرائيل القابع هناك وعليه العلم. صرخت غاضبة باكية:

ـ واقفين بالطوابير على جناح إسرائيل يا خونة؟!

فجأة انشقت الأرض وأخرجت رجال الأمن من ضباط وأمناء وعساكر حملوني هيلا بيلا وأوسعوني ضربًا، وأدخلوني سيارة الأمن، وأوسعوني ضربًا وسبابًا، ثم ذهبوا بي إلى مكتب الأمن بالمعرض، وأوسعوني ضربًا بالشلاليت والبونيات، ثم أدخلوني سيارة الترحيلات وظلوا يسبونني من شباك السيارة، ثم بدأ الزملاء والرفقاء يتوافدون إلى سيارة الترحيلات الواحد بعد الآخر.

بعد ذلك نُقلنا إلى قسم مدينة نصر. وجدت هناك عددًا كبيرًا من الرفقاء، وكان من بينهم عزازي علي عزازي (رحمه الله). وضعونا في غرفة المأمور. ولا أعلم ما الذي كان في أذهاننا وكيف قادنا شيطاننا كي نروي نكاتًا ونضحك ونغني، فما كان من الضباط إلا أن نقلونا إلى الحجز. دخلت حجز النساء مع زميلتي وردة التي قُبض عليها من المعرض أيضًا. قالت وردة:

ـ مفيش حاجة، هم شافوا شكلي عرفوا إني جاية لمظاهرة.

إذن، يبدو أن الأمن شعر بالقلق، مما دفعهم لاستخدام العنف مع شابة لم تفعل شيئًا سوى أنها بكت وهي تلوم الناس على الاصطفاف أمام جناح إسرائيل، ويبدو أن تهوري في البكاء ولوم الجماهير دفع أجهزة الأمن إلى التربص بكل شاب وشابة يرتدون كوفية فلسطينية، أو هذا هو تفسيري أنا في محاولة لإيجاد أعذار لأجهزة الأمن التي «رنتني علقة بالبونيات والشلاليت» من دون وجه حق، لأن ترك ما حدث بلا تفسير سيصبح صعبًا على استيعابي. من الأفضل أن أجد لهم أي عذر.

حضرت أمي وطنط شاهندة وطنط وداد إلى الحجز، وكانت طنط وداد تبتسم وتردد:

ـ الحمد لله إنك اتقبض عليكِ. الحمد لله. ربنا طمنا.

لاحقًا، علمت من أمي أنها وطنطاتي ظللن يبحثن عني، ولم يعلمن مكاني، واتصلت أمي بكل الناس، بمن فيهم أبي، ولم يساعدها في معرفة مكاني سوى الدكتور رفعت السعيد (رحمه الله). فقد خرجت طنط وداد وطنط شاهندة تبحثان عني، بينما جلست أمي بجوار هاتف الجيران لأن البيت كان جديدًا ولم تكن قد وصَّلت الهاتف الأرضي بعد، فتطوع أحد الجيران، واسمه الأستاذ جمال الرملي، ومعه السيدة زوجته، حين علم بالقبض عليَّ من حارس العقار، وقال لها:

ـ يا أستاذة، البيت والتلفون تحت أمرك، وإن شاء الله تطمني عليها، ادي تلفوني لأي حد، يتصلوا بيكي عليه.

وهو من استقبل البشرى على تلفونه بأنني مقبوض عليَّ، وصعد إلى أمي متهللًا:

ـ اطمني يا أستاذة اطمني، مقبوض عليها بس.

كان الأستاذ جمال الرملي موظفًا بالجامعة، ولا تربطه بالسياسة أي علاقة من قريب أو بعيد، لكنه كان جارًا، وكان يقوم بما يراه واجبًا على الجار...

وعشان كده مصر يا ولاد

حلوة الحلوات

في الوقت ذاته أبلغ عمو رفعت طنط شاهندة بأنني محجوزة في قسم مدينة نصر، فعادت طنط شاهندة وطنط وداد إلى أمي، وقالت لها طنط وداد قبل أن تفتح أمي الباب:

ـ اطمني يا صافي، نوارة مقبوض عليها.

أحضرت لي أمي بعض الساندويتشات هي وطنط شاهندة، وقالت:

ـ أنا عرفت إن معاكي بنوتة مقبوض عليها، عملت حسابها في الأكل، هي فين؟

ـ وردة في الحجز.

التفتت أمي إلى الضابط:

- لو سمحت، الزيارة دي لوردة كمان، هي فين؟
أحضر العسكري وردة.
كانت طنط شاهندة تحاول تخفيف الموقف. حضر أمين الشرطة وقال إن عليَّ العودة إلى الحجز.
تقدمت أمي وطنط شاهندة نحو المأمور، وقالت أمي:
- معلش يا فندم، ينفع نوارة ووردة ما يباتوش في الحجز؟
- أمَّال يباتوا فين؟
- يباتوا هنا، في مكتب حضرتك، زي ما كان بيحصل معانا أيام السادات.
- لا والله ما ينفعش.
قالت طنط شاهندة:
- ما ينفعش ليه؟ هي جاية جاسوسة إسرائيلية؟ إنتو مش مكسوفين من نفسكم؟ إحنا بنرجع لورا ولَّا بنتقدم؟!
قاطعتها أمي:
- شاهندة، اهدي يا شاهندة، بنتنا في إيدهم.
ثم التفتت إلى المأمور وقالت له:
- دول بنات مصر. تعملوا كده في بنات مصر؟ بنات مصر اللي رافضين إسرائيل على أرضهم (صوتها يعلو) بدل ما تكرموهم؟ هي الخيانة وصلت لكده؟ إنت ظابط مصري، ظابط مصري...
قاطعتها طنط شاهندة:
- صافي، اهدي يا صافي، البنت في إيدهم.
وهكذا، ظلت أمي وطنط شاهندة تتناوبان على مأمور القسم، وهو لا يجيب إلا بـ: «معنديش تعليمات»، «مش في إيدي»، «ما أقدرش».
أين أبي؟
لم أسأل. كل ما كان يشغلني هو أمي، وقلقها، ودموعها التي تخفيها.
الحقيقة أن أمي عودتني ألا أطالب أبي بشيء. «ما جاء منه نقبله، وما

لم يجئ لا نحاسبه عليه»، هكذا قالت نصًّا. لذلك فأنا لم يخطر ببالي أنه مطالب بالركض وراء ابنته.

أخيرًا، أخذنا العسكري ليعيدنا إلى الحجز على الرغم من محاولات أمي وطنط شاهندة.

لم أعلم حتى الآن ما الذي فعله أبي، لكنني كنت سمعت «طراطيش» كلام بأنه اتصل بالعقيد نور غازي، صديقه، ووعده العقيد نور غازي بالسؤال عني، ثم قال له عمو نور (رحمه الله)، إنني أرغب في توريطه، وإن عليَّ أن أتركه لحاله، وإن عليه ألا يتدخل في شيء ويربي ابنته زينب، وإن «ما صدقنا الحكومة نسيتك»، إلخ. وعلمت أن أم زينب أخذت السماعة من أبي وأوسعت عمو نور كلامًا مُرًّا، ثم قالت: «مع احترامي لحضرتك».

«مع احترامي لحضرتك»، هي الكلمة المفتاحية التي حين تنطقها أم زينب فعلى «المحترم» أن يجد له ساترًا لأنه سيسمع ما لا يخطر على قلب بشر.

وعلمت أن أبي لم يتصل بأمي ولم يذهب إليها، وأنها حين قابلته في نقابة الصحفيين، حيث أقيمت ندوة لدعم شباب الجامعة الذين تظاهروا ضد إسرائيل، هاجمته و«خلت العشرة منه بقرش»، كما قال أحد أصدقائه. جدعة.

حاول الأستاذ صلاح عيسى الدفاع عنه، وقال لها إنه كان يُجري اتصالاته:

- يا صافي، هو بيقوم بدور تاني.

وأقيمت ندوة شعرية، دُعي أبي وعبد الرحمن الأبنودي لإحيائها. لو أن الأمر عادي لما رضي أبي بالجلوس بجوار عبد الرحمن الأبنودي، نظرًا إلى الخلافات التاريخية بينهما (مع احتفاظي بحبي للشاعر عبد الرحمن الأبنودي ومعرفتي بقدره الشعري ومكانته الفنية والثقافية، لكن هذا هو الوضع الذي ليس بخافٍ على أحد). لكن أبي ذهب خصوصًا ليقول في الميكروفون:

- بنتي نوارة اتقبض عليها وهي بتتظاهر ضد إسرائيل، وحراس الوطن اللي كتب عنهم الشاعر الكبير عبد الرحمن الأبنودي عدموا بنتي العافية

ضرب وبهدلة وشتيمة بأمها وأبوها، وأنا مش عارف أمها وأبوها عملوا إيه لحراس الوطن بتوع الأستاذ عبد الرحمن!

ثم غادر المكان غاضبًا.

في الحقيقة، في هذا الموقف الحرج، كانت أمي وطنط شاهندة وطنط منى أنيس وطنط وداد هن البطلات. ظلت أمي وطنط شاهندة أمام قسم مدينة نصر، حتى استيقظنا في الصباح الباكر، وركبنا سيارة الترحيلات، فقادت طنط شاهندة سيارتها خلفنا وأمي بجوارها، ولاحظ الضباط أنهما تتتبعان سيارة الترحيلات. رأيت الضابط وهو ينزل ليخبر طنط شاهندة بأن ما تفعله ممنوع. لم أعلم ماذا قالت له طنط شاهندة، لكنها ظلت تشير بإصبعها محذرة كموجِّه أول لغة عربية، وسمعتها وهي تقول له:

ـ وإنت مالك إنت؟ إنت موديهم على فين؟

ويبدو أنها قالت كلامًا كثيرًا، وأمي بجوارها تطل برأسها وتقول كلامًا (كان هذا هو المشهد المعتاد، ماما وطنط شاهندة تتحدثان في صوت واحد لتوبخا شخصًا ما، وكلٌّ منهما تهدئ الأخرى، كما حدث مثلًا في الهيئة العامة للكتاب حين وقفتا توبخان عمو زين العابدين فؤاد، ثم تتبادلان: «خلاص يا شاهندة»، «خلاص يا صافي»). المهم، ذهب الضابط وهما ما زالتا تتحدثان، وركب سيارة الترحيلات، وتحركت السيارة، وأمي وطنط شاهندة خلفنا.

وصلنا إلى النيابة. قضينا اليوم كله هناك. وأحضرت أمي الساندويتشات، فأخذتها منها، وهمَّ أمين الشرطة بسحبي من يدي بعيدًا إلى مكان الاحتجاز قائلًا:

ـ خلاص تعالي.

فصرخت فيه أمي وهي تتشبث بذراعي:

ـ هتاكل معايا! هتاكل معايا!

لم تبدُ أمي ضعيفة وإن بدت حزينة. كانت تشبه النمرة التي تمسك

برضيعها، مما جعل أمين الشرطة يتوجس قليلًا، فأطلق يدي وفازت أمي في المنافسة.

جلسنا في مكان وأنا آكل وأبكي. قالت طنط شاهندة:

- إنتِ يا بنتي مش كنتِ فوق عمالة تهزري وتضحكي؟! كل ما تشوفي أمك تعيطي؟!

نعم، كنت أبكي بشدة كلما رأيت أمي، وشعرت بالذنب لأنني عرضتها لذلك. قضينا من الصباح حتى المساء في النيابة، إلى أن دخلت على وكيل النيابة ومعي لفيف من المحامين، منهم أحمد نبيل الهلالي (رحمة الله عليه)، الذي قال لي:

- قصاد الوكيل ما تقوليش غير ما أعرفش ما شُفتش ما حصلش.

وقالت صفاء زكي مراد:

- هتقولي لوكيل النيابة إنك كنتِ رايحة تشتري بانيو للشقة الجديدة من المعرض الصناعي.

وحضر جمال عيد وسيد فتحي وأحمد سيف الإسلام حمد وطارق العوضي وأشخاص كثر كثر كثر، لم أتمكن من رؤيتهم جميعًا. وبعد خروجي كلما قابلت محاميًا قال لي: «أنا كنت معاكي في التحقيق».

نظر وكيل النيابة إلى جمهرة المحامين ثم قال:

- إيه يا نوارة؟ إنتِ جايبالي نقابة المحامين معاكي؟!

سألني وكيل النيابة، فقلت له:

- بص، كنت في المعرض الصناعي باجيب بانيو وكده، بس إنت لازم تسمعني، أنا اتضربت، فيه ظابط مسكني من قفايا وجرجرني، وظابط تاني اداني بالشلوت وقالي يا بنت «المتـ...»، وبعدين زقوني في العربية، وفيه ظابط اسمه أحمد، صاحبه قاله يا أحمد، فضل ماسك راسي وخانقني، قمت أنا ما سكتش، قرصته في إيده، راح قالي ما تقرصيش يا بنت «الشـ...».

قاطعني وكيل النيابة:

- يعني ضربوكِ؟

قلت له:

- لا، إنت هتسمعني، أنا اتهزأت كتير، وبعدين ودوني مكتب الأمن في المعرض، جيت أقعد على الكرسي راح أحمد دا شدني من دراعي وقالي إنتِ هتقعدي يا بنت «القـ...»، قلتله أيوه أنا تعبانة إنتو ضربتوني كتير، راح حاطني في عربية الترحيلات، بصيتلهم من شباك عربية الترحيلات وقلتلهم أنا من حقي القانوني إني أعمل تلفون، راح الظابط اللي كان اداني بالشلوت قالي هتلاقي تلفون جوه يا «قـ...» «نـ...» نفسك بيه.

فقال وكيل النيابة:

- خلاص يا نوارة.

- مش خلاص. خلاص إزاي؟! اسمعني...

ثم نظرت إلى سكرتير التحقيق وقلت له:

- إنت بتكتب ولَّا لأ؟

فنظر السكرتير إلى وكيل النيابة، فقال له الوكيل:

- اكتب يا ابني.

فقال سكرتير التحقيق:

- بس الألفاظ دي...

فقاطعته:

- والألفاظ دي أنا جايباها من بيت أمي؟ حراس الوطن هما اللي قالولي كده.

لم أكن أعلم أن أبي استخدم تعبير «حراس الوطن» في ندوة عبد الرحمن الأبنودي، وقت أن استخدمته أنا في التحقيق.

يبدو أن أحد المحامين أراد أن يتدخل لأتوقف، ولا أذكر من هو، كما

أنني لم ألحظه، سمعت فقط صوت أحمد نبيل الهلالي وهو يقول لذلك المحامي:

- ششششش... سيبها.

قال وكيل النيابة:

- وبعدين؟

- وبعدين طبعًا ما لقيتش تلفون في عربية الترحيلات، طلع كداب، وعلى فكرة مش أنا بس اللي انضربت، عايزة أقولك لما خدونا القسم، فيه شباب كانوا مغميين عينيهم، وضربوهم جامد.

انتهيت من التحقيق، وأنزلونا إلى حجز النيابة في انتظار القرار.

نادى عليَّ أحد الرفقاء في هذه «القبضية» وبجواره شخص ملتحٍ، وقال لي نصًّا:

- الزملا الإرهابيين لما عرفوا إنك معانا فرحوا أوي وقالوا لازم يرحبوا بيكي.

قام أحد «الزملا الإرهابيين» بتقديم بعض ساندويتشات الجبن الأبيض لي، فقلت له:

- لا، دي زيارتك. ماما جايبالي أكل. كلوها إنتو حرام.

فقال:

- كده تكسفيني!

فأخذت منه الساندويتشات، فابتسم وقال:

- سلميلنا على الوالد والوالدة. هم هنا؟

- ماما هنا. مش عارفة قالوا بابا جه ومشي باين.

- يا رب أعرف أشوفها وأنا طالع.

استجاب له الله، وتمكن من رؤيتها ونحن جميعًا خارجون إلى سيارات الترحيلات بعد صدور قرار النيابة. كانت أمي تقف أمام ضابط وتقول له:

- إنتو إيه اللي حصلكم؟ ما كنتوش كده! أنا لما اتقبض عليَّ أيام السادات

كنا في عيد وقلت للظابط أنا لازم ألبس حاجة جديدة ركن عربية البوليس ونزل جابلي شراب من هانو.

مررنا عليها، فناديت:

- يا ماما! فيه واحد جاي ورايا عايز يسلم عليكِ.

ثم ركبت سيارة الترحيلات ونظرت من شباكها، فوجدت الشاب من «الزملا الإرهابيين» يلوح لها وهو يسير:

- يا أستاذة، ادعيلنا.

فبكت أمي وهي تقول:

- ربنا يرفع الظلم.

وبكت طنط شاهندة، وبكينا جميعًا.

ثم أسرعت طنط شاهندة وماما إلى السيارة لتلحقا بسيارة الترحيلات.

بتنا في قسم الخليفة، وكانت أمي قد أعطتني وسادة كي أنام عليها في الحجز. لم تكن وسادة عادية، كانت سورية مشغولة بشغل اليد. أمي تحب الأناقة.

دخلنا قسم الخليفة ليلًا، ثم دخلنا الحجز، وقابلنا نساءً كثيرات، نظرن إلينا فوجدن أن ملابسنا مهندمة، فاقتربت إحداهن منا وقالت:

- دعارة ياختي؟

فأجبت أنا ووردة في صوت واحد بفزع:

- لا. سياسة.

فقالت إحداهن:

- آااه، بظابورطاط.

قالت وردة:

- بظابورطاط إيه؟ لا، مظاهرات.

فقالت إحداهن:

- أمَّال مش منقبات ليه؟ عمومًا ربنا يفك سجنكم.

دخلت شابة شعبية جميلة جدًّا إلى الحجز، كانت تسير بقامة منتصبة، ورأس مرفوع، وحولها نساء كأنهن وصيفاتها، فقالت لها إحداهن:

ـ إنتِ بنت سنية كفتة؟

فأومأت بترفع أن «نعم».

بعدها دخلت سيدة ممتلئة، واثقة من نفسها، تبدو كـ«مِعلمات» السينما، قالت ضاحكة:

ـ إزيكم يا نسوان.

ثم جلست وفتحت مشنة وهي تقول:

ـ جايبالكم معايا حاجات...

فقاطعتها إحدى النساء وهي تقول:

ـ يا حاجة، دي بنت سنية كفتة.

نظرت إلى الشابة الملكية وقالت:

ـ يا حزني! بنت سنية كفتة؟

ملت على وردة وقلت:

ـ مين سنية كفتة؟

ـ وطي صوتك. واضح إنها شخص مهم جدًّا وهنتبهدل لو سألنا.

١٤

فرحة القناطر

استيقظنا في الصباح على صوت أمين الشرطة وهو ينادي علينا أن قوموا يا نسوان. اصطففنا طابورًا، ولاحظت أن الوسادة السورية المشغولة التي أعطتني إياها أمي قد نامت بارتياح تحت إبط إحدى المتسولات، فملت على وردة، وقلت:

- وردة! المخدة بتاعتي!

فقالت:

- خلاص بقى... مش معقول هتعرفي تنامي عليها دلوقت.

خرجنا وركبنا سيارة الترحيلات، فسمعت صوت أمي وهي تقول:

- ما تخافيش يا نوارة، إحنا موجودين أهو.

ركبت أمي السيارة مع طنط منى أنيس، وتابعت طنط منى السير خلف سيارة الترحيلات. ظلوا يدورون بنا في طرقات كثيرة، فأخرجت أمي رأسها من نافذة السيارة وقالت بصوت عالٍ:

- إنتو بتسربوا قطة؟

بالطبع لم يجيبوها أو ربما لم يسمعوها. سمعناها ونحن في سيارة الترحيلات. قال أحد الشباب الزملاء:

- الحمد لله إن نوارة مقبوض عليها معانا، ما كانش هيتعرفلنا طريق جرَّة.

وصلنا إلى سجن القناطر ونزلنا، وسمعت صوت أمي تنادي:

- ما تخافيش يا نوارة، دا سجن القناطر، كويس.

فهمست لوردة:

- الحمد لله، دا سجن القناطر، هنعرف نستحمى ونغسل أسناننا.

هرعت نحوي أمي وناولتني حقيبة كبيرة وسط اعتراضات العساكر والضباط:

- يا مدام! ما ينفعش كده يا مدام!

فقالت بصوت عالٍ:

- أنا أستاذة مش مدام!

فارتبك العساكر وتراجعوا بعد أن هموا بأن يمنعوها من تسليمي الحقيبة! بالطبع لا يعلم العساكر الفرق بين الأستاذة والمدام، لكن الثبات الذي تحدثت به أمي ربما ألقى في روعهم أنها شخص مهم... وأستاذة.

دخلت سجن القناطر أنا ووردة، وفتشونا، وأخذوا منا الساعات والخواتم والملابس ووضعوها في الأمانات، وأعطونا ملابس السجن البيضاء. دخلنا زنزانة في مستشفى السجن، وكانت خالية تمامًا إلا من جردل. فقلت لوردة:

- بس هنستحمى، وبعدين النوم على الأرض الناشفة له فوايد للضهر.

بسرعة هرعنا نحو الحمَّام، الواحدة تلو الأخرى، وتحممنا، وغسلنا أسناننا، حيث كانت أمي تضع في الحقيبة كل الاحتياجات لتكفي اثنتين: فرشتَي أسنان، ملابس داخلية جديدة لاثنتين، فوطًا تكفي اثنتين، وهكذا.

صليت كثيرًا في هذه الزنزانة، وطلبت من الله أن يخرجني من هذا المأزق. حضرت بعض النساء من الجماعات الإسلامية للترحيب بنا وعرض خدماتهن، وذلك لأنهن سمعن أن هناك فتاتين حضرتا في قضايا سياسية، فتبادر إلى أذهانهن أننا من الجماعات الإسلامية، لكن اكتشفن أننا «طَلَبة»، ومع ذلك ظللن على حسن المعاملة واللطف. في الزنزانة المجاورة كانت هناك شابة في الثلاثينيات من عمرها، وسيدة في الخمسينيات، وكانت الشابة

متحمسة وقوية، تأتي لتجالسنا في فترة السماح التي كانت تبدأ من الساعة الثامنة صباحًا وتنتهي في تمام الساعة الرابعة مساءً، حيث يذهب كلٌّ إلى زنزانته وتأتي السجَّانة للتمام على المساجين، وقالت الشابة إنها كانت في زنزانتنا هذه قبل أن ينقلوها إلى الزنزانة المجاورة، وإن الزنزانة المجاورة أفضل لأن بها حوضًا. تعرفت على بصماتها في الزنزانة، فقد كتبت على الجدران بالملعقة:

أبو العلاء، زوجي وقرة عيني.

وعلمت منها أن «أبو العلاء» أخذ حكمًا بالمؤبد ٢٥ سنة، بينما هي محبوسة على ذمة التحقيق في انتظار الحكم، لاحقًا بعد أن خرجت من السجن علمت أنها أخذت حكمًا بالسجن المشدد ١٥ سنة، لا أذكر تفاصيل القضية، لكن كان لها علاقة بالسلاح. كشفت عن ساقيها وذراعيها فرأيت آثار الكهرباء، فتذكرت ذلك الرجل الذي كان في قسم مدينة نصر يؤذن طوال الليل والنهار، وحين سألت الشباب عنه، قالوا إن آثار الكهرباء كانت واضحة على رأسه. أتذكر اسم الشابة، لكنني لن أفصح عنه، سأطلق عليها اسمًا مستعارًا وهو «أمل».

تولت أمل مساعدتي أنا وودة في التأقلم على ظروف السجن. نظرت إلى الأرض وقالت:

ـ إنتو نمتوا على الأرض؟ مش معاكم مراتب؟

ـ على حسب أيام أمي كان المفروض يبقى فيه سراير ومراتب وبطاطين، السجن بيصرفهالنا.

ـ لا، مش بيعملوا كده مع السياسيين.

ولاحظت أنها تجاوزت عبارة «أيام أمي». وصمتت برهة ثم قالت:

ـ إنتو اتكهربتوا؟

ـ أنا اتضربت جامد، بالبونيات والشلاليت.

ـ اتكهربتوا؟

ـ لا.

ـ الحمد لله. يمكن عشان طَلبة. أنا قعدوني شهر يكهربوا فيَّ، وبعدين جابولي شاي وكيك، وقالولي لازم تخلصي نفسك يا أمل، بس أنا ما قلتش حاجة.

ـ حاجة إيه؟

ـ مفيش حاجة. جوزي ما عملش حاجة. بس هما كانوا عايزيني أعترف عليه.

ـ تعترفي عليه بإيه؟

ـ بأباطيل.

ثم غادرت الزنزانة. جلسنا وأكلنا. كانت أمي قد أحضرت بعض البيتزا، والشوكولاتة، وأشياء غريبة، وتسامرنا وضحكنا. حضرت واحدة من «القتالات» ـ قتلت زوجها بالطبع ـ وقالت إنها «النباطشية» الخاصة بنا، وإن علينا طلب أي خدمات منها، ثم حضرت السجَّانة الجميلة، وظلت تضحك معنا، وحذرتنا من الجنائيات لأنهن يمارسن المثلية الجنسية. فقالت لها وردة:

ـ أيوه يعني هما هيخشوا علينا الزنزانة ولَّا إيه؟

فقالت السجَّانة:

ـ لا، عشان إنتو بنات صغيرة ممكن يغووكوا.

فقلت لها:

ـ لا، ما تخافيش. يعني هما ممكن يؤذونا؟

فقالت:

ـ لا، مش للدرجة دي.

حكت لنا أمل عن سيدة كوافيرة مقبوض عليها في قضية آداب، جزمت أمل أن الكوافيرة بريئة لأنها مصلية وصائمة. قلت لها إن أمي روت لي أن المتهمات في قضايا الآداب عادة ما يصلين ويصمن، فقالت لي:

- لا، يمكن على أيام مامتك، بس هما مش بيصلوا، وبيعملوا حاجات وحشة مع بعض. بس دي بريئة.

كما حضرت سيدة شديدة الأناقة، ترتدي جلبابًا أبيض لكنه مطرز وأنيق، وقالت لي:

- إنتِ لابسة لبس السجن؟ خلي مامتك تجيبلك جلاليب حلوة. أنا دكتورة في الجامعة... جاية في نصب.

وكانت في الزنزانة المقابلة لنا فتاة مريضة نفسيًّا، تقول أمل إنها فقدت عقلها لأنها تعرضت لاغتصاب جماعي، وإنها متهمة في قضية آداب. كانت محبوسة، لا تخرج ولا حتى في فترة الفسحة. وكانت تسب الرائح والغادي، لكنها كانت تحب أمل لأنها تعطف عليها. نظرت الفتاة التي سأسميها «ليلى» من كوة باب زنزانتها وقالت:

- جالنا «شرا...» جداد.

فقالت لها أمل:

- لا يا ليلى، دول تبعي، ما تشتميهمش.

حين وجدت أمل تعطف عليها، قررت أن أحذو حذوها، فقلت لها:

- أنا معايا أكل يا ليلى، تاكلي؟

فقالت بكل «آلاطة»:

- عندك إيه؟ اديني فكرة كده.

- عندي بيتزا وجبنة شيدر وشوكولاتة.

بدا عليها التقزز، ثم قالت:

- أمل هتأكلني.

الخلاصة، وجدنا ترحابًا كبيرًا من كل الأطراف: جنائيات وسياسيات وسجَّانات. وعلمنا أن العملة في السجن هي السجائر، وأن خرطوشة السجائر المارلبورو التي أرسلتها أمي لن تجدي نفعًا، لأن السجَّانات والعاملات يدخن الكليوباترا. وهذا ما فطن إليه أبي في أول زيارة يزورها

لي منذ أن قُبض عليَّ، حيث لم أرَ وجهه إلا في اليوم التالي من ذهابي إلى القناطر.

كانت أمي قد اهتمت اهتمامًا مبالغًا فيه، وأحضرت أغلى أنواع السجائر لأتداولها في السجن، غير أن أبي يعلم أن الشعب حبيبي وشرياني يحب «كوكو الضعيف»، فأحضر معه خراطيش من سجائر الكليوباترا، وحضرت معه أم زينب وكانت زينب طفلة في حينها، وبالطبع كانت أمي في هذه الزيارة، إذ يبدو أنها لم تذهب إلى بيتها. أحضر لي أبي مرتبة لأنه علم أن السجن ليس به أسرَّة، بينما أحضرت أمي بطانية وهرَّبت بداخلها مبيدًا للحشرات، «عشان الصراصير كتير جوه» (لم يكن اقتراحًا جيدًا بالمرَّة، فقد رششت الزنزانة بالمبيد، مما أخرج المساكين من جحورهم دائخين، وكانوا يهيمون فوق جسدي أنا ووردة بينما تردد وردة: «كان يوم إسود يوم ما رشتيهم ونبهتيهم إننا جينا!»).

علمت أن أمي تشاجرت مع أبي مرة أخرى أمام السجن، وسألته أين كان كل هذه المدة، وبرر بأنه كان يتصل بأشخاص مهمين ليعلم مصيري.

الحقيقة أن أبي لم يقوَ على مواجهة الموقف كما هو معتاد.

قالت لي أم زينب لاحقًا:

- ولا كلم ناس مهمين ولا نيلة، هو أبوكِ يعرف ناس مهمين عشان يكلمهم؟! الناس المهمين دول كانوا نور غازي، ونور زي ما إنتِ عارفة يعني، الشرطي المغضوب عليه. دا أبوكِ كان قاعد في البيت يعيط ويقولي هما مش هيسيبونا في حالنا بقى؟ كل اللي دفعته ما كانش كفاية؟ هو أنا جنيت عليها؟ ليه خلفتها؟ عشان تيجي في الدنيا تتبهدل زي ما أنا اتبهدلت؟ السجن وحش يا أميمة! السجن وحش! أنا عمري ما قلت... عمري ما قلت إن السجن وحش... بس هو وحش أوي أوي! إنتِ شُفتي نوارة؟ دي تستحمل؟ لو هو وحش عليَّ دي تستحمل؟ وقعد يعيط. قلتله طب يا نجم، قوم يا نجم شوف الست اللي بتجري

ورا بنتها، ما تزعلش مني، إنت شكلك ندل أوي، قالي أنا خايف، أنا مش عارف أعمل حاجة، كل اللي عملته إني كلمت نور غازي وقعد يقولي نوارة هتجيبلك مشاكل، الحقيقة أنا اللي جبتلها مشاكل، عمري ما جبتلها غير المشاكل!

كانت هذه الرواية بحضور عم علي الذي أمَّن على كلام أم زينب. لا أعلم إن كانت أم زينب تطيب خاطري، أم تجد له أعذارًا، لكنني أصدق الرواية لعدة أسباب: أولًا، عم علي كان يسمع ويؤمِّن على الكلام، وهو رحمة الله عليه كان مثالًا للشخص «الفضيحة»، على سبيل المثال: حين يمر أحد على أبي ويرغب في التهرب منه، كان يقول له: «هو جوه بس بيقولك إنه مش موجود»! السبب الثاني أنها استخدمت مفردات ليست لها. السبب الثالث أن أم زينب ذاتها ورثت من عم علي «جين الفضيحة»، وطالما نقلت لي كلامًا قاله أبي أو غيره في غيابي لم يكن أفضل الكلام، انتقادات بشأن سلوك ما أو موقف ما. من خبرة ثلاثين عامًا، أم زينب لم تكذب عليَّ.

هذا، وإنني توقعت ذلك، فمن معرفتي بشخص أبي، هو ليس بالشخص القوي فيما يتعلق بالعلاقات الإنسانية، هو قوي فقط في مواجهة السلطات، لكنه شديد الضعف والهشاشة في مواجهة المواقف الإنسانية، وهو كما يقال بالتعبير الدارج «عويل» أمام الأزمات الشخصية، ويفقد، فيما هو خاص، حُسن التصرف وسرعة البديهة، اللذين يتمتع بهما في مواجهة العام.

على أي حال، أحضرت لي أمي في هذه الزيارة كثيرًا من البيتزا كي آكل وأُطعم من في السجن، وأحضر لي أبي شوكولاتة أيضًا، وقالت لي زينب التي كانت في الثالثة تقريبًا:

ـ نوانة، أنا جبتلك ثوكولاتة. هاتي بقى حتة بيتذا.

عانقتني أمي وهي تغادر الجلسة، وبكت، فقلت لها:

ـ أنا آسفة يا ماما!

قالت لي:

ـ لا، إحنا اللي آسفين يا حبيبتي! ما تعتذريش يا حبيبتي!

لم ألبث في السجن كثيرًا، لم يتعدَّ الأمر أكثر من اثني عشر يومًا، لكنها مرت كالدهر. في هذه المدة تأثرت بشدة بسبب آثار التعذيب على أجساد المعتقلين الإسلاميين. بعد يومين من حضورنا، حضرت شابة منتقبة إلى زنزانتنا، بمجرد أن دخلت إلى الزنزانة وكشفت عن وجهها انهارت في البكاء. تسمرت في مكاني لأن آثار الكهرباء بدت على وجهها وذراعيها، بينما حاولت وردة تهدئتها وهي تردد:

ـ عادي يا بنتي، عادي، مفيش حاجة، مفيش حاجة.

فقالت الشابة:

ـ أنا كنت حامل وسقطوني! جوزي أخد إعدام! أنا اللي جبتله الإعدام... دا أنا حتى ما عملتش حواجبي ولا شنبي! كان معلَّقني من رجلي وبيكهربوني، وبعدين قالي هاجيبلك رجالة بقالها سنين ما شافتش مَرَة لو ما نطقتيش! قلتله نزلني، وقعدت أقول، قلت كتير... قابلني في عربية الترحيلات وأول حاجة سأل عليها الحمل، قلتله سقط! جبتله إعدام! إنتو عندكو فتلة؟ عايزين نعمل وشنا.

كانت تتحدث بهذا الترتيب وبسرعة، وكانت أمل قد دخلت وهي تروي قصتها، فنهرتها:

ـ اعترفتِ على جوزك؟! اعترفتِ على جوزك؟! قتلتيه؟!

حاولت أنا ووردة إسكاتها:

ـ بس يا أمل، بس يا أمل، كفاية. اطلعي بره يا أمل.

وكانت تردد:

ـ قتلتيه؟! قتلتِ جوزك؟!

أخرجنا أمل من الزنزانة، ثم التفتنا فوجدنا الشابة، التي سأطلق عليها اسم «صباح»، تسلت فتلة من جلبابها وتشرع في نتف شعر وجهها وهي تبكي. علمنا من قاتلة زوجها، التي سأطلق عليها اسم «صفاء»، أن زوجها كان

مدمنًا، وأنها كانت تعمل في البناء لتحضر له المال، وأنه طلب منها أن تمارس الجنس مع أصدقائه كي يحضروا له الهيروين، وأنها وضعت له سم الفئران في الطعام، وحين رأته ميتًا فقدت النطق. ظلت لشهور فاقدة للنطق، وظن الناس أن هذه الحالة بسبب حزنها على زوجها. استيقظت في يوم لتجد أن صوتها قد عاد، فذهبت إلى قسم الشرطة وأبلغت عن نفسها.

أما السجَّانة، فكانت متزوجة من رجل بغيض، عاطل، يضربها، ويمارس معها الجنس بالإكراه. وكانت تشتري اللحم وتخبئه كي تطعم أطفالها. وقد تزوج عليها امرأة أخرى كي يثير غيرتها لأنها كانت ترفض معاشرته، لكنها شعرت بسعادة غامرة لأن هناك امرأة أخرى ستحمل عنها عبء هذا الوغد، وستشاركها في الإنفاق عليه. وحين علم أنها سعيدة بزواجه أوسعها ضربًا.

وهكذا مرت الأيام وأنا أسمع هذه القصص الكابوسية، وأصلي في الزنزانة، وأشعر بأن الله قد تركني هنا، ولا بد أنني قد أخطأت في حقه. لماذا فعل الله هذا بي؟ هل لأنني كنت أرفض سيطرة أمي وأناطحها، أم لأنني كنت أحاول التهرب من الحجاب بشتى الوسائل؟ فقد ارتديته رغمًا عني، وودت في كل لحظة أن أخلعه، لكن ليست لديَّ الشجاعة لمواجهة نظرات الناس واحتقارهم، وغضب أمي، فكنت أسحب الحجاب إلى الخلف كي أُظهر شعري قليلًا، وكنت أضع المساحيق، وأرتدي البنطلون، وكلها محاولات للتهرب من ذلك «الفرض» الذي لم أرضَ عنه أو أختَره قَطُّ. إذن، فالله يعذبني لأجل ذلك، لأنني تهربت من الحجاب، وأغضبت أمي. اتخذت قرارًا بأنني حين أخرج من السجن سأرتدي الخمار، وهو الحجاب الصحيح، وسأصلي كثيرًا، لن أصلي سريعًا كي أنتهي من هذا الواجب الثقيل، بل سأصلي ببطء، وكثيرًا، وسأصلي السُّنن، والقيام، والتهجد، وأصوم صيام داود، وأقرأ كي أتفقه في ديني، عسى الله أن يغفر لي ويخرجني من هذا الجب.

جلست أقرأ سورة «يس» لقضاء الحوائج، حتى أخرج من هذا السجن الممتلئ بالنساء التعيسات اللاتي ظلمتهن الحياة والدولة، وفور أن انتهيت من قراءة سورة «يس» سمعت زغاريد وصوت امرأة تقول «براءة»، فاستبشرت خيرًا بأن الله قد استجاب لي.

١٥

العودة إلى وسيم الصريطي

في مسلسل «اللعبة»، بطولة شيكو وهشام ماجد، أُلقي القبض على «وسيم الصريطي» (شيكو)، وصديقه «مازو» (هشام ماجد)، وأمضيا في السجن أسبوعين فقط ثم أُطلق سراحهما. بعدها، وعلى مدى بقية حلقات المسلسل، ظل وسيم الصريطي يعلِّق على كل حدث وكل تصرف قائلًا: «أنا الفترة اللي قعدتها في السجن علمتني...»، ثم يطلق مقولة شديدة البداهة. لكن شخصية وسيم الصريطي بريئة بالفعل، لم تخبر الحياة، ولم ألحظ أن هذه الجملة «إفيه»، إلا عن طريق تعليقات مازو: «إنت ما قعدتش في السجن إلا أسبوعين!». لماذا لم ألتقط الإفيه؟ لأنني أنا نفسي وسيم الصريطي حضرتك، والفترة اللي قعدتها في السجن علمتني والله.

شأني شأن وسيم الصريطي، لم أمكث في السجن سوى أسبوعين فقط. لكن الفترة التي مكثتها في السجن رأيت فيها مفاجآت لم أكن أتوقعها نظرًا لحداثة سني، ولأني الابنة الوحيدة المدللة لأمي، ولأني كنت في هذه السن «توتة» ـ على رأي وائل غنيم. من ضمن المفاجآت التي رأيتها كوسيم الصريطي: أن هناك تعذيبًا في أمن الدولة! واو! مفاجأة، ألم ينتهِ هذا الأمر منذ عهد عبد الناصر؟! وأن الضباط قد يضربون الناس وهم يلقون القبض عليهم! ولم يقل لي أحد:

I shall read you your rights: You have the right to remain silent. If you do say anything, what you say can be used against you in a court of law. You have the right to make a phone call.

تلك العبارات التي كنت أشاهدها في الأفلام الأمريكية، وترجمتها: «سأقرأ عليك حقوقك: لديك الحق في أن تلوذ بالصمت. إذا ما تفوَّهت بشيء فإن ما ستقوله قد يُستخدم ضدك في ساحة القضاء. لديك الحق في إجراء مكالمة تلفونية»!

لم أسمع أي عبارة من هذا القبيل! ذكروا والدتي بأشياء رهيبة فقط. يأتي واحد يقول لي: «بنت أحمد فؤاد نجم ومش عارفة إن فيه تعذيب ومستنية الظابط يقرا عليها حقوقها؟». أقول: «آه وربنا». كما أن والدتي حين تم القبض عليها، كما رويت سابقًا، حضر أناس مهذبون جدًّا، وأحدهم كان يرغب في أن يحمل لها الحقيبة، ثم إنني لم أشاهد أبي وهو يُقبض عليه من قبل، كما أنني قرأت عن التعذيب في سجون عبد الناصر، واعتبرت أن هذا زمن وانقضى. وأن تقرأ لا يماثل ذلك أن تختبر بنفسك. ثم إن الكتاب الوحيد الذي كنت قد قرأته، في ذلك الحين، بشأن تعذيب عبد الناصر للمعتقلين، كان به كثير من المبالغات لأن مؤلفه ينتمي إلى مجموعة بشرية تتمتع بخيال خصب في رواية الأحداث وبمظلومية دائمة تصور لهم أشياء لا يمكن حدوثها وفقًا للقوانين الفيزيائية لكوكب الأرض والقوانين التشريحية لجسم الإنسان، مما جعلني أتشكك في روايته ابتداءً. إلى جانب أن أبي لم يروِ أمامي ما تعرض له في السجن. علمت لاحقًا، بعد أن حكيت له، أنه تعرض لأشياء أكثر مما تعرضت له، لكنه لم يكن يحب الدخول في تفاصيلها. وفي أثناء تدليكي لظهره، كنت ألحظ بروزًا وحفرًا، فأبدي اندهاشي وأتساءل، فيجيب عرضًا: «دا من أيام السجن».

هذا، وكوني ابنة أمي الوحيدة، وأمي سيدة قوية، تفعل كل شيء بنفسها، فلم أكن قوية بالشكل الكافي في مواجهة الموقف. كنت أبكي كثيرًا، خصوصًا

حين أرى أمي، وقلت لأمي في التحقيق: «ما تسيبينيش يا ماما». لأن أمي تُحسن فعل كل شيء، وهي التي تحل كل المعضلات، هذا هو عهدي بها. انهياري لم يلقَ تعاطفًا كبيرًا من بعض المناضلين السابقين أصدقاء أمي، ولا داعي لذكر أسماء، لكنهم قالوا لي إن عليَّ أن أكون قوية، وإن ما أفعله «عيب» في حق تاريخ أمي وأبي. وأمي «شخطت» فيهم بحدة، لكن «شخطها» لم ينجح في إعفائي من الشعور بالخزي والعار لكوني ضعيفة، ولأنني أسأت إلى تاريخ أبي وأمي ولم أكن قوية. حاولت أن أكون قوية، لكن ذلك لم يفلح.

باءت كل محاولاتي بالفشل، وخرجت من السجن أشعر بتعاطف شديد مع الإسلاميين، فقد رأيت آثار الكهرباء على أجسادهم، وظل مشهد تراجعي المفاجئ عن رواية ما حدث لي، أمام آثار الكهرباء على أجساد النساء، معلقًا بذهني.

فاااا عودة إلى وسيم الصريطي... الفترة اللي أمضيتها في السجن أصابتني باكتئاب شديد، وشعور بالذنب متناثر وواسع المجال: أشعر بالذنب حيال أمي، أشعر بالذنب نحو الله وأنه عاقبني لأنني كنت أُظهر طُرتي من الحجاب، أشعر بالذنب تجاه النساء اللاتي وُشمت أجسادهن بالكهرباء، أشعر بالذنب نحو أبي لأني لم أرقَ إلى مستوى تاريخه النضالي.

ارتديت الخمار، وظللت أصلي كثيرًا، كنت أصلي السُّنن والقيام والتهجد، وأصوم صيام داود، وقرأت صحيحَي مسلم والبخاري، وإسلاميات طه حسين، و«العقيدة الطحاوية»، هذا الأخير لم أفهم منه شيئًا، و«البداية والنهاية» لابن كثير، كل الأجزاء، و«تفسير ابن كثير»، و«تفسير الطبري»، و«تفسير القرطبي»، و«في ظلال القرآن»، و«الطبقات الكبرى» لابن سعد. أقرأ وأقرأ وأقرأ، وأصلي وأصلي وأصلي، وتداهمني الكوابيس، وأتحدث وأنا نائمة، حتى إن أمي كانت تبيت بجواري مستيقظة طوال الليل. ويأتي الناس تباعًا لزيارة البطلة الخارجة من السجن، فيجدونها شاردة واجمة،

فتأخذني إحدى الطنطات إلى غرفتي وتحدثني عن ضرورة أن أكون قوية. أما أمي فكانت سعيدة بأنني ارتديت الخمار، وأنني أصلي كثيرًا، وأنني أمضي يومي في القراءة عن ديني.

حين عدت إلى الجامعة في ثوبي الجديد، تفاجأ زملائي بملابسي وحالتي النفسية. كان أصدقائي المقربون كلهم من المسيحيين، عدا صديقة واحدة كانت مسلمة وغير محجبة. لم يعلق أيٌّ من أصدقائي على مظهري، ورحبوا بي بشدة. رمقتني مجموعة «الملتزمات» في الجامعة، وبدأن يتقربن مني، ألمحن لي أن بدايتي الجديدة لا تصلح وأنا رفيقة المسيحيين طوال الوقت. تضايقت من كلامهن، وأوضحت لهن أن هؤلاء أصدقائي - ذكورًا وإناثًا - وأنني لا يمكن أن أتخلى عنهم، فأجلن الحديث عن الفكرة، وطلبن مني الحضور معهن لدروس التلاوة في مسجد الجامعة، وطلبن مني أن أحضر صديقتي الوحيدة المسلمة معي.

كنت طالبة لدى الدكتورة رضوى عاشور، أستاذ الأدب الإنجليزي بجامعة عين شمس، والروائية الكبيرة، وصديقة أمي أيضًا. دخلت الدكتورة رضوى وبحثت عني في المدرج، وظلت عيناها معلقتين بي طوال المحاضرة، ثم طلبت مني أن آتي لأجلس معها في غرفة الأساتذة بعد المحاضرة. ذهبت إليها بعد المحاضرة، فسألت عني وعن أخباري، وقالت:

- لو حابة تتكلمي اتكلمي، أنا سامعاكي.

قلت لها:

- أنا لست قوية!

- مين قال؟

- أنا باعيط كتير...

- وأنا كمان باعيط كتير.

ثم ضحكت. بالطبع لم تعلِّق على ملابسي. رُحت أحدثها عن الله، وعن أنني أريد إعادة ترتيب حياتي معه، فقالت:

- مع مين؟

- مع ربنا.

- طيب حلو. وعايزة تعملي إيه كمان؟

- بس.

حين عدت من الجامعة اتصلت الدكتورة رضوى بأمي وقالت لها:

- يا صافي، نوارة مكتئبة.

فأجابت أمي بحسم:

- لأ. هي كويسة.

يأتي واحد يقول لي: «قرأتِ أمهاتُ الكتب في شهرين؟». لا طبعًا، لقد ظللت في هذه الحالة لمدة ثلاث سنوات.

لكنني استفدت من حضور دروس التلاوة، وتعاملت عن قرب مع مجتمع «الملتزمات»، وكانت منهن واحدة قريبة إلى قلبي، وواحدة شديدة «الفشر»، تفشر تفشر طوال الوقت، وكنت أندهش جدًّا من فشرها الواضح، وأغلب فشرها كان حول إسلام القساوسة والراهبات الذين تعرفهم ورأتهم بنفسها، وما حدث لهم في بدروم الكنيسة الممتلئ بالأسود، والسلاح في بدروم الكنيسة، والقسيس الذي أسلم قال لها كذا وكذا، و«الأخوات» يجلسن حولها وأعينهن مفعمة بالانبهار والتصديق... فملت على صديقتي التي كنت قد سحبتها إلى دروس التلاوة، وقلت:

- هي البت دي، أستغفر الله العظيم، يا رب سامحني...

فقاطعتني:

- فشارة أوي. وإيه العُبط دول! مصدقينها إزاي؟!

أما «الأخت» القريبة إلى قلبي، فلم تكن تحضر المحاضرات قَطُّ، وكانت تعتمد على صديقتي غير المحجبة لتنقل لها المحاضرات، وكانت صديقتي تفعل ذلك عن طيب نفس، ثم سألتْها ذات يوم:

- هو إنتِ ليه مش بتحضري المحاضرات؟

فقالت لها:

- تجنبًا للاختلاط، المدرج مليان فتن كتير.

فقالت لها صديقتي:

- وأنا بقى بتاعة الفتن ولَّا إيه؟ ما ينفعش كده على فكرة، ما أظنش إن ربنا يرضى تتكلي على مجهود غيرك عشان مش عايزة اختلاط! ما دخلتيش جامعة الأزهر ليه؟

من آنٍ إلى آخر كانت «الأخوات» يفاتحنني أنا وصديقتي في أن علينا تجنب أصدقائنا المسيحيين. وراحت الفتاة الفشارة تروي لنا أن القساوسة يطلبون من الشباب المسيحي أن يُوقِعوا بالفتيات المسلمات في حبهم ليتزوجنهم ويغيرن دينهن. وأجابت صديقتي بحسم:

- لا، ما أنا ونوارة مش هنتجوز جورج وأندرو. يلَّا بقى عشان ورانا محاضرات.

قلت لصديقتي إنني منزعجة من الحديث عن أصدقائنا المسيحيين بهذا الشكل، فقالت:

- وأنا كمان. بس هما على أد مخهم. إحنا بنروح نتعلم التلاوة ونستفيد وملناش دعوة بيخطرفوا في إيه تاني.

لم يتوقف الأمر عند دروس التلاوة وقراءة أمهات الكتب، فلقد تفاقمت الحالة، وأصبحت أصوب لأمي طريقة صلاتها:

- ماما، إنتِ بتصلي غلط.

وأصبحت أدعو أبي إلى الطريق القويم، في كل مرة أذهب فيها لزيارته، وكلما ناقشني أجبته بآية قرآنية، مثل هاني سلامة في فيلم «المصير»، فيقول:

- هو أنا كل ما هاكلمك هتقريلي قرآن بالتلاوة العُجَر بتاعتك دي؟ أنا حافظ اللي بتقوليه دا وبأحكام التلاوة.

لأول مرة في حياتي منذ أن دخلت سلك التعليم أرسب في مادة في ذلك العام الذي سُجنت فيه. كانت رفيقتي وزميلتي وصديقتي مريم إيميل أكثر

المتعاطفين معي بعد سجني. نعم، التي طلبت الأخوات مني أن أقاطعها لأن «وَمَنْ يَتَوَلَّهُمْ مِنْكُمْ فَإِنَّهُ مِنْهُمْ». قبيل اقتراب الامتحانات أصرت مريم على أن أحضر إلى منزلها كل يوم لنذاكر معًا. كنت أعطلها عن المذاكرة، وأروي لها ما حدث وما رأيت ومشاعري، وأبكي، قلت لها إنني خجلى من ضعفي، فقالت لي:

- إحنا ضعفا، بنتقوى بربنا، بس إحنا ضعفا، ربنا بيحبنا عشان إحنا ضعفا. إنتِ خجلانة من أكتر حاجة بيحبها ربنا فيكِ.

قلت لها إنني أريد أن أصلي، فقالت:

- القِبلة كده.

لمحت تمثال مريم العذراء، وكنت قد قرأت في «البخاري» أن الملائكة لا تدخل بيتًا فيه صورة، فقلت لها بكل صفاقة:

- شيلي التمثال دا!

كانت والدتها، طنط ديزي (رحمها الله)، جالسة تخيط قطعة كانافاه، بدا الاندهاش اللحظي على مريم، ثم ابتسمت:

- حاضر.

وأخرجت التمثال!

أنا سعيدة لأنني أخيرًا رويت هذه القصة المخزية التي كلما تذكرتها هززت رأسي بعنف كي تخرج من ذاكرتي. أرجو أن أكون قد نلت القدر الذي أستحقه من سباب القارئ، قُل قُل، قُل فيَّ ما شئت، وأكثر مما تشاء أيضًا.

لقد قمت بشيء ضد طبيعتي، لأنني أريد أن ألتزم بنصوص قالوا لي إنها «كتالوج الإنسان»، وإنني لا بد أن أسير على الكتالوج. أظن أغلب القراء يعرفون قصة «الكتالوج»: إذا اشتريت ثلاجة فإنك تقرأ الكتالوج كي تُحسن التعامل معها، لأن كاتب الكتالوج هو صانع الثلاجة، أما القرآن فهو كتالوج الإنسان، لأن كاتبه هو صانع الإنسان! سمعت أنت بهذه الجدلية، أليس كذلك؟

في أعماقي لم أكن أشعر بأن الملائكة لن تحضر لأن تمثال السيدة مريم العذراء موجود. رأيت المسيح مرتين في منامي، وحكيت لمريم الرؤيا وفرحت فرحًا شديدًا وقالت إنها متأكدة أن الله لن يتخلى عني لأنني لا أستحق أن يتخلى عني. لا أعلم ماذا رأت فيَّ مريم بالأساس، أم أنها ترى الناس بعين روحها الجميلة؟ وقالت لي مريم إنني لست ضعيفة، وإنني حزينة لأنني يجب أن أحزن، فما مررت به ليس بسيطًا، وإن مواجهة هذه الشرور بلامبالاة هي «تلاحة»، وإنني لم أسئ إلى تاريخ أحد، لأنني لست مسؤولة عن اختيارات أحد، وإنني تعرضت لهذا العنف حين علموا من أكون، وإنني لست مدينة بأعذار أو اعتذار لأحد، بل إن الجميع مدين باعتذار لي، بمن فيهم من أشعر بأنني لوثت تاريخهم. قالت ذلك وهي في العشرين من عمرها، شعرت بما لم يشعر به أشخاص ناضجون مروا بخبرات كثيرة وكبيرة. ثم قالت:

ـ أرجوكِ! ما تبقيش قوية ولا حاجة. ربنا القوي يا نوارة، إنتِ مش ربنا.

قالت كل ذلك بعد أن طلبت منها أن تزيل تمثال العذراء! عدت إلى بيت أمي، ومكثت أصلي كثيرًا، ثم حكيت لأمي ما حدث بشأن تمثال السيدة العذراء، رويت القصة بلا انفعالات وبشكل بارد، كأنني أحكي لها ماذا أكلنا. الحقيقة أن ما فعلته كان يحوك في صدري، لذلك رويته لأمي. استدارت عينا أمي وقالت:

ـ يا نهارك إسود، يا نهارك إسود! إزاي تعملي كده؟ إيه قلة الأدب دي؟! إيه الصفاقة دي؟! إيه الجليطة دي؟!

فاعتدلت وقلت لها:

ـ لا أخشى في الحق لومة لائم!

حين تغضب أمي يتحول وجهها إلى وجه أسد غاضب، وأعلم أنني سأواجه ما لا تُحمد عقباه، وقد تحول وجهها في هذه اللحظة:

ـ حق؟! دا حق؟! والملايكة كده حضرت لما كسرتِ بخاطر واحدة

بتحبك وبتحتضنك؟! والملايكة كده حضرت لما جرحتِ إنسانة في معتقدها؟! مين قالك إن الملايكة بتمشي من تمثال مريم العدرا؟ إنتِ شُفتيهم؟ شُفتيهم وهما حاضرين ولّا وهما ماشيين؟ الملايكة ما بتحضرش مع نفوس مؤذية! إنت أذيتيها، وهي بتحسن إليكِ، هي عمرها ذاكرت معاكي السنين اللي فاتت؟ عمومًا أنا لو مكانها ما استقبلكيش تاني في بيتي! تخيلي حد ييجي يقولك شيلي الآية القرآنية اللي على الحيطة! إنتِ مش حاسة إنتِ عملتِ إيه؟ وهي سكتت ليه مش فاهمة!

لكن مريم هاتفتني في اليوم التالي وألحت عليَّ بالحضور.

لا بد أن مريم ووالدتها لاحظتا أنني عنصر مضر لمريم في أثناء مذاكرتها، لأنني أتحدث كثيرًا وأبكي كثيرًا وأشكو كثيرًا وأعطلها، لكن مريم أصرت على أن أحضر إليها كل يوم، وإذا ما تأخرت تهاتفني: «إنتِ فين؟».

لا أعلم كيف نجحت مريم في هذا العام بتقدير عالٍ، وليس لديَّ تفسير سوى أن الله كافأها على حسن خلقها ونقاء سريرتها وتحملها لي. أما أنا فقد نجحت في كل المواد عدا مادة الـ«comprehension»، والترجمة الحرفية لهذه الكلمة: «الفهم»!

رسبت في الفهم. لم أنتبه إلى رمزية هذا الرسوب إلا الآن وأنا أكتب هذه السطور.

على أي حال، امتحنت دور سبتمبر ونجحت.

في تلك الفترة، حين كنت أذهب لزيارة أبي، كان أصدقاؤه يمدون أيديهم بالسلام فكنت أجيب: «لا أصافح الرجال».

آه والله. كنت مسخرة. شكرًا حسني مبارك لأنك تسببت في أن أحيا أنا ومن حولي في هذا السواد.

لقد تقمصت شخصية أمل ومن مثلها لشعوري بالذنب. كيف أحيا وأعيش وأستمتع بحياتي وهناك نساء تعلقن من أرجلهن كالذبائح وتعرضن

للتعذيب أيًّا كانت الأسباب؟ وكيف لي أن أكفِّر عن ذنبي إلا بأن أكون أنا هن؟

شيء مثير للدهشة والريبة: ربما يتوقع الجميع أن أبي كان غاضبًا مني، أو أنني كنت مثارًا لسخريته، أو أنه شعر بالملل مني وأنا متقمصة شخصية ياسمين عبد العزيز في فيلم «الثلاثة يشتغلونها»، «حقبة التدين»، و«الأباجورة دي حرااااام». الحقيقة أنه «لأ». في تلك الفترة تحديدًا كان أبي شديد اللطف والرقة، على غير عادته، ولا أعلم كيف تحكم في حسه الساخر ولم يسخر مني أو من سلوكي مرة واحدة! كنت حين أزوره أدخل للصلاة، وفي هذه الفترة كنت إذا دخلت للصلاة افتقدني من حولي، فكان يغلق الباب عليَّ، ويعلن بصوت عالٍ:

ـ نوارة بتصلي، محدش يخشلها.

تتصل أمي للاطمئنان عليَّ، فيجيب:

ـ بتصلي، ومش هتخلص دلوقت خالص. هي كويسة.

أدخل معه في جدل عقيم حول الحرام والحلال وعذاب القبر وعذاب الآخرة وعذاب الدنيا، فيستمع، أحيانًا يجيب بجملة سريعة، وأحيانًا يتناقش وأرد عليه بآيات، وأحيانًا يقول: «ربنا يهدينا كلنا».

أبي ناطحني في كل شيء، وكان يجد متعة في أن أناطحه، بما في ذلك تشجيع الزمالك، إلا في تلك الفترة، لم يناطحني لحظة واحدة.

ناطحتني أمي كثيرًا، وقالت لي إن ما أفعله جهل وتطرف، وإنني أقرأ بلا استيعاب، إلخ. لكن أبي لم يعلِّق قَطُّ. أذكر مرة واحدة قال لأمي وهو يتحدث معها في الهاتف:

ـ ما دامت دخلت الحتة دي، أي كلام ملوش داعي. هتخرج لوحدها.

وقد كان.

كيف خرجت؟

قالت لي «الأخوات» إن عليَّ أن أُقلع عن سماع أغاني فيروز، وعليَّ

ألا أحب طنط وداد متري من قلبي، وأن أقاوم محبتي لها مع الإحسان في معاملتها!

بدأت «الأخوات» يلححن في قضية أن أغلب أصدقائي مسيحيون، وأنني أحبهم، وأن منهم شبابًا مسيحيين، فانسحبت من لساني وقلت لهن:

- دي طنط وداد هي اللي مربياني، إيه موضوع المسيحيين دا؟

ياختاااااي! وكمان اللي مربياكي مسيحية؟ ورحن يُشعرنني بالذنب لأنني «أحبهم»، وحبي لهم سيخرجني من ملة الإسلام. وضربت إحداهن لي مثلًا بكيفية معاملة «أهل الذمة» وقالت:

- أنا مش باقولك نعاملهم وحش، بس ما نحبهمش، الحب لله والرسول وفي الله والرسول، لكن نعاملهم كويس، عشان نخليهم مسلمين. يعني أنا مثلًا كنت ماشية النهارده لقيت واحدة مسيحية أغمى عليها، قوِّمتها وجبتلها إزازة ميه وفوَّقتها، وبعد لما فاقت قالتلي إنها تعبانة عشان صايمة، فقلتلها ما دمتِ بتحبي ربنا وبتصومي وتتعبي نفسك، يبقى حاولي تدوري على الحق فين، إنتِ على باطل.

فقلت لها:

- إيه دا؟ قلتيلها كده؟

- أيوه، ما إحنا لازم ندعوهم.

- بتقوِّمي واحدة من إغماءة عشان تقوليلها إنتِ على باطل؟ وهي ما شتمتكيش؟

- لأ.

- مؤدبة.

وظل هذا الجدل المنهك بشأن المسيحيين وأصدقائي المسيحيين وأغاني فيروز ومزمار الشيطان، حتى كادت روحي أن تزهق.

شرط أن يرضى الله عني أن أكره من يُحسن إليَّ وأتوقف عن سماع فيروز، وهي ليست مطربة فحسب، بل إنها مسيحية!

هذه شروط تعجيزية. فلا أقوى على كراهية من أحب، ولا أعرف كيف أواجه الشعور بالذنب لأنني أحب!

بدأت أشعر بالاكتئاب، وأبكي أكثر مما كنت أبكي في السابق، وازدادت الكوابيس عليَّ. وصلت إلى مرحلة من اليأس والإرهاق والتعب إلى درجة أنني سمحت لأمي أن تأخذني إلى مقام السيدة نفيسة بلا مقاومة مني ومن دون ترديد الهراء حول عبادة القبور والبدع الصوفية والممارسات الشركية. كانت المرة الأولى التي دخلت فيها إلى السيدة نفيسة. لم أخرج كما دخلت. وكانت بداية علاقتي بها التي أسأل الله ألا تنقطع.

حكيت لأبي عما انتابني وما رأيت وما سمعت عند السيدة نفيسة، ولن أرويه هنا، فتهلل وجهه وقام وعانقني وقال:

ـ مدد يا آل البيت! حمد الله على السلامة يا بنت الكلب! دا إنتِ طلعتِ دين أمي!

وهذا لا يعني أنني توقفت عن «تطليع دين أمهما»، أبي وأمي يعني. فقد انتقلت من مرحلة السلفية، إلى مرحلة عمرو خالد. أريد أن أرضي الله حتى لا يحبسني مرة أخرى، وعمرو خالد لا يطلب مني أن أهجر أصدقائي وأحبابي المسيحيين، أو أتوقف عن سماع فيروز. حلو دا. يلَّا بينا.

اشتريت شرائط عمرو خالد، وبدأت أسمعها بصوت عالٍ في البيت. قالت أمي:

ـ يا ساتر يا رب! إيه الصوت الرهيب دا؟ مين الست دي؟ بتصوَّت كده ليه؟

ـ يا ماما دا عمرو خالد، اسمعي كلامه كده، كلامه حلو...

ـ ييييي! يا رب ارحمني بقى!

أحسن يا ماما! مش دكتورة رضوى قالتلك مكتئبة، وإنتِ قلتيلها لأ؟ طب أهو.

بالطبع عرضت عمرو خالد على والدي، فقال نصًّا:

- لا، بصي... استحملتك وإنتِ دماغك إرهابية، وكل يوم أقول يا رب ما تروح تفجَّر نفسها، وحاطط إيدي على قلبي، إنما الراجل دا أنا ما أقدرش أستحمله، لا... إيه دا؟! وجايبة شرايط لأم زينب كمان؟! هاسيب البيت وأمشي!

١٦

بابا ومصر

باحبك باحبك
باحبك باحبك
باحبك باحبك
باحبك يا مصر
مِسايا وصباحي
باسبَّح بحُبك
وحُبك شِفايا وجِراحي يا مصر
واسافر بحُبك
واميل زي ميلك
وتحلا الخطاوي
في حُبك يا مصر
واحب اغترابي
في صُبحك ولِيلك
واحب الونس
بالرَّفاقة يا مصر
تنام الدموع

في العيون الهواجع
وتسهر دموعي
في حُبك يا مصر
تهون السجون
والشجون
والمواجع
ويغلا مع القهر
حُبك يا مصر
ولو يحبسوني
ولو يشنقوني
ولو فكَّروا بالعذاب يبعدوني
حاقرب
واقرب
ومش ممكن اهرب
وتنزل دموعي
على خدودي تشرب
تلاقي الرموش
والخدود
والمباسم
مراسم
وصورتك عليهم يا مصر
باحبك باحبك
باحبك يا مصر
باحبك باحبك
باحبك يا مصر

بالطبع، كل ما ورد في الفصل السابق سيثير اشمئزاز كثيرين ممن لا يؤمنون بالخرافة، لكن مع الأسف، نحن أسرة تؤمن بالخرافة، يعني أنا وأبي وأمي. عادي، مواطنون مصريون يعتقدون في الخرافة والماورائيات والروحانيات. وكان أبي شديد الفخر والتمسك بهذه العادات والتقاليد كتراث مصري أصيل، وكان دائمًا يقول: «مصر اخترعت كل حاجة الإنسان يعرفها».

بالطبع مبالغة، لكنه كان يؤكد على ذلك.

في الواااقعععع، لقد حاولت مرارًا وتكرارًا أن ألجأ إلى التحليل النفسي كي أفسر ظاهرة حب أبي لمصر. أمر مثير للاندهاش والشكوك في آنٍ واحد.

على امتداد تاريخ مصر التليد، هناك كثير وكثير وكثير من الأشخاص المعروفين والمجهولين ضحوا بأمنهم وحياتهم وراحتهم من أجل الوطن. وقد ورد هذا في تاريخ كل بلاد الأرض. ومفهوم الوطن تأسس منذ قديم الأزل ثم اتسع ليشمل كل بقاع الأرض. فكل شعب يرى في بلاده أسبابًا كافية لمحبتها والدفاع عنها. وقد تمكنت الحضارات الإنسانية المتعاقبة من زرع مشاعر الوطنية الحارة لدى الناس بأسباب متعددة، إن لم يكن بالخدمة الجيدة التي تقدم إليهم عن طريق دفع الضرائب، فليكن بالتاريخ العريق، وإن لم يكن بالتاريخ العريق، فليكن بالإيمان، وإن لم يكن بالإيمان، فليكن بالأغنيات والأفلام... المهم أنت تحب الوطن، هذا الكيان الاعتباري، حتى نتمكن من أخذك في يوم ما من أسرتك وبيتك وأحبابك، وإلقائك في أتون الحروب، وبحماسة العاطفة ستضحي بحياتك وينتصر أصحاب البلاد. حتى أمريكا، يا مؤمن، التي صُنعت أمس الأول، تجد من يحبها ويبكي وهو يتلو نشيدها الوطني!

إذن فالوطنية بشكل عام هي حال كل ابن آدم على هذه الأرض، ومضاد الوطني: «الخائن»، أو هكذا يوصف، ولا أحد يرغب في أن يكون خائنًا. لا مشاعر حيادية تجاه الوطن. حتى إن غادرت موطنك الأصلي الذي ولدت

فيه لتبحث عن فرص لحياة أكرم وأفضل، فلا يحق لك أن تجدد انتماءك، لا يحق لك أن تقول إن «بلد المنشأ» لم تكن اختياري، وكانت مرحلة في حياتي، وقد غادرتها إلى مكان يوفر لي ما أنشده، وأنا الآن أدين بالولاء له. ستوصم بأنك قليل الأصل، وخائن أيضًا. وإذا ما اخترت أن تكون «قليل الأصل» في أعين بني وطنك السابق، فعليك أن تثبت، طوال الوقت، أنك «وطني» في أعين أبناء الوطن الجديد، عليك أن تقسم القسم على المحبة والولاء للحصول على الجنسية، عليك أن تدفع الضرائب، وتخدم الوطن، وتحترم القوانين. حتى أمريكا، التي تعطي مساحات وفرصًا ومتنفسات قصوى، فأنت تنتقد قادتها وسياساتها وأكبر رأس فيها، ثم تعود لتعقب بأن هذا هو ما يميز أمريكا، فهي بلد الحريات، ولولا نظامها الديمقراطي لما سُمح لك بالكلام بهذا الشكل، وعشان كده إحنا اخترنااااه.

لازم...

لا بد...

أن تحمل مشاعر تجاه وطن. أمَّال هتقعد صايع كده؟

لكن ما كان يعتري أبي لم يكن وطنية. في مرات كان ينتابني هاجس بأن مشاعر أبي تجاه مصر مشاعر مرَضية، أو أنها غطاء لمشاعر أخرى كان من المفترض أن تسير في مسارها الطبيعي ثم حدث أمر جلل حوَّل مسارها.

أبي ليس لديه أي أسباب لحب الوطن بحسبة المصالح. بقول آخر: هذا طفل يتيم، انتمى في يوم إلى أكبر عائلات الشرقية، ذات التاريخ القديم جدًّا، والأملاك الشاسعة الواسعة، لا تجد أمه ابنة العمدة ما يكفي قوت أبنائها، فترسل به إلى الملجأ ليقضي تسع سنوات عجاف مع عبد الحليم حافظ. طفل ذكي لم ينَل حظه المستحق من التعليم، شاب موهوب لم يجد فرصته للتنفيس عن مواهبه إلا في السجن بعد أن قُبض عليه في جنحة، إنسان حر عبَّر عن رأيه بالكلمة فقضى أجمل سنوات شبابه وكهولته في السجن، فقير فقير فقير.

فقير ومحروم ومغبون ومتألم - على الرغم من السخرية المستمرة - قضى عمره على مآدب اللئام، سواء من السلطات التي اضطهدته، أو ممن هم في نفس معسكره، أو هكذا ادعوا، وتعاملوا معه بفوقية وتكبُّر واستغلال. روت لي أمي أنها بعد زواجها من أبي ذهبت معه هو والشيخ إمام ومحمد علي إلى حفل في أحد بيوت المناضلين أبًا عن جد، وفوجئت بعد انتهاء وصلة الغناء التي أدوها معًا، بصاحب البيت ينادي أن الطعام جاهز، واقترب منها صاحب البيت وقال لها مشيرًا إلى طاولة الطعام:

- اتفضلي يا هانم.

التفتت لتجد أبي والشيخ إمام ومحمد علي متوجهين في اتجاه آخر، فسألت عن وجهتهم، فقال لها صاحب البيت:

- هياكلوا في المطبخ.

انفعلت أمي وعلا صوتها ووقفت تخطب في الحضور عن زيفهم وادعاءاتهم النضالية واستغلالهم، فراح أبي يهدئها ويطلب منها أن تكف عن ذلك:

- هي أول مرة حد يأكِّلني في المطبخ؟! دا أعمامي أكّلوني في المطبخ!

وقد رأى أبي أن ذلك حسن.

أبي لا ينتمي إلى الطبقة المتوسطة والعليا التي ترى مصر من نوافذ الكومباوندات وتردد وهي تسبل أجفانها: «مسر جميلة أوي أوي أوي... يا رب احفز مسر... أنا رحت بلاد الدونيا كولها، ما ائدرش اعيش إلا في مسر... معايا جنسية أمريكية/ فرنسية/ إنجليزية/ ألمانية/ واق واقية، بس لا، هي مسر... كأني سمكة خرجت من الميه لما باخرج من مسر...».

ما آه طبعًا يا حبي هي مصر! مصر التي تُفتح لك فيها الأبواب الموصدة بمالك! مصر التي تهرِّب فيها ابنك من المساءلة القانونية بسلطاتك! مصر التي يطوف فقراؤها حولك لخدمة أحلامك! مصر ذات البركة التي تشتري فيها ما ترغب بربع قيمته في بلاد العالم! مصر المستيقظة دومًا التي تقدم لك

كل الخدمات الضرورية والترفيهية في أي ساعة من ساعات الليل أو النهار! مصر التي يبتسم أهلها في وجهك لأنهم يحتاجون إلى ما في جيبك! مصر التي قد يعفيك فيها ضابط شرطة من مخالفة مرورية لأنه نظر في عينيك فوجدهما دامعتين، ولأنك قلت له بصوت متهدج: «آسف، عايز ألحق أمي في المستشفى»، فيقول لك: «طيب اتكل على الله وما تعملش كده تاني»! مصر الساهرة، الباهرة، الصاخبة، الراقصة، المؤمنة، التي لا ينقصك فيها شيء البتة! لا تحتاج إلى السفر إلى أي مكان لعمل أي نشاط أو الحصول على أي خدمة ما دمت في مصر! يمكنك قضاء الليل حتى الصباح في حفل موسيقي من أي نوع وأي مدرسة موسيقية من الكلاسيك إلى الميتال والراب وأشياء أخرى لم تسمع عنها! يمكنك أن تقضي أجمل العطلات في أي مكان، كل المناظر الطبيعية متوفرة، كل ما يخطر على بالك وما لا يخطر على بالك من خدمات، بما في ذلك استخراج شهادة وفاة جد جدك المتوفَّى سنة ١٨٨٤ من دار المحفوظات مثلًا! أشياء غريبة تحدث في مصر، كما ذكر ابن خلدون، بلد العجائب صدقًا. ما تحبهاش ليه؟ ربنا يحفز مسر فعلًا.. لا سحيح.

أجمل بلد على وجه الأرض لمن لا يقل دخله عن خمسين ألف جنيه في الشهر، لكنها بلد العناء والشقاء للأقل فالأقل فالأقل، وبلد الجحيم للفقراء الذين لا يذكرهم أحد إلا حين يأتي فرد منهم بأفحش الأفعال فينهال عليه الناس سبابًا وتوبيخًا ولومًا ومطالبة بإعدامه في ميدان عام، حتى يعيش «محبو مسر» في أمان! وتلك هي طبقة «التنابلة» التي تحدث عنها أبي في قصيدة «يعيش أهل بلدي». صحيح أن «التنابلة» لم يعودوا يعيشون في حي الزمالك الآن، لكنهم مستمرون في الانتشار والتوغل، تركوا الزمالك لطبقات المجد الغابر، وانتقلوا إلى أماكن أخرى يشتكون فيها من وجود «الطريشة» ويطالبون بقتلها. قالت لي صديقتي فاطمة عابد: «الطريشة عايشة في الصحرا زي ما ربنا خلقها، هما اللي رايحين يبنوا حواليها، تعملهم إيه التعابين طيب؟ هي أكيد مش مبسوطة إنهم جم».

ذاهبون للهروب من الشعب. يأتي الشعب فقط لخدمتنا، ثم يخرج.

وممكن تشوفهم في وسط المدينة
إذا مر جنبك أتومبيل سفينة
قفاهم عجينة
كروشهم سمينة
جلودهم بتضوي
دماغهم تخينة
سنانهم مبارد تفوت في الجليد
مفيش سخن بارد بياكلوا الحديد

وإحقاقًا للحق، فقد تغير الزمن ولم يعد قفاهم عجينة ولا كروشهم سمينة، لأن الطعام الأورجانيك والنظم الغذائية المكلفة أصبحت مطعمهم.

على أي حال، هذه الأقلية من المواطنين المصريين يحبون مصر جدًّا صراحة. «ربنا يحفظ مصر»، هكذا يرددون دومًا، ويرفضون الحياة في الدول الغربية التي يحملون جنسياتها. وأظن السبب واضحًا.

ربنا يحفظ لهم مصر.

أما أبي، فكان يتعامل بلطف شديد مع هذه الفئة من الناس إذا ما أبدوا لطفًا، وكان يحب منهم الأشخاص الذين يُفصحون بكل فخر عن أصولهم الفقيرة، أو عن حبهم للناس، أو عن رغبتهم في مساعدة الفقراء المحيطين به في مساكن الزلزال. وكان من بين أصدقاء أبي الأثرياء من يبذل جهدًا بالفعل في مساعدة الفقراء من جيران أبي، سواء بالتوظيف أو بالتوسط لإدخال خدمات. وكان يكفي أبي أن يُفصح صاحب المال عن أنه ليس صاحب فضل وأن الفقراء هم أصحاب الفضل عليه. ولم يكن أبي يشعر بضغينة تجاه أحد لأنه يمتلك مالًا، إنما يشعر بضغينة ضد أولئك الذين ينكرون حق الفقير في مالهم.

هنا يجب أن أشير إلى علاقة أبي برجل الأعمال المهندس نجيب ساويرس

تحديدًا، لأنها علاقة شابها كثير من القيل والقال. أبي كانت له صداقات مع محمد فريد خميس، ورامي لكح، لكن هذه الصداقات لم يحدث حولها لغط كبير. اللغط ثار حول علاقة نجيب بأبي. وصدِّق أو لا تُصدِّق، هذا الـ«giant» لم يكن سوى صديق لأبي، وكان أبي يحبه حبًّا خالصًا، وكان هو يحب أبي حبًّا خالصًا، ويسعدان بالجلوس معًا، والتسامر، والتضاحك، وتبادل الأسرار والنكات، والإشارات التي لا يفهمها سواهما.

أمر غريب أن يرتبط أبي بصداقة وثيقة مع «النون» و«شمة» و«الدومي»، وفي الوقت ذاته تربطه صداقة بالمستوى نفسه من القرب مع نجيب ساويرس. لكن هذا ما حدث.

ولأنني حضرت لحظة نشأة هذه الصداقة التي على ما يبدو ضايقت الكثير من محبي أبي، فيحسن بي أن أروي ما حدث: كانت صحيفة «الدستور» تجربة صحفية فريدة دشنها الأستاذ إبراهيم عيسى ومعه مجموعة من الشباب آنذاك، على رأسهم بلال فضل، وحمدي عبد الرحيم، وأكرم القصاص، ونجلاء بدير، وحنان كمال (رحمها الله)، وغيرهم. وكان أبي متحمسًا لها أشد الحماس، ويكتب فيها بشكل دوري، وكان من فرط حماسه يعتبر نفسه أبًا لهذه الصحيفة بكل من فيها. ثم أُغلقت الصحيفة بعد أن نشرت تحقيقًا صحفيًّا تطالب فيه السلطات بالتحقق من تهديدات لإحدى الجماعات الإسلامية، والتي وصلتهم، بقتل ثلاثة من رجال الأعمال، منهم نجيب ساويرس. جرى تداول الأخبار بأن المتسبب في غلق الصحيفة هو رجل الأعمال نجيب ساويرس، فناصبه أبي العداء الشديد.

دُعي أبي إلى ندوة في معرض الكتاب، فاتصل بي لأذهب معه. ذهبنا معًا، وما إن دخل أبي القاعة حتى علا التصفيق، وفوجئ أبي بأن الندوة السابقة عليه كانت لنجيب ساويرس ولم تكن قد انتهت بعد. صعد أبي إلى المنصة وجلس بجوار نجيب ساويرس الذي بادر بالترحيب بأبي وقال إنه من مريديه منذ أن كان طالبًا في كلية الهندسة، لكن أبي قاطعه وهاجمه

هجومًا شديدًا بسبب غلق صحيفة «الدستور»، فقال نجيب معقبًا، بعد أن ترك المجال كاملًا لأبي كي يوسعه هجومًا:

ـ أنا ما قفلتش الدستور يا عم أحمد، ومعنديش السلطة إني أقفل الدستور ولا غير الدستور أساسًا.

بدأ أبي ندوته، ولم يغادر نجيب ساويرس وانتظر أبي، وبعد الندوة ذهب لتحيته، وأعاد عليه ما قاله بشأن صحيفة «الدستور»، وطلب منه رقم موبايله، فأجابه أبي:

ـ لا، أنا ما باستخدمش الحاجات دي. إنت جننت الناس، كل شوية أفتكر واحد بيكلم نفسه يطلع بيتكلم في التلفون!

فأهداه نجيب هاتفًا محمولًا وقال:

ـ عشان أعرف أتصل بيك عليه.

وما إن خرج أبي من الندوة حتى عرض على أحد أصدقائه أن يشتريه، وبالفعل اشتراه أحد الأصدقاء.

اتصل نجيب بأبي على الهاتف الأرضي بعد أن ضحك كثيرًا حين علم أنه باع الهاتف الجوال. طلب منه أن يقابله، فرحب به أبي ودعاه ليزوره في مساكن الزلزال.

هنا أترك الميكروفون مع أم زينب، حيث تروي أن الباب دق فذهبت لتفتحه، وكانت أم زينب، حرصًا على أمانها، قد ثبتت بابًا إضافيًّا من السلك بجوار باب الشقة، ففتحت الباب الخشب وأبقت الباب السلك موصدًا، لتجد شخصًا يرتدي بنطلونًا من الجينز و«سويترًا»، فبادرته قبل أن ينطق:

ـ فوق فوق...

فقال لها:

ـ أنا المهندس نجيب ساويرس.

فقالت:

- آااااه... أيوه أيوه... إنت اللي جاي تصلح التلفزيون؟ أصل حسين جابلنا واحد خربه، طلع منجد مش بتاع تلفزيونات...

- حسين مين؟ لا أنا مش باصلح تلفزيونات، أنا عندي معاد مع الأستاذ نجم.

- يعني إنت صحفي ولَّا إنت إيه؟ بص بص... شايف السلم الخشب دا؟

وأشارت إلى السلم الخشبي الذي كان ضيقًا ويؤدي إلى السطح، ثم أكملت:

- اطلع عليه...

- يعني الأستاذ نجم فوق؟

- لو ما راحش يجيب حاجة هتلاقيه فوق.

- أنا عندي معاه معاد.

- مفيش معاد دي. اطلع وشوفه. في الأغلب الأعم هتلاقيه فوق، لو ما لقيتوش استناه لما يرجع.

وهكذا بدأت الصداقة.

وكانت أمي تتصرف بصفتها والدة صحيفة «الدستور» والعاملين بها أيضًا، فقالت لأبي:

- كويس بقى إنك عترت فيه، هاتلي تلفونه أكلمه يرجَّع الدستور.

هاتفتْ نجيب ساويرس فأصر:

- يا هانم، أنا ما قفلتش الجرنال صدقيني، ومعنديش سلطة أقفل بيها أي جرنال.

فبادرته أمي:

- أيوه طبعًا، وإلا تبقى كارثة لما يبقى عندك السلطة دي!

قلت لأمي:

- أمَّال متصلة بيه ليه يا ماما؟!

لا أظن أن أيًّا منهما كان له مصلحة فيها، فأبي تعرض للهجوم الشديد،

وذلك لأنه، وفي أثناء حديثهما معًا، قال نجيب إنه برج «الجوزاء»، فأجابه أبي:

- إيه دا؟ زيي؟

فسأله نجيب:

- إنت مولود إمتى؟

وحين علم أن عيد ميلاد أبي السبعين قد اقترب، أبدى رغبته في الاحتفال به بإقامة حفل كبير يغني فيه الناس أغاني أبي والشيخ إمام، وأضاف أن أبي يستحق احتفالًا من الدولة، وبما أن الدولة لن تحتفل به، فهو مستعد أن يحمل هذا الدين عنها. وبالفعل أقيم الاحتفال، وغنت فيه زينب، وغنى فيه عدد كبير من الشباب، ووضع الملحن العراقي كوكب حمزة لحنًا مخصصًا لهذه الاحتفالية لقصيدة «دموع إيزيس»، وغنتها المطربة المغربية أسماء المنور، وأخرج هذا الحفل المخرج مجدي أحمد علي، الذي بذل جهدًا كبيرًا فيه. فما كان من عدد من محبي أبي إلا أن أبدوا غضبهم بشدة، وظنوا أن نجيب قد اشترى أبي، وعقب أبي:

- يشتريني يعمل بيَّ إيه؟ دا رجل أعمال، ما يشتري محل ولّا أي حاجة تنفعه.

لكن هذا الكلام قد آلم أبي بشدة.

وعلى الجانب الآخر، فقد تعرض نجيب لأم زينب التي ظنته بيصلح تلفزيونات، بخلاف مطالبات أبي له بأن يساعد أبناء منطقة الزلزال، وأن يتدخل لإصلاح بعض المرافق، وأن يوظف أبناء المنطقة، وكل يوم والثاني يرسل له شابًّا فقيرًا من السكان ليوظفه. ولا أظن أن هذا المشهد البائس يعود بالنفع على أيٍّ من الطرفين.

في عزاء أبي، حضر نجيب ساويرس زائغ العينين دامعًا. كنت حبلى وأجلس على الكرسي، ووضع بعض الأصدقاء ساقي على كرسي مقابل، وفي ذلك اليوم داهمني طلق كاذب، لذلك حين حضر المهندس نجيب

هممت بالقيام للسلام عليه فرجاني ألا أقوم، ثم وقف أمام أم زينب وانحنى انحناءة عنيفة وطويلة، وغادر باكيًا.

مالت عليَّ أم زينب وهي تبكي، وقالت:

- باقولك يا نوارة، هو الأستاذ نجيب دا لما جه يعزيني قام راح موطي أوي كده... هما المسيحيين لازم يوطوا كده لما ييجوا يعزوا؟ حاجة عندهم في الدين يعني؟ ما أم مايكل ما وطتش، ولَّا دا عشان راجل؟

نظرت إليها وقد بدأت آلام الطلق الكاذب تعود إليَّ:

- آه يا أم زينب، حاجة عندهم في الدين.

* * *

أحيانًا ما كان يتحدث بعض صغار الأغنياء أمام أبي عن «الحكد التبكي» (الحقد الطبقي) لدى أبي، والشعب الذي لا يحب العمل ومن ثَمَّ استحق الفقر، والحسد الذي في أعين الناس: «وأنا جبت عندي في المصنع عمال مصريين، مش عايزين يشتغلوا، المصريين مش بيحبوا يشتغلوا، رُحت جبت عمال أندونيسيين حاجة تانية خالص، وفي الآخر يحقدوا علينا، وباصينلنا في شغلنا، ربنا خلق الناس طبقات»، إلخ. وكان أبي يتعامل بفوقية شديدة مع هذا النوع من البشر، وينتهج نهجًا شديد الريفية: «إنت ابن مين ياض؟ لا قولي إنت ابن مين؟ يعني أنا أحمد فؤاد ابن عزت ابن محمد ابن محمد ابن السيد ابن أحمد ابن نجم الصغير» ابن كذا كذا كذا، حتى يصل بنسبه إلى الأمير نجم الدين! ثم يردف: «أبويا أول ظابط شرطة مصري، وجدي عزم الخديوِ تلات أيام عنده في السرايا، ورفض ياخد هديته وقاله ما بناخدش أجرة ضيافة الغريب، والخديوِ مشي زعلان ما رضيش حتى يبعت وراه خولي يصالحه. أنا لو عايز يبقى معايا فلوس من بكرة الصبح أشتريك وأشتري اللي يتشددلك».

شيء عبثي جدًّا، سفير الفقراء يعيِّر ثريًّا بأصوله. أليس كذلك؟

صدِّق أو لا تُصدِّق، كان هذا الأسلوب الريفي يؤتي أكله مع هذا الصنف

من الناس، وينجح في قمعهم طبقيًّا نجاحًا باهرًا. وأرى حبسة الدم في وجوههم حتى تتحول إلى اللون الأزرق.

* * *

هذا أبي، لم يعِش إلا وسط الجحيم مع الفقراء، ورأى أسوأ ما خلق الله في النفس البشرية حين يهرسها الفقر والجهل والتهميش والخرافة والقسوة والخوف والجوع، ثم قال: «الله».

مصر يا امه يا بهية
يا ام طرحة وجلابية
الزمن شاب وانتِ شابة
هو رايح
وانتِ جاية
جاية فوق الصعب ماشية
فات عليكِ ليل ومِية
واحتمالك هو هو
وابتسامتك هي هي
تضحكي للصبح يصبح
بعد ليلة ومغربية
تطلع الشمس تلاقيكِ
مِعجبانية وصَبية
يا بهية
الليل جزاير جزاير
يمد البحر يفنيها
والفَجر شُعلة حتعلا
وعُمر الموج ما يطويها
والشط باين مَداين

عليها الشمس طوّافة

إيدك في إيدنا

ساعدنا

دي مهما الموجة تتعافى

بالعزم ساعة

جماعة

وبالإصرار

نخطيها

نعم... هناك فخر وتباهٍ في الوعي الجمعي المصري بالفقر والشقاء والظرف القاسي و«الطبول اللي ياما دقت على الراس». لاحظت ذلك وأنا أتشاجر مع رجل من جنسية عربية أخرى. من دون الدخول في تفاصيل، طلبت منه خدمة، لم ينفذها وأراد أن يحتال عليَّ، فرفضت دفع المبلغ، فقال لي إن هذا المبلغ زهيد لكنني لا أستطيع دفعه لأنني فقيرة، ثم قال: «أنتم فقراء في مصر»، ثم راح يرسل إليَّ تسجيلًا صوتيًّا عبر تطبيق الواتساب، ويكرر: «أنتم في مصر فقراء. أنتم لا تستطيعون دفع مبلغ تافه مثل ١٥٠٠ دولار، لأنكم فقراء، فقراء».

في الحقيقة، طلب مني ١٥٠٠ دولار في مقابل ورقة نسب كتبها على اللاب توب بها أسماء، وكنت أنا من أمليت عليه هذه الأسماء. فأرسلت إليه تسجيلًا صوتيًّا هادئًا باسمًا ضاحكًا، قلت فيه: «هي إيه فقرا اللي إنت كل شوية تبعتهالي دي؟ إنت فاكرها شتيمة؟ دا إحنا في مصر بنتباهى بيها! أيوه إحنا فقرا، أمَّال حرامية ومركبين الحرامية علينا بخُطرنا وكيفنا؟ أيوه إحنا فقرا وشقيانين والغني عندنا بيتعاير وبيتزف، حتى لو راكب على رقابينا فهو راكب غصب عنا. وشغل إيه يا كتكوت اللي شغَّلتهولك؟! إنت عايز تنصب على مصرية يا مسكين؟ لا، دا إنت غلبان أوي يا حبي. الورقة اللي كاتبها على الكمبيوتر عندك في البيت دي عشان توري لازم

تحطلهاترويسة من فوق إنها من مصلحة حكومية، وتجيب أي ختم كده وتختم بيه، بس ما يبقاش واضح عشان أتخم فيه، وما تبعتوش واتساب بالوضوح دا يا ابو قلب خفيف، تقولي دي ورقة أصلية وهابعتهالك بالدي إتش إل بس فيه تكاليف، أنا والله ما هاخد منك غير التكلفة بس، الموظف عشان يطلعهالي أخد كذا، وتجيب أي فاتورة قديمة عندك وتعملّها إيديت وتبعتها، وأنا ساكن في حتة بعيدة ودي مصاريف النقل وتكاليف الإرسال عندنا كذا، وتصور الوثيقة المزورة مبكسلة وتبعتهالي عشان تغريني أبعت أجيبها، وكده ممكن تاخد من الضحية خمستلاف دولار. يلّا يا خبؤ، آديني اديتك درس في النصب بعشرتلاف دولار، وما أسمعش حسك تاني عشان قريبي عندكم وإحنا ناس فقرا فتلاقينا خُلقنا ضيق وإيدنا سابقانا».

بعد أن انتهيت من هذا النص الأدبي الردحي المصري، استمعت إليه فوجدته ضاربًا في جذور القرية المصرية، متباهيًا بالفقر، وصعوبة الظروف التي تثبت أننا مستحقون لكل خير لأننا جنيناه على الرغم من الظروف وبقوة الشقاء والجهد، ثم متفاخرًا بالقدرة على النصب، مما يثبت أن الشرف في حياة المواطن اختيار وليس «خيابة»، ثم مزهوًّا بالقدرة على «البلطجة»، ولكن الطيب أحسن لأن الطيبة هنا اختيار.

هناك فلسفة في المنطق المصري الذي يبدو في ظاهره غير منطقي ومضحكًا. للوهلة الأولى تظن أن سلوك المصريين في التنافس على من الأفقر، ومن الأكثر خبثًا، ومن الأكثر قوة وقدرة على الإتيان بالشر، هو سلوك غرائبي، لكنك لا تفهم الرسائل المبطنة. والمصريون دومًا ما يحمل كلامهم رسائل مبطنة، والتعامل معهم مرهق في هذا الشأن، فهم لا يفهمون الجمل الواضحة كما هي، فمثلًا إذا قلت له:

ـ أنا ما باحبش آكل كتير.

فسيجيبك:

- أنا كلت عشان أجبر بخاطرك على فكرة، أنا متغدي في البيت، وعندنا في البيت الفراخ واللحمة والسمك والزتون والجبنة وكل خيرات ربنا.
- كتر خيرك، بس أنا ما قصدتش إنك كلت عشان معندكوش أكل في البيت، أنا قصدت اللي قلته بالظبط.
- وأنا كمان ما باخافش من حد.
- إيه اللي جاب سيرة الخوف؟
- أيوه كده اتلم.

وهناك حوار حدث بالفعل أمامي يثبت صحة كلامي: كان أبي في المستشفى بسبب إحدى الجلطات التي أصابته (لقد أصيب بجلطات كثيرة في المخ وكان دومًا ما يقول: «الجلطة جات تدورع المخ ما لقتهوش مشيت»)، فحضر حسين أخو أم زينب (رحمه الله)، وقال لأبي نصًّا:

- عم أحمد، أنا زعلت أسامة عشان ما يجيش يقولك كاني وماني.
- ليه يا حسين؟
- قلتله كلام جامد صراحة، قلتله يا أسامة عندك شغل، الشغل يضرب، ييجي شغل تاني، أصبح عندك زينب أم زينب حمدي نوارة طب ليه؟ ٢٥٠ في الشهر وتخلص.

فقال له حمدي المذكور في الجملة:

- بس تقول لمين يا حسين؟

قلت لأم زينب:

- إيه دا؟

فقالت:

- هو يعني عايز يقوله خلي عندك دم، بس محرج.

وكما ترى، يبدو كأنه حوار طرشان، لكنه مفهوم فيما بينهم. كما أنهم لا يعنون أبدًا ما يقولون، ثم إنهم لا يستقبلون أي شيء كما هو، بما في ذلك المسلسلات والأفلام والأغاني، فأغاني أم كلثوم العاطفية كانت تقصد بها

«التلقيح» على عبد الناصر: «يعني المؤلف عايز يبينلك من خلال وعزة نفسي مانعاني إنه مش عايز يتنفخ في السجن»، وبطل فيلم «الكيت كات» اسمه الشيخ حسني: «يعني المخرج عايز يبينلك من خلال الشيخ حسني إنه بيلقح على حسني مبارك»، ومسلسل «حديث الصباح والمساء»: «يعني المؤلف عايز يبينلك من خلال جليلة إن مصر جوزها سُني وعفريتها شيعي». المفارقة إنه بيطلع «عايز يبينلك من خلال فعلًا»! وأن أمثالي ممن يرغبون في الاستمتاع بالعمل الفني من دون معرفة «عايز يبينلك من خلال» إيه، هم من يخسرون القضية في النهاية، ذلك لأن المؤلف مصري أيضًا، فهو أكيد «عايز يبينلك من خلال»، وجميعهم في قمة التسامح.

كان هذا تعليقًا على قصيدة «مصر يا امه يا بهية»، لأنه «عايز يبينلك من خلال» استعراض «ليل ومِية» و«احتمالك» و«الليل جزاير جزاير»، جوهرة الفخر المصري بتحمُّل المصاعب والابتسام معها.

وقد رأى أبي أن ذلك حسن.

* * *

ثم تأتي له الفرصة في أواخر سِني عمره أن يعيش في مكان أقل جحيمًا، نظرًا إلى أنه تمكن من العمل بشكل منتظم وتحصيل الرزق، لكنه آثر البقاء وسط الجحيم، مع أناس يقيمهم المجتمع المصري بشكل سلبي، ويضعهم في صورة شديدة القبح، ويضمر لهم خالص الكراهية المستترة، ورأى فيهم أبي جمالًا ولطفًا وحبًّا وخفة ظل.

ثم قال:

يا مصر وانتِ الحبيبة
وانتِ اغترابي وشقايا
وانتِ الجراح الرهيبة
وانتِ اللي عندك دوايا
علِّمني حبك عبارة

سهلة وبسيطة وعفية
شرط المحبة الجسارة
شرع القلوب الوفية
يامَّا موايل الهوى
يامَّا موايليا
طعن الخناجر ولا
حكم الخسيس فيَّ

وأبي يحب المصريين، ويحب فقراءهم، ويرى في شرورهم شيئًا مضحكًا، ويرى أن مصر هي بداية كل شيء، وقد تكون نهاية كل شيء. ويعتقد مع الغالبية العظمى أنها محروسة بأولياء الله الصالحين، وأنهم يظللون عليها، وأن أولياء الله الصالحين يبدأون من إيزيس وحتى الإمام الحسين، وأنهم لا ينتهون أبدًا، وأن مصر بلد منتج للأولياء، وأن المصريين أولياء الله بالسليقة.

ويقول:

حكيم عليم مخلص جسور
طاير طاير
طاير على جناح العصور
داير داير
داير كما يدور الدولاب
ورا التاريخ
من الجدور
يطلع جبال
يقطع شعاب
يغوص في أغوار البحور
ينبش بعينه في الكتاب

يقرا الشواهد ع القبور
ولما عاد
السندباد
رمى السلام
وقال كلام
واسمع كلامه وحلله
تلقاه بسيط من أوله
تعمل حويط وتأوله
تطلع غشيم
قال الحكيم:
العمر ماشي
وكل ماشي وله مداه
وكل فرد
وله بدايته ومنتهاه
الشعب هو الباقي حي
هو اللي كان
هو اللي جاي
طوفان شديد
لكن رشيد
يقدر يعيد
صنع الحياة
والشعب لما يقول
يا أصحاب العقول
نسمع ونوعى ونحترم
صوت الإله

وهكذا فهو يرى أن المسلك العام للاتجاه الشعبي هو أمر إلهي، وأن الحس الجمعي للمصريين يأتي بالإلهام، وأنه حين يصمت أو يصبر فهو أمر إلهي، وحين يثور فهذا أمر إلهي، وكما يقول الشعب قال أبي. وأبي يحب أن يتوه وسط الناس. أبي ينتمي نظريًّا إلى عزوة، لكنه رأى أنها خذلته، فاتخذ من الناس في العموم عزوة. أبي كان يحب السير وسط الجموع، والعيش وسط الجموع، يحب الزحام والضوضاء وأصوات الناس، ويحب أن يسمع حكاياتهم. أبي يحب دراويش المقامات، ويحب أن يجلس بجوارهم، وينصت إليهم.

ذات مرة، سافر أبي إلى السويس، فقالت له درويشة تجلس بجوار المقام وتطعم الحمام:

- خلي مراتك تشتري حلق دهب... ولَّا هتموت.

فقال لأم زينب بكل جدية:

- اشتري حلق دهب.

وللمفارقة فإن أم زينب هي من سخرت من حديث الدرويشة، وقالت له:

- إحنا لاقيين ناكل يا نجم؟ إنت هتصدق مجذوبة قاعدة تأكِّل الحمام والقطط والكلاب؟

في الليل شعر أبي بتعب شديد، وتخشبت أطرافه. طلبت أم زينب من الحاج عاطف صديقه (رحمه الله)، أن ينقل أبي إلى المستشفى، فقال أبي وهو في حالة سيئة:

- اشتري الحلق الدهب!

لم تملك أم زينب إلا أن تذهب مسرعة إلى أي صائغ وتشتري منه أرخص قرط ذهب وجدته. وعادت.

تقول الأسطورة التي روتها لي أم زينب، إنها عادت لتجد أبي بخير، جالسًا كما كان، يأكل ويسامر أصحابه.

هذه القصة الضاربة في الخرافة بكل المعايير لا علاقة لها بالتطيُّر بقدر ما لها علاقة بتصديق أبي للناس.

أبي يصدق الناس، والبسطاء منهم خاصة، على الرغم من اعتيادهم الكذب من أجل اكتساب الرزق، وقد أورد هو ذلك في شعره، وأزعم أنه أول من مجَّد خصلة «الفهلوة المصري»، التي حظيت بكثير من الهجوم، خصوصًا من الطبقة المتوسطة العليا، في قصيدة «توت حاوي»:

توت حاوي سبع مرات
لعبة جديدة يا حضرات
دُق الفول ويا الكُرَّات
هات الشَّطة والبُهارات
شخبط لخبط حضَّر طاسة وكُب الزيت
ولَّع طلَّع ريحة مُريحة ف جو البيت
تلقى عجينة عجيبة متينة
لا تقول تينة ولا بروتينة
كُل يا صنايعي كُل يا فقير
كُل ما هو لسه الفول قناطير
آه يا سلام لو عود جرجير
تفضل تاكل لما تموت
توت حاوي
حاوي توت
توت حاوي
حاوي توت
خُش اتفرج هرَّج فُوت
قعدة فكيهة هتسمع فيها
حكاية البيضة والكتكوت
يُحكى أنَّ ولازم يُحكى
وكان ياما كان

قبل الجنة كان فيه بيضة وفرخة كمان
دبحوا الفرخة طبِّت صارخة
قامت البيضة طقت شارخة
طقشت فقست فرخ فصيح
يدَّن ويهلل ويصيح
حتى إن كان على وش دبيح
يفضل يدَّن لما يموت
توت حاوي
حاوي توت
سحر مفيش دا كلام تهويش
نفَّض مخك يا ابو درويش
كل ما فيها الدنيا دي فيها
ناس بتبكِّش لاجل تعيش
حابس حابس عفريت كابس
ينزل قالع يطلع لابس
واللي بيرقص ع المسامير
واللي بإبرة بيفحت بير
واللي بينفخ في المزامير
يفضل ينفخ لما يموت
توت حاوي
حاوي توت

أبي يحب مصر، لكنه لا يرى إعجازها في الأهرامات والنيل والنخيل والجو العليل وهكذا، فقد ذكر تلك الأشياء عرضًا في شعره. وكما كان يصر على هجاء الحكام وكل من يمتلك سلطة أو مالًا، يصر على مدح فقراء الناس، ولم يمتدحهم بما فيهم من طيبة وحنان وسمار وجمال وملوك

الجدعنة، بل كان يلح على امتداحهم بما يعدُّه غيره نقائص يجب أن تُستر، أو تُنتقد. هو يرى في أقبح مثالبهم جمالًا لا يضاهى بأي جمال.

هذه قصة حب حقيقية منزهة عن الأغراض، منبهرة بالنسخة الإنسانية في أحلك ظروفها. دفع أبي ثمن قصة الحب هذه، ودفعت معه، ودفعت أختاي.

وقد رأى أبي أن ذلك حسن.

١٧
تركيبة غريبة

عادة ما تروي لي أمي هذه القصة التي لا أحب سماعها بشأن ما فعله أبي حين سافرت هي إلى العراق، واصطحبتني معها، هربًا من الملاحقة الأمنية، وكان هذا الفرار إثر صدمة كبرى يسوء أي أم سماعها، وهي اعتقال أمي في فترة الرضاع، ثم ما ترتب على ذلك من انفصام عرى زواجها من أبي، واكتشافها أنه تزوج من امرأة أخرى، وعودتها لمعرفة ما حدث وتخييره بين طلاق إحداهما، ثم طلاقها هي، ثم إصراري وأنا في الثالثة من عمري على رؤية أبي: «حاوسة أسوف بابا»، وتنصل عدد كبير من الأصدقاء من التوسط لاصطحابي لرؤيته، وتهرب أبي كالعادة، ثم قيام الصحفي الراحل الدكتور حسن رجب[١] باصطحابي لرؤيته ونحن في طريقنا إلى المطار، ثم عودة أبي بي وهو يحملني ويبكي. وقد سألتها باندهاش:

ـ كان يبكي؟

فقالت:

ـ آه، كان بيعيط أوي، هو أصله تركيبة غريبة.

---

(١) الدكتور حسن رجب، كاتب صحفي بـ«أخبار اليوم»، وزوج الكاتبة الصحفية الراحلة ابتسام الهواري.

هذه القصة السيئة جدًّا جدًّا جدًّا، التي تكررت على مسامعي كثيرًا، ولم أسأل عنها، ولم أرغب في سماعها، لكن أمي ترغب في روايتها، لم أخلص منها إلا بجملة «هو أصله تركيبة غريبة».

هذه التركيبة الغريبة التي تجعله يتهرب من مواجهة موقف اعتقالي، ثم يجلس ليبكي وحده في الغرفة، وتنبهه أم زينب إلى أن ما يقوم به من تهرب «ما يصحش، وقلة أصل»، فيخبرها أنه خائف من المواجهة، فتنهره أم زينب بكل حنان قائلة:

- صراحة الأستاذة أجدع منك!

فيفاجئها برد لم تتوقعه:

- آه، ما أنا عارف.

فتجيبه باندهاش:

- إنت عارف؟ إيه ياختي الزمن دا؟ أنا فاكرة نفسي باكسفك! يعني أقولك إيه طيب؟ ما الكلمة التانية اللي هاقولهالك لو قلتها مش هتخليني على ذمتك! قوم يا راجل نشوف بنتك.

وبمعرفتي بالتركيبة الغريبة، فإنني لم أنتظر منه شيئًا.

* * *

ومن أمارات هذه التركيبة الغريبة أن أبي ذات مرة كان يحل مشكلة بين صديق له وزوجته. ما حدث بالضبط، أن أحد أصدقاء أبي كان جارًا له، وهو شاعر شاب، نشب خلاف بينه وبين زوجته، التي كانت قد استقبلت أبي في بيتها، وكان يعاملها وزوجها معاملة الأبناء، وأدى الخلاف بينهما إلى الطلاق. زارت السيدة الشابة أبي، وكانت تبكي بحرقة، وأخبرته أن زوجها على علاقة بامرأة أخرى، فغضب أبي غضبة شعواء، قرر في إثرها مقاطعة ذلك الشاب. يحاول الشاب الاتصال بأبي، فيغلق الهاتف في وجهه، يحاول زيارته، فيقول أبي لأم زينب بصوت عالٍ ليسمع الشاب:

- ما تدخليهوش عليَّ.

هذا سلوك لم يعتده أبي مع ألد أعدائه. فدخلت إليه أم زينب:

ـ على فكرة، اللي بتعمله دا عيب، وإنت بنفسك قلتلي من جالك دارك جاب الحق عليك، والواد سمعك وإنت بتقول ما تدخليهوش عليَّ، وعينيه دمعت وقالي طب عم أحمد يسمعني، وإنت عمرك ما كسفت طبيعة حد، دا إنت بيبقى البني آدم واكل عيشك وملحك وخاينك وبتدخَّله مرة واتنين وتلاتة وتاخده في حضنك!

شعر أبي بالحرج فالتفت إليَّ، فقلت:

ـ صراحة يا بابا أنا محرجة أوي من اللي بتعمله، الواد كل دا لسه واقف ع الباب، من إمتى بتعمل كده في حد؟! دي ماما مفروسة منك عشان كنت بتعزم اللي جايين يقبضوا عليك على شاي!

فنظر إلى أم زينب:

ـ دخليه.

دخل الشاب منكسًا رأسه، باكيًا، فنظر إليه أبي بغضب:

ـ طلقت «أم فلانة» يا قليل الأصل، عشان تجري ورا «...» يا رمة؟

فقال الشاب:

ـ يا عم أحمد، إنت سمعت منها، اسمع مني طيب...

فقاطعه أبي:

ـ طلقتها ولَّا ما طلقتهاش؟

فقال الشاب:

ـ أيوه، أنا...

فقاطعه مرة أخرى:

ـ خلاص، طالما البيت اتخرب مش محتاج أسمعك، خراب البيت يعني الراجل ابن كلب!

فبُهت كل الحضور من هذا الحكم القطعي، وتدخلت أنا في محاولة لتدارك الأمر:

- مش شرط يا بابا، ساعات بيبقى...

فألقى بالطبق الذي كان يلف فيه السجائر، وهي علامة على غضب شديد، ثم قال:

- اسمعي اللي باقولك عليه! الست تعشش والراجل يطفش. طالما البيت اتخرب يبقى الراجل ابن كلب!

- بابا!

- ينعل «ميـ....» بابا!

- بابا، إنت اتجوزت ست ستات ومطلَّق خمسة، غير التسع مرات اللي ماما قالت فيهم لأم زينب لمي هدومك وهاتي بنتك وتعالي عيشي عندي، غير اللي مش محسوبين في الجوازات، غير الست اللي لقيتها في سوريا وطلعت كنت متجوزها وقلت لأم زينب يااااه تصدقي كنت متجوزها وطلقتها بس كنت ناسيها!

فقال منفعلًا:

- شوفي إنتِ بتقولي إيه؟ دا أنا ابن ميتين كلب مش ابن كلب بس!

لم أراجعه في تقييم نفسه. بقول آخر: لم أقل له ما تقولش على نفسك كده، إنت جميل. للحق، فأنا، وبفعل ما مررت به، أكره الرجل المزواج، والرجل متعدد العلاقات، وأراه على الأقل غير صالح للإنجاب، بل أتبنى وجهة نظر أبي «الست تعشش والراجل يطفش»، وأسير على نهجه في لوم الرجل دومًا إذا ما حدث خراب في الأسرة. وذلك لم يحدث لي فجأة، فقد أمضيت وقتًا من حياتي أحاول أن أبرر لأبي، وأقنع نفسي بأن هذه طبيعة الأشياء، وأن الرجال بطبعهم خائنون، وأنهم جُبلوا على ذلك، وكنت أبرر لذلك بتبريرات مقيتة، كأن أدعي أن الله أحل للرجال أربعًا لأن هذه هي طبيعتهم، وأن علينا القبول بذلك، إلخ. لكن هذا لم يستمر مع تجارب الحياة، وليس بالضرورة كل رجل خائنًا، فقط الرجل الذي لا يكترث لمشاعر الآخرين، ولا يفكر إلا في سعادته الشخصية، ولا يأبه بإتعاس

من حوله، بداية من المرأة التي يرتبط بها والنساء الأخريات، وليس انتهاءً بثمرات هذه الزيجات من الأطفال.

هذه التركيبة الغريبة التي كانت تأتي بأفعال وتعترف بالإتيان بها، ثم تدينها وتقيمها!

أذكر في مرة أن أمي كانت تتشاجر معه على الهاتف مناصرة لأم زينب، ثم انفجرت قائلة:

- هو إيه اللي شُفت؟ إنت ليه محسسني إني بانِم معاك على واحد مش معانا؟ أنا باهزأك وإنت عمال تديني أفكار وتلفت نظري لوضاعات ما خدتش بالي منها؟ إنت مضطرب؟

ثم أغلقت الهاتف وقالت وهي في قمة الانفعال:

- أنا قرفت بقى! بقالي خمسة وعشرين سنة في الهم دا! أقوله الست خادماك إنت وجرابيعك وإنت وغد معاها، يقولي لا وكمان ببجح وباعلّي صوتي عليها! دا إنسان طبيعي دا؟!

لم أحسن تفسير حالة الانفصال عن الذات ونقدها بشكل لاذع، حاولت التبرير بأنه من مواليد برج «الجوزاء»، لكن لا أظن أن هذا تبرير كافٍ. إلا أنه محق في تقييمه لنفسه وللرجال متعددي العلاقات. لا يصح أن ينجبوا على الأقل، ولم أرَ أنه من العدل أن ينجبني ثم يتركني، وأن ينجب من قبلي عفاف ثم يتركها، وهو يروي قصته مع أم عفاف، السيدة فاطمة، ويدين نفسه من دون أي التماس لعذر، بالضبط كما قالت أمي، وكأنه «ينم على شخص آخر»: «ظلمتها»، «كنت ابن كلب»، «قليل رباية، وزبالة»، «خدت البت وطفشت من قرفي، ليها حق»، إلخ.

ومن أقواله، رضي الله عنه: «الراجل اللي ما يخافش من مراته يبقى مش راجل». ومنها ردًّا على قول يا بابا دا شكله راجل محترم: «مفيش راجل محترم». يا بابا إنت ليه عملت كذا وكذا مع ماما أو أم عفاف أو أم زينب: «ابن كلب وسخ».

كنت أظن في البداية أنه «ينزلني من على ودنه» لأنني كنت ألومه، وأحيانًا كنت أجتمع أنا وعفاف لنلومه ـ فقط زينب هي التي لم تكن تلومه على الرغم من أنه ألحق بها أذى بسبب شجاره المستمر مع أمها من دون وجه حق ـ وكان يؤمِّن على كلامنا، ويزيد عليه، فأنظر إلى عفاف وأقول: «بينزلنا من على ودنه».

لكن يبدو أن الأمر ليس كذلك، ويبدو أنه يرى الأمور هكذا، والأمر يحتاج إلى متخصص في الطب النفسي كي يفسر حالة الانفصال بين أفعاله مع النساء، وآرائه في تلك الأفعال ومواجهته لنفسه بأنه لا يستحق أن يكون زوجًا وأنه ليس أبًا يعوَّل عليه.

وأذكر أنه في إحدى المشاجرات مع أم زينب، قال لها عمو مراد منير:

ـ يا أم زينب ما إنتِ خنقتيه...

فقاطعه قائلًا:

ـ خنقتني إيه؟ ما هي قافشاني؟ بقى أنا لو قفشتها هاسكت؟

فقال له عمو مراد:

ـ ينعل «ميـ...» أمك يا نجم!

فقال:

ـ آه.

كنت دومًا في حالة تعاطف مع كل النساء اللاتي مررن في حياة أبي. وللأمانة، فأنا أستثني عزة بلبع، لأن ظهورها في حياة أبي آذاني بشكل مباشر. وهذا لا يعني أنني ألقي باللوم عليها، إن لم تكن عزة فستكون غيرها، لكنْ هناك ارتباط شرطي بين الألم الذي حدث لي وظهور اسمها في حياتي، مع التأكيد أنها ليست المذنب. المذنب الحقيقي هو أبي، ولا أحد يعلم ما قاله لها، ربما قال ما يردده الرجال: «دا أنا بانام على الكنبة. بيكي أو من غيرك إحنا منفصلين. الطلاق مسألة وقت...». وإذا كان بعض النساء يصدقن هذه الأسطوانات في عام ٢٠٢٢، فليس بالمستغرب أن تصدقه شابة في الخامسة

والعشرين من عمرها سنة ١٩٧٦. ولا بد أنه ألحق بها أذى ما، لكنني أذكر جيدًا أنني كنت طفلة في الرابعة وعلمت بخبر طلاقهما وشعرت بالارتياح. لماذا شعرت بالارتياح؟ لأنه اتضح لي أن أبي لا يحبها أكثر مني، وإلا لَما تركها بعد مدة قصيرة كهذه. لكن شعوري بأنني لم أكن كافية لأبي كي يبقى لم يبارحني، ولم يبارح عفاف، بل لم يبارح زينب، على الرغم من أنه لم يطلق أم زينب، لكن زينب كانت دومًا تشعر بأن هذه الزيجة مستمرة لأن أمها تتحمل، وليس بسبب حرص أبيها عليها.

هذه مشاعر سلبية وغير مرغوبة وغير منصوح بها، بصرف النظر عن مسلك أبي تجاه نفسه. وسواءً كان يدين نفسه ويدين كل الرجال لأنه لديه انفصال ما في شخصيته، أو لأنه يسارع في لوم نفسه تجنبًا لملامة الآخرين، فهذا لم يكن اعتذارًا كافيًا، ولم ينفِ الأزمات التي مرت بنا بسبب أفعاله. لذلك، فأنا أتبنى موقفًا شديد العنف مع الرجال متعددي العلاقات، خصوصًا إذا ما كان لديهم أطفال.

* * *

طالما شعرت بتداخل مصر مع النساء مع هانم نجم، جدتي أم أبي. أبي يحب أمه جدًّا، وهو متعلق بها تعلقًا مَرضيًّا. المحبط أنها لم تتعلق به كما تعلق بها. أبي كان قبل الأخير في ترتيب أبنائها، كان طفلًا شديد الذكاء، متحركًا، ثائرًا، غير مطيع، ومن ثَمَّ فهو مرهق لأرملة، فلاحة، لم تعتد الشقاء لأنها ابنة عمدة، وأجبرت عليه لأن زوجها ضابط الشرطة لم يترك لها ما يكفيها، أو لأن عادة الأرياف في ذلك الوقت أن الميراث كله يذهب إلى الابن الأكبر، لا أحد يعلم التفاصيل بالضبط، الجميع يعلم أنها عانت فقرًا لم تتوقعه قَطُّ، ولم يسبق لها أن مرت به. وبناءً عليه، فقد أرسلت أبناءها تحت جناح أعمامهم ليتعلموا ويعملوا معهم وتحت قيادتهم. هذه القيادة التي قد تُلقي بطفل في السادسة في المطبخ ليطبخ ويمسح ويكنس، وتمنعه من اللعب، وتشعره بظلم الحياة حيث تحرمه

من التعليم، بينما ابن عمه الشقيق يدرس في مدرسة فرنسية. إخوة أبي قبلوا بهذا الوضع لأنهم «أيتام»، لكن أبي لم يقبل. كان يفضح الأسرة أمام الضيوف، ويفصح أمام المدرس الخصوصي لابن عمه بأنه ليس خادمًا، وأن له في هذه السرايا مثل ما لابن عمه، وأن عمه أكل حقه لأنه يتيم. وكان يرفض طاعة أمر عمه الذي اشترى له لتوِّه جلباب العيد. وحين يعيِّره عمه بجلباب العيد الذي اشتراه، يخلعه ويلقيه في وجهه ويسير عاريًا في القرية. هذا طفل مرهق.

من الذي اتخذ قرار إدخال أبي الملجأ؟

حدثت مواجهة بين أبي وجدتي، وقد حضرتها أمي، وقال أبي لجدتي:

- دخلتيني الملجأ.

فقالت:

- لا، إنت كداب يا فؤاد، دا ما كانش ملجأ، دي كانت مدرسة داخلية عشان تتعلم فيها فرنصاوي.

- وأنا باتكلم فرنصاوي يا امه؟

- ما إنت اللي خايب.

انحازت أمي إلى جدتي، ولامت على أبي لومه عليها. هل كانت تعلم أنه ملجأ؟ هل خدعها أعمام أبي وقالوا إنها مدرسة داخلية؟ لا أحد يعلم. لكنها تحملت تسع سنوات بعيدًا عن ابنها، وكان هذا كافيًا ليؤلم أبي حتى آخر عمره. قال أبي لي إنه سامحها، وإنه يحبها، ومتعلق بها، ويحب صوتها، وعينيها، وإنه لم يرَ امرأة في جمالها. لكنه كان يتشاجر مع عفاف أختي بسبب تفضيلها لابنتها الصغرى على ابنتها الكبرى، وقال لها أمامي:

- عاملة زي جدتك، كانت تعامل محمد أحسن عشان هو اللي حلو وأبيض وشعره أصفر، وأنا آكل بالجزمة!

إذن، هي قصة حب من طرف واحد، على ما يبدو، أو هكذا شعر هو.

كانت جدتي هانم شاعرة، وقالت في أبي شعرًا وهو طفل صغير، مع

مراعاة أنها قالته باللهجة الشرقاوية، حيث تعطيش الجيم ونطق القاف بالجيم المصرية:

لوَّعتني يا شقي
من كُتر تلطيعك
يا شبه عود القصب
نشفت زعازيعك
والله لاروح السوق وابيعك
وإن جات فلوسك نحاس
ما ارضى بترجيعك

لكن ابنة عمي قالت لي إنها كانت مولعة به، ومعجبة به، وإنه كان كلما قابلها وضع رأسه على فخذها، وإنهما كانا يتبادلان ارتجال الشعر، وتقاذف النكات الذكية السريعة كأنهما يلعبان «بنج بونج»، وقالت نصًّا: «عمي كله أمه، أخد منها الشعر وخفة الدم والحكايات وقوة الشخصية»، وأضافت أن عمي محمد (والدها)، الذي تولى رعاية أمه في أواخر أيامها، كان يطلق على أبي: «ابن أمه». لكنني اعترضت على أنها، على الرغم من كل ذلك، أدخلته الملجأ! فبررت ذلك بأن جدتي هانم كانت ابنة عمدة مدللة، تعوَّدت أن تُخدم ولا تَخدم، وأنها فوجئت بنفسها أرملة بعد أن كانت ابنة العمدة وزوجة الضابط، وأن أبي كان صعب الطباع، بشهادة الجميع. وقالت ملحوظة بدت لي عجيبة بعض الشيء، أن جدتي كانت مريضة بالنظافة، إلى درجة الوسوسة، وأن أبي، كما رُوي لها، كان يمرغ نفسه في الطين ويرفض الاستحمام!

أمَّن أبي على شهادة منى، ابنة عمي، وقال: «كان حصى الأرض بيستجار مني».

حسنًا، أنا أصدق فرويد حين يقول إن علاقة الرجل بكل النساء اللاتي يعبرن في حياته ليس لها تفسير سوى علاقته بأمه.

وكما تهرَّبت منه جدتي في طفولته وصباه، كان يتهرَّب منها في شبابه! كانت تقيم فترة عند ابنها محمد، وهو الابن البار الذي تكفَّل بها تمامًا. وحين أصبح لأبي بيت مع أمي، كانت تذهب لتقيم مع ابنها فؤاد، فيتركها ويخرج.

ذات مرة وأنا أبكي لتهرُّب أبي مني، قالت لي أمي:

ـ عشت معاه تلات سنين، والله العظيم بيتعامل معاكي زي ما بيتعامل مع هانم نجم، ويهرب منها برضو كده، ويقول باحبها. بتحبها فين؟ اقعد مع أمك يا نجم، دي ضيفة على الدنيا! وكان ذلك يزيده هروبًا.

لكنه ظل، حتى آخر عمره، يفضل نداء «يا ابن هانم». تعلمت السر من أمي، كانت حين تريد تهدئته ـ بالطبع في شجاره مع أم زينب ـ تقول له «يا ابن هانم»، فيتحول إلى قطة وديعة، وأراه بعينَي يذوب. فكنت حين أحب أن أرى هذه الحالة مرة أخرى، أقول له «يا ابن هانم». وكان يعلِّق صورتها في البيت الذي اشتراه المهندس نجيب ساويرس، مشكورًا، ليحيله إلى متحف، ولم يتحول إلى متحف حتى الآن، ولا أعلم السبب، ربما لأنه دعا أصدقاء نجم إلى أن يُحضِروا كل ما لديهم من متعلقات نجم ولم يستجيبوا له. لكن صورة أمه ما زالت معلَّقة هناك.

عندما كانت أمي تهون عليَّ بقولها: «كان بيعمل كده مع هانم نجم»، كنت أحدث نفسي: هي تستاهل، أنا ما استاهلش! لكنه قال لأم زينب: «نوارة دي أمي مش بنتي».

وبهذا، أصدقائي الأعزاء، أتعسني الحظ بأن يستبدل أبي نوارة نجم بهانم نجم، ويعاملني معاملتها. ولم يكن ذلك حسنًا. في الحقيقة يعني. أنا حطيتك في ملجأ يا عم؟!

* * *

ذكرنا تعامل أبي مع الذكور بشكل عام، بمن فيهم هو، بوصفهم المخطئين دومًا. وبما أن الشيء بالشيء يُذكر، فإن أحمد فؤاد نجم كان «حما». بقول آخر: كان يغار من أزواج بناته.

كلما حضرت عفاف مع زوجها، واشتكت له من بعض الأشياء، همس في أذنها:

ـ طب ما تطَّلقي.

ـ أتطلق إيه يا بابا؟! عندي تلات عيال!

ـ طب ما كويس. استفدنا منه بالعيال ونمشيه بقى.

في يوم كتب كتاب زينب، أضاع أبي بطاقته الشخصية كي يتهرب من كتب الكتاب. وبالمناسبة، الجميع يعلم أن أبي كتب فيَّ قصيدة، لكن لا أحد يعلم بقصيدة عابرة لم يوثقها، كتبها في زينب، حاولت العثور عليها، لكنني لم أجدها، وسأذكر ما حفظته منها:

إكمنها تاج البَها

على راس أبوها وجدها

واكمنها قلب أمها

لقتني ساكن قلبها

البت زوزة المفرحة

بنتي اللي باحبها

...

والفرح كله في عبها

لا أذكر الشطرة مكان النقاط. وهذه هي كل القصيدة. وكان قد لحَّنها ملحن أردني اختفى من حياتنا.

أما فيما يتعلق بزواجي، فقد ذهبت أنا ومحمد إلى أبي وقلنا له:

ـ إحنا عايزين نتجوز.

فقال:

ـ طيب زي بعضه، حددوا معاد وتعالوا.

بعد زواجنا، وبعد أن علم أبي بخبر حملي، كنت أنا وزوجي عند أبي، وحدثت مشادة بيننا، ولاحظت أن أبي نادى على أم زينب. وعلمت أنه قال لها:

- باقولك إيه، الواد مزعل البت، وهي حامل خلاص مش عايزين منه حاجة، خليها تطَّلق.
- يا نهار إسود! إنت طبيعي؟!
- ما هو مزعلها أهو!
- وإنت ما بتزعلنيش؟ فيه أب كل ما يشوف بنت من بناته يقولها اتطلقي؟!
- لا، ما أنا خلاص بطلت أقول لزينب تطَّلق، مستني تحمل وبعدين تطَّلق.
- يا خرابيييييي! إنت يا راجل مش بلسانك قايلي محمد شكله ابن حلال وطيب؟!
- طيب ييجي يقعد معايا كل يوم، يتجوز بنتي ليه؟ لو مش هتقوليلها أقولها أنا.
- وكتاب الله يا نجم لو قلتلها الكلام دا لأسيبلك البيت وأمشي، البت حبلى في الشهور الأولانية، والزعل وحش عليها!
- شُفتي؟ ما هو مزعلها أهو! يبقى تطَّلق.
- طب ملكش دعوة بالموضوع دا.
- هتقوليلها؟
- طيب طيب. اسكت، خليني أطلع أشوف البت.
- أنا مش فاهم الرجالة دي كلها بتعمل إيه في حياة بناتي؟!

لكن القدر جعل «الرجالة دي» هي من تقف على غُسل أبي، أقصد زوجي وزوج زينب، لأن زوج عفاف كان قد تُوفِّي.

* * *

وهناك هذه التركيبة الغريبة التي تجعله يتعلق بآل البيت، ويتقزز من المتدينين. وهي التركيبة الغريبة التي تجعله يحب شِعر الأبنودي ويكره شخصه.

ذات يوم، قال زوجي لأبي:

- بس يا عم أحمد، عبد الرحمن الأبنودي شاعر جامد.

أجاب أبي:

ـ حرمني منه، باحبه بس ما أقدرش أقراه بسبب «...».

* * *

وهي التركيبة الغريبة التي تجعله يسافر إلى لبنان تلبية لدعوة إحدى القنوات لتسجيل حلقة في برنامج، فتقوم إدارة البرنامج باستضافته في فندق، وتخصيص سائق لتوصيله إلى أي مكان يرغب في الذهاب إليه، وحاجة ملوكي لم يعتدها أبي من قبل. لم يكن أبي يعلم بأمر السائق. دخل غرفته في الفندق، وكالعادة، حيث لا يحب الجدران، قال لأم زينب:

ـ أنا نازل.

فقالت له أم زينب:

ـ البت جعانة ودا وقت الغدا.

فقال متأففًا:

ـ طيب تعالوا.

ونزل فوجد شابًّا يقول له:

ـ أستاذ نجم، أنا هون الشوفور تبعك، إذا بتحب تطلع باكون تحت أمرك.

ـ آه. وإنت قاعد هنا لحد إمتى؟

ـ طول إقامتك.

ـ طول إقامتي قاعد كده متصبر في بهو الفندق؟ طيب باقولك، إحنا داخلين نتغدى، تعالَ يلَّا.

ـ لا أستاذ، ممنوع!

ـ هو إيه اللي ممنوع؟! هتيجي «بـ...مك» ولَّا تمشي تروح تاكل في بيتكو؟

ـ لا، ما يصير إجي أستاذ نجم.

ـ طلاق تلاتة من الولية اللي قصادك دي لانت جاي ومتغدي معانا، دي فلوس «فلان» (صاحب القناة)، مش أحسن ما يصرفها على «...» النسوان؟

أبدى الشاب تخوفه من المحاسبة، فقال أبي:

- «...» اللي يحاسبك، الكلام معايا أنا.

استجاب الشاب على استحياء، ودخل مع أبي إلى قاعة الطعام. أبي لا يحب الطعام، هو يأكل ليعيش. حين تجلس معه وهو يأكل تشعر بالبؤس والحسرة، وربما تكره الطعام واللحظة التي وُضع فيها أمامك، فهو يأكل وكأنه تحت استجواب ضابط أمن دولة، وعليه أن يجيب. وفي أثناء تناوله إحدى اللقيمات، يشعر بملل شديد، فيزدرد اللقمة قبل أن يمضغها، وأحيانًا يرفع اللقمة، ثم يعيدها مرة أخرى مكانها، وحين ينتهي من هذا الطعام يبدو وكأنه «نشط من عقال»، كما يقول التعبير العربي. كل هذه الخصال في تناول الطعام، تصيبه بنوبات من الهلع أمام البوفيه المفتوح، فيقرر أنه لن يأكل. لذلك، تتولى أم زينب أمر إعداد طبق له، وتختار من بين الطعام القليل المفيد. أعدت أم زينب الطبق ووضعته أمامه فباغتها أبي:

- أميمة، ما تبصيش، الواد دا شكله ما كلش بقاله سنة! دا يا حبيبي تالت مرة يقوم، دا جعان جوع تاريخي، ولاد الكلب مقعدينه في بهو الفندق لما بطنه نشفت!

بعد الانتهاء من الغداء، قال له أبي:

- إنت متجوز ياض؟
- مرتي لسه والدة.
- كويس أوي، منين البت؟
- من كفر الشيخ، عنكم بمصر.
- لا، دا أنا حماك بقى، هاتها بقى وهات العيل وتعالوا اتعشوا معايا.
- ما يصير يا عم أحمد.

(أصبح يناديه بـ«عم أحمد»، لأن أبي قال له: «إيه أستاذ نجم دي؟! إنت شايفني«...»؟»).

- وبعدين؟! إنت هتضايقني ليه؟ هتقعد كل شوية تقولي الكلمتين دول؟ باقولك هات الولية وتعالوا يا ما تورنيش وشك تاني!

بالفعل، أحضر السائق زوجته على موعد العشاء، ورحب بها أبي، وقال للشاب:

- إنت متجوز بنتنا ياض، تخلي بالك منها، خدي يا بت تلفوني، لو ضايقك تيجي تقعدي عندي وأربيهولك.

انتهى أبي من تصوير الحلقة، وتقاضى مبلغًا جيدًا. وفي يوم سفره، حاسبه الفندق على وجبتَي الغداء والعشاء اللتين تناولهما الشاب وأسرته، فدفع الحساب عن طيب خاطر، ثم قال للشاب:

- بص بقى، إنت متجوز بنتنا، فخد بقى الفلوس دي تجيب بيها للبت حاجة وتشخلعها كده، ما تروحش ياض تجيبلها طقم كوبيات، لا، هاتلها حاجات من اللي النسوان بتحبها دي.

وكانت النتيجة أن أبي عاد بنصف المبلغ الذي تقاضاه من الحلقة. وفي الطائرة قالت له أم زينب:

- يا نجم، يعني كده إنت صرفت نص الفلوس اللي قبضتها من الحلقة على السواق؟

قال لها:

- يا حمارة، إنتِ عارفة ربنا بعتنا ليه؟ مش يمكن ربنا مطخخنا المشوار دا كله عشان الواد دا ومراته واللحمة الحمرا اللي على كتفها؟ وراجعين مرضيين برضو. دا إحنا قبل ما نسافر ما كناش عارفين هتجيلنا فلوس منين نكفي بيها المعيشة.

لم يحكِ أبي هذه القصة البتة، واستحلف أم زينب ألا ترويها، حتى مات فروتها لي.

* * *

هذه التركيبة الغريبة، هي التي تجعل أبي يجابه قوات الأمن ببسالة

وشجاعة، ويلتقط القنابل المسيلة للدموع، التي يلقيها الأمن على المتظاهرين، ليردها عليهم، لكنه لم يكن رابط الجأش حين علم أنني شاركت في ثورة يناير، وكان يتصل بأمي كل يوم ويبكي، وأمي تنهره، وسأروي التفاصيل لاحقًا.

أحمد فؤاد نجم مكس، كل حاجة والعكس.

١٨
بابا والجلطات

أما عن رحلتي مع أبي في جلطات المخ، فقد كانت رحلة مضنية.

المرة الأولى التي علمنا فيها بإصابة أبي بجلطة كانت في عام ٢٠٠٠ تقريبًا.

كان أبي يجلس مع أصدقائه، ويلعب لعبة المواينس، التي تعلمها من عمو محسن زايد[١]، وهي لعبة ورقية لطيفة ومسلية، وتشبه الكونكان. تعلمتها كي أتقرب إلى والدي. ويروي أصدقاؤه أنه قال فجأة: «الله الله الله»، ثم انكفأ على وجهه، فحمله أصدقاؤه ونزلوا به إلى أم زينب، التي اتصلت بي وهي تصرخ:

ـ الحقيني يا نوارة! أبوكِ! أبوكِ!

طبعًا، لأني إنسانة مصابة بالقلق، فقد توهمت أنه مات. أغلقت الخط وهرعت إليه. حين دخلت وجدته جالسًا على السرير، مشعلًا سيجارة، ومعه الدكتور محمود عبد الظاهر. سألت الدكتور صديقه:

---

(١) محسن زايد، سيناريست مصري، من أشهر أعماله فيلم «المواطن مصري»، ومسلسل «حديث الصباح والمساء»، ومسلسل «الثلاثية»، وله غيرها من الأعمال العظيمة. أحب عمو محسن زايد، كان مقاتلًا في الجيش المصري، وحضر حرب ١٩٧٣، وروى بعض قصصها. عمل لفترة في ليبيا في تدريس السيناريو. أعلم أن له مجموعة من التسجيلات لهذه المحاضرات، وأحاول أن أجدها، بلا طائل. وهو والد السيناريست نشوى زايد.

- ماله يا عمو؟
- «Mild stroke» (جلطة خفيفة).
- يعني ينفع يشرب سجاير؟
- هنعمل إيه يعني؟ قوليله ما يشربش سجاير.
- بابا، ما تشربش سجاير.
- حاضر.

قالها وهو يشعل سيجارة من سيجارة!

اقترح الدكتور محمود عبد الظاهر أن يصطحب أبي إلى المستشفى، فرفض أبي. لكنه لم يلبث أن أصيب بالحالة نفسها في الليلة ذاتها، فنقله الدكتور محمود على الفور إلى المستشفى الخاص به، وأجرى له العلاجات اللازمة، وأذاب الجلطة، وطلب منه أن يظل في المستشفى تحت الملاحظة:

- عشان يا نجم بس ما يحصلكش كده تاني وما نعرفش نلحقك، وكل اللي إنت عايزه هنعملهولك يا سيدي، بس خليك هنا تحت عيني.

وكان كل اللي هو عايزه الآتي: أن يأتي كل أصحابه في أي ساعة من ساعات الليل أو النهار إلى المستشفى. وبالطبع يُحضر أحد الأصدقاء الطبق، وعدة اللف!

قلت:

- أنا هابات مع بابا.

وقالت أم زينب:

- لا يا حبيبتي، روحي وأنا هابيِّت معاه.
- يا أم زينب، إنتِ مش هتقدري عليه، دا هيشرب سجاير دا، ومعاكي زينب صغيرة عندها تسع سنين، هتسيبيها لوحدها ولَّا هتبيتي طفلة في المستشفى؟ روحي وأنا هابات معاه.

بالفعل، أقمت مع أبي في البداية، وكانت النتيجة أنه طردني من المستشفى

وأمر التمرجي أن يمنعني من الدخول! فأنا شخص مزعج، أفتش ملابسه، وأُخرج منها علب السجائر، «آاااه... جبتها منين العلبة دي؟ أنا مش لسه رامية علبة الصبح؟ يا نهار إسود! وحشيش كمان؟! جبته منين دا؟!». ثم بدأت تحت الضغط والخوف على أبي أتصرف بعنف مع أصدقائه: «محدش ييجي هنا تاني! إنتو بتجيبوله سجاير وحشيش!».

يتشاجر أبي معي، ويسمع كل من في المستشفى صوتنا وكلٌّ منا يسب الآخر.

ـ امشي.

ـ مش ماشية.

ـ معندكيش دم؟!

ـ لا، معنديش، طالعالك.

ـ أنا معنديش دم؟!

ـ ما إنت لو عندك دم تحافظ على صحتك، مش تموِّت نفسك! عايز تموتلي وتدبسني في زينب وأمها؟ يكون في علمك أنا مش هاشيل بنتك لو إنت مت!

ـ أحسن، مش عايز من خلقتك حاجة، اوعي.

ـ لا، مش هاوعى.

ـ هاشرب نفَس واحد.

ـ ولا نُص نفَس.

ـ ينعل «...».

ـ أهو إنت.

ـ إنتِ قليلة الأدب!

ـ طالعالك.

ـ لا، إنتِ تربية أمك!

ـ أمي مؤدبة، بس نعمل إيه في الجينات الوسخة!

ـ أنا جيناتي وسخة؟! طب أنا هاولع سيجارة أهو!
ـ طب أنا هاولعلك في المستشفى أصلًا!
حين حضرت أم زينب، سألها التمرجي:
ـ ما تآخذينيش يا مدام، هي مين مرات الأستاذ اللي جُوه؟
ـ أنا.
ـ أنا آسف، ما كنتش أعرف إنه متجوز اتنين.
ـ يا خرابي! متجوز اتنين؟! إنت بتقول إيه؟! نجم اتجوز عليَّ؟!
ثم هرعت إلى غرفته:
ـ يا خاين يا قليل الأصل، دا أنا طول الليل باحشيلك في محشي الكرنب! تتجوز عليَّ وإنت في المستشفى بين أيادي الله! الحقيني يا نوارة!
ـ اتجوز عليكِ فين يا أم زينب، ما أنا قاعدة أهو!
وقف التمرجي حائرًا، فنظرت إليه أم زينب:
ـ إنت مش قلت اتجوز عليَّ؟!
فأشار إليَّ:
ـ هي دي مش مراته؟
تنفست أم زينب الصعداء:
ـ يا شيخ منك لله! لا، دي بنته.
اتسعت عينا التمرجي وقال:
ـ بنته وبيشتموا بعض كده؟!
قالت أم زينب:
ـ ما هو تلاقيه مطلَّع دينها!
وضعت أم زينب الطعام لأبي، فأجاب غاضبًا:
ـ مش طافح!
قلت:
ـ أحسن. يا أم زينب ما نمتش طول الليل، كل ما آخد منه علبة سجاير

يطلع بواحدة جديدة مع إن عيني ما بتنزلش من عليه! هو حاوي دا؟! بيجيب السجاير منين أنا مش عارفة! وبرضو دخل الحمَّام وشرب سيجارة من ورايا وبكل غباء رماها في التواليت وفضلت موجودة بعد ما شد السيفون!

تضامنت معي أم زينب، ودافعت عني في هذه العركة، فقال لها أبي:

- لعلمك، اللي بتدافعي عنها دي بتقولي لو مت مش هاخد بالي من زينب وأم زينب.

فقالت أم زينب:

- إنت طبيعي؟ إنت فاكر إنك كده بتوقعني في بنتك يعني؟

(ملحوظة: سؤال «إنت طبيعي؟» كان يُطرح عليه كثيرًا، خصوصًا من النساء!).

قال متأففًا:

- أنا عايز سجاير.

انتصر أبي في النهاية، وتقرر أن ترافقه أم زينب، أما أنا فأقضي اليوم معه.

بقيت أنا وأم زينب نحارب طواحين الهواء. لا يمكن بأي حال من الأحوال منع أبي عن التدخين. نفتشه تفتيشًا ذاتيًّا، ونقضي على كل بقايا السجائر، ثم جلا جلا جلا... رائحة دخان تنبعث من الحمَّام، تدخل عليه أم زينب لتجده يدخن، فينهرها ويخبرها أنه من غير اللائق أن تدخل على الناس الحمَّامات. فتقول له:

- إنت بتشرب سجاير!

فيجيب:

- ما تغيريش الموضوع.

وهكذا...

أقامت معه أم زينب، وما إن أصل إلى بيتي، حتى تتصل بي:

- أبوكِ طلقني! مسكته بالسجاير وقلتله هاقول لنوارة، قالي إنتِ طالق!

ذات مرة غضبت أم زينب، وقررت أن تترك له المستشفى كما تترك له البيت.

أحضرت له طعامًا، وقلت لها:

- لو مات هتندمي، تعالي، ولما يخف ابقي اتطلقي.

يخرج أبي من المستشفى، ثم يعود إليه بعد أن يصاب بالحالة نفسها، لأنه لم يقلع عن التدخين لحظة واحدة.

* * *

أمر المهندس نجيب ساويرس أن ينقل أبي إلى مستشفى السلام الدولي بشارع سوريا. شعرت أنا وأم زينب ببعض الاطمئنان، لأن الأطباء هناك ليسوا أصدقاء أبي، ولا يمكن لأبي أن يتعامل معهم «بالعشم» الذي تعامل به مع الدكتور محمود عبد الظاهر.

نُقل أبي إلى العناية المركزة في حالة سيئة جدًّا. كنت أظن أن هذه أواخر أيامه، وكنت تائهة زائغة العينين، أجلس أمام العناية المركزة وأبكي.

حضرت عفاف أختي لزيارة أبي في العناية المركزة. دخلت إليه، وابتسمت له:

- يا بابا، هتبقى كويس.

ثم خرجت من العناية المركزة وأغشي عليها.

بعد إذابة الجلطة، خرج أبي إلى غرفة. أقامت معه أم زينب، وفي أثناء إقامته كان أبي يدخن ويلف السجائر وكله كله، في مستشفى السلام الدولي!

كان المشرف على علاج أبي طبيب مخ وأعصاب شهيرًا جدًّا اسمه الأخير إسكندر، لكنني لا أذكر الاسم الأول، رحمه الله، وكان يتعامل مع أبي بأبوة شديدة، ويضحك من تصرفاته، وقد قال لأم زينب:

- في رقبتك لو دخن.

- يا دكتور، دي تالت طلقة!

- أنا دكتور المخ بتاعه، وباقولك الطلقة مش محسوبة، ولا أي حاجة يعملها دا محسوبة أصلًا! دا ملوش أيمانات!

أذهب كل يوم لزيارة أبي، فأجد الممرضات يخرجن من غرفته وهن يضحكن:

- إنتِ بنته؟ بصي، أنا مليش دعوة بقى! دا حاوي والله العظيم! مش عارفة بيجيب السجاير منين؟ هيهيهيهيهيهي.

غير أن الدكتور إسكندر بذل جهدًا مضنيًا، وكافح ونافح ليحافظ على حياة أبي.

الحمد لله، بفضل الرعاية المنضبطة ومقاومة أبي ورغبته في الحياة، بدأ في التحسن، وحضر كثير من الناس لزيارته، وكانت عفاف أختي في قمة السعادة! كلما حضر أحد المشاهير سلمت عليه بحرارة، وحدثته عن أعماله المهمة. وأذكر أن الإعلامي وائل الإبراشي (رحمه الله)، حضر لزيارة أبي، فكانت عفاف متوهجة في فرحها، وأبدت إعجابها ببرنامجه، وظلت تردد أنها في غاية الشرف أنها قابلته، حتى قال لها وائل الإبراشي:

- يا أستاذة إحنا اللي في غاية الشرف إننا في حضرة عم أحمد، وإنتِ في غاية الشرف إنك بنته!

فقالت:

- ربنا يكرم أصلك، دا من ذوقك.

حين شعر والدي بأن الدكتور إسكندر أحكم السيطرة عليه، وانتهى الأمر بانتصار الطبيب، أبدى استسلامه. ثم استيقظ ذات صباح، وكانت أم زينب قد ذهبت إلى البيت لتحضر الطعام وبعض الملابس، وكنت قد ذهبت إلى البيت لأرتاح قليلًا، فنزل من السرير وخرج من الغرفة ومر على الاستقبال:

- سلاااامووووو عليكوووو.

فرد موظفو الاستقبال:

- عليكم السلام يا عم أحمد، إنت رايح فـ... عم أحمد... عم أحمد.

قال وهو يركض ورجال الأمن يركضون خلفه:

- كتبولي على خرووووج...

ولم يفلحوا في الإمساك به!

خرج من المستشفى وركب التاكسي وعاد إلى البيت!

لا أعرف مصير موظفي الاستقبال وهل تمت معاقبتهم أم لا، ولكن أشهد الله على أنهم أبرياء براءة الذئب من دم ابن يعقوب.

* * *

عاد أبي يمرض من جديد، ويصاب بالجلطات من جديد. اتصلت أمي بالدكتور جابر عصفور، وقالت له إن الشاعر أحمد فؤاد نجم في حاجة ماسة إلى العلاج، فقال لها الدكتور جابر:

- عشانك إنتِ بس يا أستاذة صافي، دا شاتمني!

اتصل الدكتور جابر عصفور بالمشير طنطاوي، فأصدر المشير طنطاوي شخصيًّا أمرًا بعلاج أبي على نفقة القوات المسلحة. وكان أبي يشعر بحرج شديد، لكن مع إصراري أنا وأم زينب، وفي ظل حالته الصحية المتردية، خضع لنا ودخل المستشفى. حين دخل المستشفى، أخذ يردد:

- أنا لازم أبقى كويس بسرعة.

أشرت إلى أنني ألحظ حرجه، وتساءلت:

- يعني ما إنت دخلت مستشفى نجيب!

فقال:

- نجيب صاحبي، لكن دي القوات المسلحة، اللي بيتعالجوا هنا عساكر وظباط، ودي فلوس مصر.

فضحكت وقلت له:

- ما إنت يعني ما عملتش أقل من العساكر والظباط لمصر يا بابا.

لم يفلح أي مستشفى في السيطرة على أبي سوى مستشفى القوات المسلحة، فالممرضات لا يضحكن، وأعمال السحر والحواة لم تفلح، والأطباء قالوا له:

- إنت قاعد معانا شوية.

فقال:

- مقبوض عليَّ يعني؟

فضحك الطبيب وقال:

- يعني هي أول مرة؟

حتى محاولات الهرب فشلت، ونجح أمن المستشفى في اللحاق به وإعادته إلى الغرفة. وكان ذلك في عام ٢٠٠٧.

* * *

في عام ٢٠١١، أصيب أبي بوعكة صحية كبيرة، دخل في إثرها الرعاية المركزة في مستشفى السلام الدولي. وأذكر أنني كنت واقفة أبكي على باب الرعاية، وحين حضر عمو محمد هاشم[١] تشاجرت معه وقلت:

- بابا مبطَّل سجاير وإنت بوظت أخلاقه!

لم يملك الحضور، على الرغم من تأزم الموقف، إلا أن ينفجروا ضاحكين.

كان ذلك في خضم أحداث الثورة، في يوليو ٢٠١١.

* * *

أصيب أبي بوعكة صحية جديدة في نوفمبر سنة ٢٠١١. وعلى الرغم من هجومه الشديد على المجلس العسكري في حينها، وكنت أهاجم معه طبعًا، فإنه دخل مستشفى القوات المسلحة بالمعادي، وقد أمرت القوات المسلحة وقتها أيضًا بألا يتحمل أبي نفقات العلاج. وكان الأمر مباشرًا من المشير طنطاوي أيضًا، وجاء ذلك الأمر بعد أن كان أبي قد هاجم شخص المشير طنطاوي في مداخلة تلفزيونية. لكن أبي لم يمكث كثيرًا هناك.

---

(١) محمد هاشم، صحفي ومؤلف مصري، وُلد في مدينة طنطا في عام ١٩٥٨، وهو صاحب دار نشر «ميريت»، وقد صدرت له عدة روايات منها رواية «ملاعب مفتوحة»، وحاز عدة جوائز عالمية في مجال النشر.

هنا أمر حرج تجب مناقشته، ما دمت أحاول التذكر، وأحاول مجابهة الحقيقة.

في الواقع، شن أبي هجومًا شديدًا على المجلس العسكري، وما أحبش أتكلم عن نفسي كتير يا جماعة، لقد كنت أحد أنفار الميدان، وكنت أهتف دومًا ضد المشير وضد المجلس العسكري، لكن أبي كان يحب «الجيش»، بمعنى «الجيش المصري»، وقد أوضح ذلك عدة مرات في قصائد: «دولا مين»، و«واه يا عبد الودود»، و«ضليلة فوق راس الشهيد». ولسبب ما، يبدو، والله أعلم، أن المؤسسة تبادله المشاعر نفسها، وإلا فلماذا تأمر القوات المسلحة بعلاج أحمد فؤاد نجم، أبو لسان طويل، للمرة الثانية من دون تحمل أي نفقات وكأنه فرد من أفراد القوات المسلحة، وعلى الرغم من هجومه الضاري على المشير حسين طنطاوي؟ ولماذا تنعاه القوات المسلحة ببيان عسكري وكأنها تنعى أحد أفرادها؟ وعلاقة غريبة كده، أفهمها وأرجو من الله أن يساعدني في شرحها، فأنا محرجة من الشرح.

لماذا أنا محرجة؟

حتى لا أتحدث نيابة عن أبي، وهو ميت، في أمر شائك كهذا، وقد قال ما قال وعبَّر عن رأيه، ويمكنكم العودة لكل ما قال. وكذلك، فأنا لا أريد أن أبدو قليلة أصل ومتنكرة، وكذا لا أريد أن أبدو متملقة ومتزلفة، والوضع محرج فعلًا. لكن ما هو مؤكد، أن أبي، وإن عومل معاملة أبناء القوات المسلحة، فهو كان يفضل رتبة العسكري وقلبه قائده لا يتلقى الأمر سوى منه، وقد عاش حياة العسكري في خدمة الوطن بما رآه هو في صالح الوطن.

لم يبدِ أبي ندمه على شيء سوى على قصيدة «الحمد لله خبَّطنا تحت بطاطنا»، وبرر ذلك بأن القصيدة هاجمت الجنود بقدر ما هاجمت القيادات، وأنه كان متألمًا جدًّا، فلم يفلح في فصل الجندي عن القيادة في انتقاده. وقال ذلك في لقاء تلفزيوني يمكنكم البحث عنه. لكن، هو فعلًا يشعر بالولاء

للجيش المصري، وهو بالفعل يعد نفسه أحد الجنود، ويتضامن معهم تضامنه مع الباعة والدراويش وكل أنفار الشعب غير المعدودين.

أبي هاجم جمال عبد الناصر طوال حياته. وبالمناسبة، ظل رأيه ثابتًا في سياساته، لكنه حين شعر بهجوم خارجي على جمال عبد الناصر من جهات قيادية في بلد مجاور، هب للدفاع عنه. قلت له:

- يا بابا، عبد الناصر هو السبب في حاجات كتير مقرفة في حياتنا.

قال:

- يا بنتي أنا كنت في سوريا وشايف الناس بتعاني وطالع دين أمها، والقيادات دي بتشتم عبد الناصر! وهو ميت! لا، فشر، دا سيدكم وتاج راسكم.

ولا يطولوه العدا

مهما الأمور جابت[1]

أما بقية آرائه السياسية فهي معلنة ولا سر فيها، ولا أرغب أنا في التورط في الاتفاق أو الاختلاف معها.

في السنوات الأخيرة من عمر أبي، كان قد أقلع عن التدخين إقلاعًا كاملًا، وكان أحيانًا ما يدخن بين الفينة والأخرى مع أصدقائه، إلا أنه قال لي:

- أنا بطلت السجاير عشان عايز أعيش لما أشوف ولادك وولاد زينب.

مع الأسف، لم تتحقق أمنيته!

---

(١) من قصيدة «زيارة إلى ضريح عبد الناصر».

١٩

بابا أبو الثورة

لقد شحن أبي للثورة طيلة عمره. ولا أبالغ حين أقول إن أبي هو الأب الشرعي لثورة يناير. ولقد حرَّض على الثورة باستلهام ثورات لشعوب أخرى. ما كان يهمه هو تحرك الشعب الحي وفرض إرادته، أما ما وصل إليه الساسة فليس من شأنه. هو عسكري من ضمن العساكر.

أبجد هوز
حطي كلمن
افتح صفحة
امسك قلمن
اكتب زي الناس ما بتنطق
سأطت سايجون
رفعوا العلمن
طلعت شمس اليوم دا أغاني
كل ما نسمع نعشق تاني
طلعت شمس اليوم دا حريقة
تشفي الجرح
وتبري الألمن

سايجون عادت للثوار
فوق الدم وتحت النار
جَدوا فوجدوا
زرعوا فحصدوا
واحنا إيدينا للسمسار
واللي قالوه السمسارجية
واللي حكاه السمساردار
لما قروه القروانجية
بالمِستعدِل والمِندار
هتش ونتش بعِزم الصوت
عن أمريكا وهول أمريكا
زعموا الفانتوم شايل موت
سقط الموت بعلَم أمريكا
جاتكوا فضيحة
يا طبقة سطيحة
وعاملة فصيحة
وجايبة العار
قروانجية
وكتبنجية
وسمسارجية
وسمساردار
سايجون دُرة يا ثوار
عادت حُرة للأحرار
دا احنا هنشبع بُكرة أغاني
اسمع واحفظ يا كَتباني

واثبِت عندك في الأوراق
مصر بتنضح بالأشواق
مصر عروسة
وبُكرة عريس
والعشاق إحنا العشاق
فينا وبينا ولينا الثورة
إحنا الثورة
وهي الناس
فينا الماضي
وبينا الحاضر
والمستقبل
هو الناس
كل الناس

ودأب على أن يحيي كل ثورات العالم فور اندلاعها معتبرًا أن الثورة فعل مقدس، ولديه مجموعة كبيرة من القصائد التي عبَّر فيها عن سعادته بالثورة الإيرانية عام ١٩٧٩، والتي كانت وقتها ثورة شعب كامل:

إيران يا مصر زينا
كان عندهم ما عندنا
الدم هو دمنا
والهَم من لون هَمنا
امسك ودانك من قفاك
امسك ودانك من هنا
الخالق الناطق هناك
الناطق الخالق هنا
الأرض حبلى بالربيع وبالغِنى

والجو مسكون بالقصايد والغُنا
والشمس فوق الكل تشبه شمسنا
والثروة ملو الأرض والناس والبُنا
بس العصابة الأمريكاني مربعة
فوق الغلابة والديابة مضبعة
والصحفجية العرصجية الأربعة
لابسين صاجات وكل حاكم له غنا

وهكذا، فقد كان أبي ينتظر الثورة مثل العيد، وكان يستبشر خيرًا بكل تحرك جماعي، ويعتبره إيذانًا بثورة كبرى:

هِلي يا شمس البشاير
طابت وآن الأوان
طُلي وحِلي الستاير
نور الأشاير يبان
وارخي الضفاير مناير
فوق الزمان والمكان
مصر الشباب العزيزة
قامت وكان اللي كان
مصر اللي خاضت ليالي
بحر الضلام الرهيب
تِسهر عليها المَبالي
تزعق ولا من طبيب
عرفت بلاها ودواها
بعيون شبابها النجيب
تسلم عيون الأطبا
ويعيش حكيم الزمان

قال الشباب المداوي
شقشق يا نور الصباح
تظهر أصول البلاوي
تطهر عيون الجراح
يخضر عود الأغاني
يسري العبير في البراح
تسرح في مصر الأماني
زي النشيد والأدان
مصر العلوم والصنايع
والفلاحين والغيطان
مصر الجنود بالمدافع
متسلحين للميدان
مصر السلام بالمعارك
يفرش يغطي المكان
ينده يا شمس الحقيقة
طُلي عليكي الأمان

كان هذا تعقيبًا على تحرك الطلبة في السبعينيات، إلا أنه لم يشفِ غليل أبي، واعتبره «بشاير» لثورة كان ينتظرها.

وإشارة إلى الإمام الحسين فقد كان يستلهم منه تحركه الثوري:

مدد سيدنا وشهيدنا
يا قايل ومواعدنا
يكون عيدك وعيدنا
يوم طلعة شمس جاية

ظلت قصائده التي كان يحيي فيها كل التحركات المحدودة لشباب

مصر، كبيرة ومتسعة إلى درجة احتوت ثورة يناير، وعبرت عنها على الرغم من مرور الزمن.

هنا سأستخدم تعبيرًا مستعارًا من اللغة الإنجليزية، وربما يستبشعه القارئ العربي، لكنني سأشرحه، لأنه الأنسب في الوصف: «His poems were the bible of the revolution» (كانت قصائده إنجيل الثورة).

لقد كتبت «bible» بالحرف الصغير، ولم أكتب «Bible»، أي أنني أقصد صفة الإنجيل وليس ذات الإنجيل، وهذا مُحسِّن بديعي، يُستخدم، جائز استخدامه والله في اللغة، ويستخدمه الناطقون باللغة الإنجليزية، ولو أن الناطقين باللغة العربية يمتلكون قليلًا من العقل في الزمن الحالي لاستخدموه، ربما كان يمكن استخدامه منذ مائة عام باللغة العربية، وكان سيمر، لكن نظرًا إلى أحوال الطقس، فلا بد من شرح وربنا يستر. المقصود بهذا التعبير أن هذه القصائد كانت تتملك قلوب الثوار بدرجة تقترب من القدسية: كلما أعجزهم التعبير عما يرغبون في صياغته لجأوا إلى قصائد أبي، وكلما أرادوا الهتاف استعاروا أبياتًا من شعره. وهذا لا يعني تجاهل شعراء آخرين، مثل قصيدة «اتجمعوا العشاق» للشاعر زين العابدين فؤاد، التي كانت تهز أرجاء الميدان، أو قصيدة «إحنا الصوت ساعة ما تحبوا الدنيا سكوت» للشاعر عبد الرحمن الأبنودي، التي تبناها الألتراس شعارًا له. ما أقصده هنا هو أن وشيجة الأبوة والبنوة التي كانت تربط قصائد أبي بالمشاركين في الثورة كانت حالة خاصة.

وبخلاف أغنية «شيد قصورك» التي كانت مثل «الوِرد اليومي» للثوار، كان هناك:

صباح الخير على الورد اللي فتَّح في جناين مصر
صباح العندليب يشدي بألحان السُّبوع يا مصر
صباح الداية واللفة ورش الملح في الزفة

صباح يطلع بأعلامنا من القلعة لباب النصر
صباح الخير على ولادك صباح الياسمين والفُل
تعيشي ويفنوا حُسادك ويسقوهم كاسات الذل
وبلَّغ يا سمير غطاس يا ضيف المعتقل سنوي
بصوتك دا اللي كله نحاس صباح الخير على الثانوي
وأهلًا بيكو في القلعة وباللي في الطريق جايين
ما دامت مصر ولَّادة
وفيها الطَّلق والعادة
هتفضل شمسها طالعة برغم القلعة والزنازين

لكن، ماذا فعل أبي حين علم أنني أشارك في الثورة التي عاش حياته يحرض عليها، ودفع أثمانًا باهظة في انتظارها؟

انتظرونااااا...

* * *

لماذا شاركت في الثورة؟

لأنني ابنة الشاعر أحمد فؤاد نجم، المحرِّض الأول على الثورة؟

لا، ليس شرطًا.

أختي عفاف كانت تردد: «استر يا رب»، وتحمد الله أن الثورة لم تصل إلى الفيوم محل إقامتها، وكانت تتساءل: «إنتو عايزين إيه؟».

أختي زينب كانت ترى أن هذه فوضى، وأننا عطلناها عن التنزه مع أصدقائها، وكانت تخشى حكم الإسلاميين الذين سيجبرونها على الحجاب، بل كانت تقول لأبي: «أنا مش فاهمة إنت وبنتك عايزين إيه؟».

على اعتبار أنني وأبي نملك إنهاء الموقف يعني!

هل السبب الأم؟

نعم، هناك احتمال كبير، أنا أفكر مع القارئ. لكن إحقاقًا للحق، أم زينب

كانت شديدة الحماس للثورة، وكانت دومًا ما تعرض خدماتها التي في استطاعتها: «أعملكم كام حلة محشي وكام صينية رقاق تتقوتوا بيها في الميدان؟ عندك كام نفر قوليلي كده؟».

لقد شاركت في الثورة لأنني كنت أنتظرها مثل أبي.

على الرغم مما كنت أبديه من يأس.

على الرغم من أنني لم أترك فرصة إلا وسفَّهت فيها أحلام أبي، وربما بعض قصائده، فكنت أردد عليه:

واسمعي يا بلدنا خلاصة القول
وباقولك أهو وأنا أد القول
مش ممكن كده حيحول الحول
على كده والناس يفضلوا ساكتين
خليكوا شاهدين
خليكوا فاكرين

ثم أقول:

- أحرجت نفسك أوي! حال خمسة وتلاتين حول أهو!

فيجذب الشعرة التي في ذقنه ويقول:

- آه! بس يا بنت الكلب!

لكنني كنت أنتظر ولا أقول إنني أنتظر.

على ذكر سابق لعمرو خالد، فقد استجبت لنداءاته في خدمة الفقراء، ونزلت لأؤدي بعض العمل التطوعي الحر مع بعض صديقاتي في المناطق العشوائية، وكانت صدمة أخرى ساهمت في قتل «توتة» إلى الأبد. وكنت أرى كل الفساد والظلم المركبين في المجتمع: أناس يعيشون في ظروف لا تقبل الحيوانات العيش فيها، عشش بلا خصوصية، مغروسة وسط «الطرنشات» الطافحة. يشترون المياه الملوثة للشرب، كان سعر الجركن ٢٥ قرشًا، في

وقت كان فيه سعر الدولار خمسة جنيهات وبضعة قروش، وكان بالنسبة إليهم مبلغًا باهظًا. يلعب الأطفال في تلال المزابل لعبة لطيفة: يصطادون العقارب، والفورة من إيه؟ من لدغة، اللي يتلدغ من العقرب يبقى اتغلب. يفتحون أكياس القمامة ليبحثوا عن طعامهم. لا يحسنون أي صنعة، فهم أناس منسيون، بعضهم ليس لديه شهادة ميلاد. في وسط كل ذلك مسجد يوزع على الناس كسوة الشتاء ولحوم الأضاحي في الأعياد، يسيطر عليه الإسلاميون من الإخوان والسلفيين، وأنا هنا لا أبلِّغ الشرطة أو الأمن، فقد كان وجودهم بعلم ومعرفة وموافقة من الأمن. كان الإسلاميون يكفلون الأسر، والأمن يشرف على المكان، كان حاضرًا، حضوره القوي جعله يستدعي إحدى صديقاتي ليفهم منها من هؤلاء البنات اللاتي يأتين ليوزعن الأرز والفاصوليا والبطاطين؟ وحين علم أننا مجرد فتيات بلهاوات نستمع إلى عمرو خالد، تركها.

كان كل شيء على ما يرام: الفقراء راضون بحقائب رمضان ولحوم الأضاحي. الإخوان والسلفيون في سيطرة كاملة وضمنوا حجاب ونقاب جميع النساء، ولم يضمنوا ما دون ذلك. والأمن موجود، يحضر ليوزع على الناس ما تيسر ليخرجوا نصرةً لمرشح الحزب الوطني. كل شيء على ما يرام إلا أنا.

لم أكن على ما يرام.

أبدًا.

لم أعد أبكي وتنتابني الكوابيس كما حدث بعد تجربة وسيم الصريطي، وإنما انتابني غضب. كنت غاضبة دومًا، وأشعر أن هذا لا بد أن تكون له نهاية.

في الواقع، لم تكن لديَّ أي أفكار سلبية عن جماعات الإخوان والسلفيين المنتشرة في المكان، كنت أظنهم أناسًا طيبين يرغبون في إطعام الناس، لكنني كنت دومًا أتساءل عن سر إصرارهم على حجاب النساء

ونقابهن على الرغم من معرفتهم بما يدور بداخل العشش، واكتفائهم بقول: «حراااام». ثم عدت إلى إحسان الظن بهم، وقلت في نفسي: هؤلاء أناس أطهار، خيالهم لا يصور لهم بشاعة ما يمكن أن يحدث بداخل العشش، وربما لم يروِ لهم السكان ما يحدث، وربما علموا لكنهم «احتاسوا» مثلما «احتست» أنا.

هكذا كان ظني، وهذا ظن بريء.

أنا وصديقاتي أفراد، لا نملك سوى جمع التبرعات وتوزيع البطاطين والطعام، لا نملك مؤسسات كبرى، ولا آليات، ولا رؤوس أموال، ولا شركات، ولا إعلامًا، ولسنا منظمات مثلما الحال مع التيارات الإسلامية التي كان بإمكانها إصلاح أحوال الناس بدلًا من حشو البطون وفرض الحجاب مع الاحتفاظ بأحوالهم المزرية، من جهل، وانعدام مهارة، وفساد داخلي. لم ألحظ أنهم تعمَّدوا الحفاظ على الفساد الداخلي لهؤلاء المساكين لتظل للتيارات الإسلامية اليد العليا على هؤلاء في انتظار اللحظة المناسبة. وكان ذلك أيضًا مناسبًا لنظام مبارك الذي كان يرى في وجودهم بهذا الشكل مخزونًا جيدًا يمكن الارتكان إليه في الانتخابات، واستخدام البلطجية ضد أعداء النظام، واستمرار تسول المعونات.

على أي حال، كانت هذه الأحوال تثير غضبي، وهذا رد فعل لم يكن محسوبًا.

لقد كانت الطبقة المتوسطة تعيش مطمئنة بدرجة كبيرة، وكان الشيوخ يطلبون منا أن ننزل لنخدم الفقراء، وكان لذلك هدف: أن نشعر نحن بمزيد من الاطمئنان، وأن يظل الفقراء عبيد إحساناتنا.

في الواقع، كنت بالفعل أنزل لخدمة الفقراء في العشوائيات وفي دور الرعاية، وأعود لأشعر براحة نفسية كما قال عمرو خالد ذات مرة إن خدمة الفقراء تُشعر الإنسان بالسعادة. بالطبع، أنا صاحبة الفضل والإحسان والبر،

أنا صاحبة اليد العليا، أنا الطيبة التقية النقية الورعة، أنا المتعلمة التي تعلم الجهلاء، أنا المحسنة التي تعطي الفقراء، أنا التي تبذل جهدًا ابتغاء وجه الله، والله سيرضى عني، ولذلك فأنا أشعر بالرضا عن نفسي.

في يوم من الأيام، ذهبت إلى إحدى دور الرعاية، وقمت بتوزيع الأشياء، وبالطبع، تلقين الأولاد دروسًا عن الأخلاق والدين وحسن الخلق، ونهيهم عن الفواحش التي يقترفونها، و... و... و... حتى قاطعني مراهق في أثناء تناوله الوجبة، قائلًا:

- باقولك يا أبلة، ما تخلصي الوعظة بتاعتك دي خلينا نتسمم اللقمة اللي إنتِ جايباها! إنتِ أصلًا جاية تاخدي ثواب على قفانا! لو إحنا مش موجودين ما كنتيش إنتِ بقيتِ ست المحسنة! وإنتِ تخشي الجنة عشان بتاعة ربنا، وإحنا نخش النار عشان حرامية و«...».

بوووووم.

ضربت أنفي بعنف والله.

هذا المراهق الذي قال لي ذات مرة:

- أنا النهارده سمعت شريط ديني عن واحد اسمه «المسير البغال» (المسيح الدجال).

وبالمناسبة، قابلته ذات مرة في أحداث «محمد محمود»، وكان يلقي بنفسه في مواضع الخطر، وحين استوقفته وسلمت عليه قال:

- يا أبلة، إحنا هنعمل حاجة حلوة، وأنا مستعد أموت عشان نعمل الحاجة الحلوة دي.

لكنني أظن أنه من غير اللائق ذكر اسمه. أتمنى أن تكون حياته سارت على أفضل ما هو متاح.

بعد هذه اللكمة التي أعطاها لي هذا المراهق في منتصف أنفي، حدث حادث جسيم: قتل أحد أبناء دور الرعاية زميله. وكنت أشعر بمسؤولية

مباشرة، وأستيقظ لأجد الوسادة قد ابتلت بدموعي. وكنت أسأل نفسي: أيوه يعني أنا رايحة أعمل إيه إذا كان في الآخر واحد منهم قتل التاني؟

وشعرت بشعور «الراقصة» التي تنفق على «البلطجي»: أنا لا أفعل أي شيء سوى تسكين هؤلاء التعساء، أسكنهم بوجبة وبطانية وملابس، وأطلب منهم الصلاة حتى يشعروا بالأنس بالله، ليبتلعوا أحوالهم المؤسفة ويرضوا بنصيبهم! أنا أشارك في الجريمة! ما كنت أظن أن ما يرفع مقامي عند الله ما هو إلا جريمة، و«باخد ثواب على قفاهم». هذه ليست أحوالًا تسمح بالعمل الخيري، هذه أحوال لا تسمح سوى بالعمل الثوري.

لكنني أخاف.

أنا لا أريد أن أدخل السجن مرة أخرى.

كان اللجوء إلى المدونات مساحة جيدة لأعبِّر فيها عن نفسي.

في ديسمبر سنة ٢٠٠٦ دشنت مدونتي «جبهة التهييس الشعبية». لم أكن تحت مظلة حزب أو تنظيم، وليس من طبيعتي تلقي الأوامر. كنت أعبِّر عن نفسي وفقط. أكتب في اليوم عشرًا أو عشرين تدوينة، كل تدوينة لا تقل عن ألف كلمة، أتحدث عن كل شيء، أهتم بالقضايا العامة، خصوصًا قضايا التعذيب، والمعتقلين، والفقراء، والعمال، وأولئك الذين تطردهم الدولة لتأخذ أراضيهم. نعم، استهدفت بشكل شخصي النظام، هذا النظام الذي قُتل - تحت حكمه - مراهقٌ في دار رعاية تابعة للدولة على يد زميله الذي لا يقل بؤسًا وحزنًا عنه، هذا النظام الذي يترك الناس تعيش وسط غائطهم وتشكر يد المحسن عليهم بوجبة أرز وربع دجاجة. على الرغم من انقطاعي عن المؤسسة بعد حادث القتل لعدم قدرتي على مواجهة أعين الأولاد هناك، خصوصًا ذلك الواد أبو لسانين بتاع «جايين تاخدوا ثواب على قفانا»، فإنني كنت أنزل من حين إلى آخر إلى العشوائيات، لا لأطعم من فيها، ولكن لأصورهم وأنقل صورتهم إلى الناس. لم أكن

أخطط لشيء ما، كنت مغتاظة، كنت أريد أن أفضح ذلك النظام، لا بد أن يعلم الجميع ما يفعله بالناس.

سبقتني إلى المدونات أسماء كانت من المؤسسين، ولا أعلم هل يحسن بي أن أذكر أسماءهم، أم أن ذلك سيذهب بهم إلى داهية أبعد مما ذهبوا بالفعل! على أي حال، يمكن للقارئ اللجوء إلى محرك البحث. ولَّا أقول؟ ما الواحد خايف ما يقولش يقولوا تجاهلتنا، خايف يقول يقولوا بتلبسنا، ودي ناس مجانين كلها والله مفيهمش حد فيوزاته سليمة... طيب سأقول: أبو المدونين علاء عبد الفتاح، وزوجته آنذاك منال بهي، مالك مصطفى صاحب مدونة «مالكوم إكس»، مينا ذكري صاحب مدونة «الحاج جرجس»، محمد جمال بشير صاحب مدونة «جيميهود»، مدونة «أيوه خدامة» لا أعلم صاحبتها، لكنها كانت مدونة نسوية عظيمة، مدونة «شهروزة» لا أعلم اسم صاحبتها، مدونة «عايزة أتجوز» لغادة عبد العال، مدونة «الوعي المصري» لوائل عباس، مدونة «بيسو إبليس سابقًا/ وسع خيالك» لأحمد ناجي، مدونة «أنا إخوان» لمحمود عبد المنعم، ومدونات كثيرة أخرى، لا بد أنني نسيت كل من سبقوني، هذا ما أذكره.

كان عالم المدونات عالمًا جميلًا، أكتب عنه الآن وأنا أشعر بالحنين. كانت مساحة جميلة فتحت آفاقًا لكثير من الموهوبين، وسمحت لنا بتبادل الأفكار، وتطويرها، وتغييرها، سواء بالنقاش أو بالعراك. لكن نعم، جُلنا كان غاضبًا من النظام ويرى أنه بائد. كانت بيننا قضايا مشتركة، وقضايا خلافية، وكان لكل مدون قضية خاصة به تعبر عنه، وكانت كل القضايا شديدة الوجاهة، بما في ذلك القضايا الشخصية. كان بعض الشباب يحمِّل النظام تعاسته، وحين يروي قصته ترى أنه محق.

إذن، فنحن كنا على المدونات في انتظار الإشارة.

لست على علم بدواخل الجميع، ولا أعلم من كان منظمًا، ومن كان يغرد منفردًا، باستثناء المدونين الذين أعلنوا انتماءهم لجماعة الإخوان.

ولم تكن لديَّ أي حساسية حيال الجماعة، على الإطلاق، بل على العكس، كنت أحبهم.

أحبهم ولم أكن يومًا منهم.

لماذا كنت أحبهم؟

لأنني كنت أظنهم أناسًا يتقون الله، ويرغبون في الإصلاح، وكنا نتلاقى في موقفنا من إسرائيل وإن كنت أختلف معهم في أن الصراع ديني، وكنت أشفق عليهم من الاضطهاد والسجن، وكنت أرى أن الفكر الديني هو فكر، ولا يناقَش إلا بالفكر. ولم أعلم أن لديهم ميولًا للعنف، خصوصًا أنهم كانوا يبتسمون دومًا، هذه الوجوه الباسمة لا يمكن أن تقتل! وكنت أعلم أنهم موجودون في أماكن الفقراء، وأرى أن ذلك بر وإحسان، وكنت أظن أنهم يفعلون ذلك ابتغاء مرضاة الله، وإن كنت أرى أن ذلك خطأ، لكن لا بأس من الاختلاف في وجهات النظر، وأنا ضد الدولة الدينية، لكن لا بأس من التعاون، ووجودهم يعني تباين الألوان والاتجاهات، ويمكن تكوين ائتلاف يضم من أقصى اليمين إلى أقصى اليسار، كلهم ينشد صالح الوطن ومحبة الناس. وشوية كلام أهبل كده، وقدَّر الله وما شاء فعل، ومحدش بيتعلم ببلاش، وربنا يدي كل واحد على أد نيته.

كل هذا اللت والعجن البعيد تمامًا عن أبي لم يكن بعيدًا.

أبي كان يعلم بعالم المدونات، وبدأ يشعر بالفخر حين يخبره الناس بأن «مدونة نوارة مكسرة الدنيا».

لم أتوقع هذا الانتشار. كنت «أرغي» فقط. لكن يبدو أن عددًا لا بأس به من الناس أحب «رغيي». لاحقًا علمت أن البعض لم يكن مسرورًا بذلك، لكن ربنا يسترها على الجميع.

المهم أبي...

كان أبي شديد الفخر بذلك، وحريصًا على التعرف على عالم المدونين والمدونات، وكان يسألني عن «زملائي»، ويطلب مني أن أصطحبهم

ليجالسهم. وبالفعل، اصطحبت عددًا كبيرًا إلى أبي في بيته، وكانت السعادة متبادلة. كان هو سعيدًا بهم، وكانوا هم سعداء به، وحرص كثير منهم على أن يذهبوا معي في زيارتي الأسبوعية إلى أبي، وخلاص كده، أنا عاجي معاكو كده، ومنهم مالك مصطفى، صاحب مدونة «مالكوم إكس»، وأحد الواقفين على غُسل أبي بعد وفاته، الذي عدَّ نفسه من أصحاب البيت بكل ثقة، ورحب به أبي بكل حب، وأصبح يسأله: «هتاكل إيه الأسبوع الجاي عشان أقول لأم زينب؟». ومنهم زياد العليمي، الذي آمل أن يكون قد خرج من محبسه وقت صدور هذا الكتاب، ومنهم محمد جمال بشير (جيميهود) الذي كان يقول لأبي «بابا».

كنت أزور أبي كل جمعة، فأصبح بعض الثابتين في الزيارة يتصلون بي:

- ها؟ هتعدي علينا ولّا نطلع إحنا على طول؟

ثم أصبح أبي يقابل الجميع في دار نشر «ميريت» لصاحبها محمد هاشم. ونشأت بينه وبين عالم المدونين صداقات أقوى وأكثر من صداقاتي، ولم أعد أنا همزة الوصل بينه وبينهم.

ثم فوجئت بعبده البرماوي وجيميهود يخبرانني بأنهما دشنا لأبي مدونة، وأطلقا عليها «مُكنة الفاجومي»، وكان ذلك في مايو ٢٠٠٧، وكتب أبي:

> «اتنين من أكلة لحوم البشر - راجل وابنه - اصطادوا هيفاء وهبي، خدوها ع البيت، الراجل بيبصلها من ناحية وريقه بيجري، والواد م الناحية التانية، قاله يابا ما تيلّا ناكلها، قاله لأ دي هنخليها وهناكل أمك... إيه علاقة دا بالتدوين؟ مش عارف، ما أكدبش عليكم مش عارف، بس قلت أجرب إيدي، فالكيبورد بتاع النيلة داهوه وجع صوابعي، فقلت أقولكم كلمة ع الفيديو أحسن... باحبكم يا عيال، يا ورد مصر المفتح»[1].

---

(١) «مُكنة الفاجومي» (ولم أعثر على الفيديو): https://elfagomy.blogspot.com/2007/05/blog-post.html

أبي يحاول الكتابة على اللاب توب

ياااااه! بابا مات! شيء غريب! طالعت صورته الآن، وأدركت أنه مات، وأن هذه صورة ميت!

المهم، كانت «مُكنة الفاجومي» أولى محاولات أبي في التدوين بمساعدة عبده وجيمي.

في العام نفسه، دشن أحمد رحال «مدونة الشاعر أحمد فؤاد نجم»[1]، والحقيقة أنها مدونة عظيمة، وهي مرجع لي، وعلى قدر ما قرأت منها لم أجد فيها أي أخطاء، وأظنه قد جمع كل أشعار أبي، بما في ذلك أغاني مقدمات ونهايات المسلسلات.

لم يراجع أبي هذه المدونة، لكن المدونة شديدة الدقة من حيث النصوص والترتيب والتنسيق والتأريخ، حتى إن القصائد التي لم يتأكد صاحب المدونة

(١) «مدونة الشاعر أحمد فؤاد نجم»: http://elfagoomy.blogspot.com/

من نسبتها إلى أبي وضعها تحت وسم «أشعار منسوبة لشاعرنا»، ومنها ما هو بالفعل من قصائد أبي، ومنها ما ليس من شعره.

على أي حال، هذه فرصة سعيدة لشكر الأستاذ أحمد رحال على هذا الجهد الجميل.

غايته، كما يقول السودانيون، بدأ أبي يتابع التدوين والمدونات والمدونين، ويوثق صلته بهم، ويفتخر بي لأنني إحدى نجومهم، ويؤكد لنا أننا من سنحمل الثورة لمصر، ونحن نضحك، ونقول له إننا لن نحمل صينية بسبوسة. نعم، لم يكن لدينا إيمان بأنفسنا.

ذات مرة كتبت في «الدستور» مقالًا طويلًا مشفوعًا بالصور عن القافلة التي خرجت فيها لنصرة غزة. قالت لي أم زينب إنها رأت أبي يمسك بالجريدة ويبكي، وحين سألته لماذا يبكي، قال لها:

- أنا غيران من نوارة، كِبرت وما بقيتش أقدر أبات على الرصيف زي زمان، وهي بقت تبات على الرصيف مكاني!

فقالت له:

- طيب ما هي امتدادك.

فقال:

- لا، أنا عايز أروح.

فضحكت.

لكن أبي لم يتوقف عن نشاطه قَطُّ، وكما ذكرت سابقًا، كان عضوًا في رابطة «أدباء وفنانون من أجل التغيير»، التي كانت تسميها أم زينب في كل مرة باسم مختلف: موجهون ضد التغيير، فنانون في التغيير، أديبون مع التغيير، مدمنون ضد التغيير... وكان يشارك في الوقفات الاحتجاجية، وكثيرًا ما كنت أقابله مصادفة على سلم نقابة الصحفيين.

تجدر الإشارة إلى أن أمي الصحفية صافي ناز كاظم كانت قد دخلت

عالم التدوين هي الأخرى بمدونتها «لساني حصاني»[1]، وكان ذلك في عام ٢٠١٠.

هذه باختصار إرهاصات الثورة بالنسبة إليَّ وإلى أبي.

لكن كيف تعامل أبي مع الثورة التي اعتبرها «بتاعته»؟

* * *

قبل توقيت الثورة المتفق عليه، ٢٥ يناير (توقيت متفق عليه! لا أعلم حقًّا ما الذي سيقوله التاريخ عنا وهو يسرد أن تاريخ الثورة كان متفقًا عليه على الإنترنت! أهو دا اللي صار وآدي اللي كان)، وفي يوم الرابع والعشرين من يناير، ذهبت لزيارة مولانا المعظم سيد الشهداء وإمام الثوار، الإمام الحسين، «حبيب القلب والعين» كما تناديه النساء المصريات. ثم عدت إلى المنزل، وقضيت سهرة مع مجموعة من أصدقائي في أحد المحال. لم نكن نتوقع ما حدث، كنا نتوقع أن يحدث لنا مثل ما يحدث في كل مرة، ننزل وحدنا، بعدد خمسين أو اثنين وخمسين نفرًا، ونأكل علقة لم يأكلها حرامي في مولد، ويُقبض على مجموعة، بينما يركض الباقون - كنت أستاذة في الركض، لأنني أكره السجن منذ تجربة وسيم الصريطي - وندور نبحث عن المقبوض عليهم، مثل فيلم «حكايات الغريب» و«لو حصل حنلاقيه»، ثم نجدهم متفرقين في الأقسام أو في سيارات الترحيلات. لكنني كتبت على المدونة أن هناك احتمالين: إما أن تنزل المجموعة التي اعتادت النزول، وفي هذه الحالة الجري نص الجدعنة، وإما أن ينزل معنا عدد من المواطنين، وفي هذه الحالة «مفيش مرواح»، هكذا كتبت، وهكذا شعرت.

لا داعي للخوض في تفاصيل الثورة وآمالها وأحلامها ونوايا المشاركين فيها. أنا نزلت في يوم ٢٥ يناير، الساعة الحادية عشرة صباحًا.

---

(١) مدونة «لساني حصاني»: https://skazem.blogspot.com/

كانت أمي ينتابها التشكك بسبب فيديوهات لشخص يُدعى «عمر عفيفي».
اتصلت بي طنط شاهندة قبلها وبجواري أمي، وكما اعتادت الصديقتان، كانتا تتحدثان في وقت واحد:

ـ يا بنتي فيه حاجة مش مظبوطة، هو فيه ثورة بمعاد؟ ومين عمر عفيفي دا؟ دا كمين، والله ليكون كمين!

أجبتهما:

ـ أنا نازلة.

قالت أمي:

ـ طيب اكتبيلي في الورقة هنا «إِنَّ الَّذِي فَرَضَ عَلَيْكَ الْقُرْآنَ لَرَادُّكَ إِلَى مَعَادٍ». بالتوفيق يا بنتي، وربنا يخيب ظننا.

وأنا على الباب نادت عليَّ:

ـ نوارة، أيًّا كان اللي هيحصل، إنتِ بتعملي دا خالصة لوجه الله؟

ـ أيوه يا ماما، دا واجبي.

فقالت:

ـ يبقى أنا مش خايفة.

نزلت، وكان العدد قليلًا، ثم بدأ يزداد ويزداد ويزداد...

اتصلت بي أمي:

ـ خير يا بنتي؟

ـ العدد بيزيد يا ماما!

ـ على بركة الله يا حبيبتي. متوضية؟

ـ أيوه.

ـ ما تنسيش الصلاة.

ـ حاضر.

اتصل بي أبي:

ـ إنتِ فين يا نوارة؟

- يا بابا إحنا بنحرر مصر.

صمت أبي صمتًا طويلًا، فقلت:

- آلو...

- أيوه يا حبيبتي، إنتِ كويسة؟

- أيوه يا بابا، الناس كتير أوي، كتير أوي!

- طيب.

علمت بعد ذلك أنه أغلق الخط معي، واتصل بأمي باكيًا وقال:

- كلمي نوارة خليها ترجع.

فقالت أمي:

- ترجع فين يا راجل يا مجنون إنت؟!

فقال وهو لا يزال يبكي:

- أنا خايف! أكيد مش هيسكتوا! أنا خايف يعملوا فيها حاجة!

- ما يعملوا. إنت عارف معاها كام شاب وكام بنت في الشارع؟ ملهمش أمهات وأبهات؟ اللي يسري عليهم يسري عليها!

- طب ما تقوليلها ترجع بقى، هي مش شاركت خلاص؟ تروَّح بقى.

- لو رجعت هانزلها تاني. أنا كنت خايفة ومتشككة، لما الناس نزلت حتى لو كانت حاجة مزيفة في الأول فهي حقيقية بالناس!

- أيوه حقيقية الحمد لله، بس خلي نوارة ترجع بقى خلاص كده!

- بس بقى يا نجم!

- إنتِ أُم إنتِ؟!

فضحكت أمي وقالت:

- لا، إنت اللي أب. باقولك إيه يا نجم، ما تدوشنيش! أنا قاعدة باتابع الجزيرة ومشغولة مش فاضيالك، روح عيط بعيد عني!

وهكذا ظل أبي قابعًا عند محمد هاشم، ينزل أحيانًا في أحداث الثورة بما تسمح به سنه وصحته، ويدعم الثورة بكل طاقته، ثم يتصل بأمي باكيًا

مع كل حدث، ويقول: «قولي لنوارة تسكت»، «قولي لنوارة ترجع»، «قولي لنوارة تروَّح»... فتنهره أمي:

- يووووه!

- طب هي فين دلوقت؟

- في الشارع.

- طب دا فيه ضرب في الشارع!

- آه، ما أنا كلمتها.

- ولما ترجعلك ميتة؟

- مش أغلى من اللي راحوا!

- إنتِ أُم إنتِ؟!

- لا، أنا مش أُم. امشِ بقى زهقت منك ومش فاضية! عايزة أجهزلها أكل وهدوم نضيفة عشان لو ربنا أمر ورجعت، تلحق تستحمى وتاكل عشان تنزل تاني. امشِ بقى!

لم يكن أبي يتصل بي كثيرًا وأنا في الشارع.

يوم أن احتدم الوطيس في ١٩ نوفمبر سنة ٢٠١١ في الميدان، شاهدت أمي المشهد ثم اتصلت بي، كنت لحظتها أردد بصوت عالٍ: «اللاااااااهوووو أكبااااااار»، وكان ذلك من فرط الرعب، فقد كان الرصاص يأتي من كل جانب، ولا يحق لي أن أركض، وأخشى الموت كأي كائن حي، فأخذت أشجع نفسي: «اللاااااااهوووو أكبااااااار»، فتحت الخط وأنا أقول:

- اللاااااااهوووو أكبااااااار...

- أيوه يا حبيبتي، أنا شايفاكم وشايفاهم وهما بيهجموا عليكم، ما تخافيش يا حبيبتي.

- اللاااااااهوووو أكبااااااار...

- أيوه يا حبيبتي، الله أكبر. صليتِ؟

- أنا متوضيااااااااة... متوضيااااااااة... وطاهرااااااعععععع...

- أيوه يا حبيبتي، طاهرة وطول عمرك طاهرة. صليتِ؟ المغرب ادن...
- لساااااااهههههععععععععع...
- طيب صلي المغرب واجمعي معاه العشا عشان لو حصل حاجة ما يبقاش عليكِ صلاة، لأن وقت العشا بيدخل مع المغرب.

خفت صوتي فجأة:

- ماما... أنا غالبًا هاموت!
- طيب يبقى صلي... الحقي صلي!
- أنا هابقى شهيدة؟
- أيوه هتبقي شهيدة.
- طيب ما أنا مش عارفة أصلي فين! أكيد لو رحت شهيدة مش هيحاسبني على صلاة المغرب!
- وليه نجازف؟ شوفي أي حتة صلي فيها وربنا الحارس. لو مش عارفة القِبلة وجهي وجهك لله.
- حاضر.

يومها اتصل أبي بأمي، فرأت أمي رقمه على إظهار الرقم، فردت:

- والله العظيم لو عيطتلي لأقفل في وشك!

فقال أبي باكيًا:

- ما إنتِ بتقفلي في وشي كده كده!
- مش هاقولّها ترجع يا نجم!
- طيب.

لكنني لم أمت في ذلك اليوم، ولا في الأيام اللاحقة التي تعرضت فيها للموت المحقق. وعلى أي حال، عملت بنصيحة أمي وتحذيرها «ليه نجازف؟»، وكنت أجمع الصلوات، الظهر مع العصر، والمغرب مع العشاء، حتى إذا ما قابلت الله وسألني عن الصلاة أقول له أهي.

في تلك الآونة، كانت أم زينب تتصل بي وهي تبكي، وتدعو لنا

بالنصر، وتعرض خدماتها من صواني الرقاق والمحشي والمكرونة بالبشاميل.

لكن أبي لم يفت في عضدي قَطُّ، ولم يتصل بي مرة واحدة ليطلب مني العودة، كان ينفِّس عن قلقه مع أمي التي كانت توسعه لكمات كلامية، وهو يتقبلها بصدر رحب، ويبكي ويغلق الخط. في كل المرات التي اتصل بي فيها كان يشجعني، وحضر بنفسه إبان إضرابي عن الطعام ليشد من أزري.

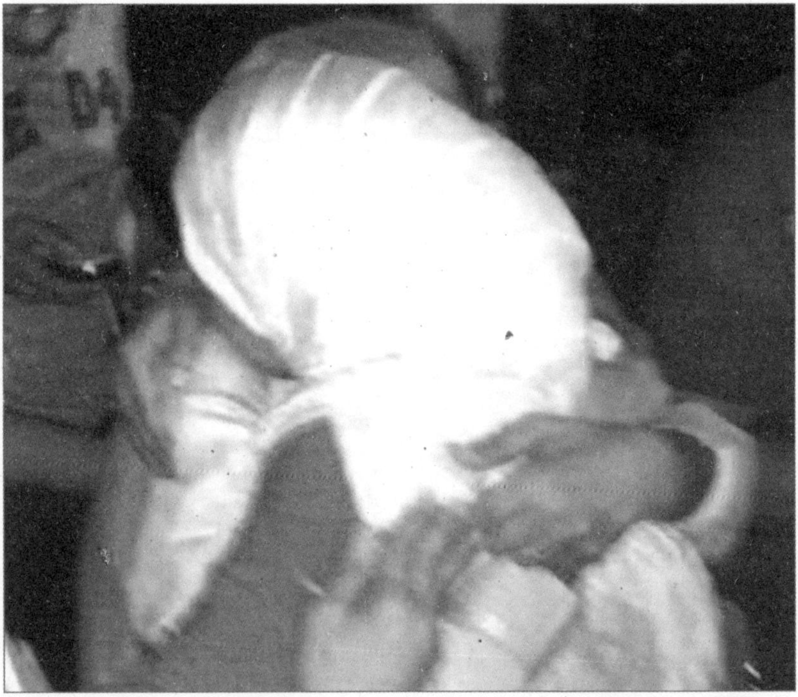

أبي يحتضنني إبان إضرابي عن الطعام أمام مجلس الشعب

نزلت أمي برفقتي إلى ميدان التحرير في الأيام الهادئة، وقت أن كنا نذيع في الميدان الأغاني الوطنية، وكانت أكثر أغنية اشتهرت بها إذاعة الميدان:

«يا حبيبتي يا مصر» لشادية. جلست أمي متعبة على الرصيف، فقال لها أحد الناس وهو يستمع إلى الأغنية: «إحنا من غير شادية ما نسواش حاجة».

نزل أبي عدة اعتصامات، أذكر منها اعتصام مجلس الشعب واعتصام الألتراس، وغيرهما من الاعتصامات التي لا أذكرها لأنني كنت منشغلة بأحداث الثورة.

تأكيدًا لموقف أمي الشجاع، أود أن أذكر هنا يوم «موقعة الجمل»، ليلتها عدت إلى المنزل لأول مرة، فأخذت حمَّامًا، ثم أكلت، ودخلت لأستريح قليلًا، وفوجئت بأمي توقظني في نحو الواحدة أو الثانية صباحًا وهي تقول لي:

- نوارة، قومي انزلي الحقي الناس، بيضربوا عليهم نار من الكوبري! قومي أنا محضرالك لبسك أهو، اتوضي قبل ما تنزلي!

وتكرر الموقف عدة مرات، كلما عدت إلى المنزل لأستريح قليلًا، أيقظتني أمي «لألحق الناس»! وكانت هذه ثقة كبرى بي! أيوه، الناس بتنضرب، أنا ألحقهم إزاي؟!

لكنها كانت تأخذ احتياطاتها وتلزمني بكتابة «إِنَّ الَّذِي فَرَضَ عَلَيْكَ الْقُرْآنَ لَرَادُّكَ إِلَى مَعَادٍ» في كل مرة.

وبهذا مرت أحداث الثورة، أنا في الشارع، وأبي يبكي لأمي، وأمي توقظني كي ألحق الناس، والدكتورة رضوى عاشور تستلمني في الميدان، وتطمئن أمي أنني تحت عينيها، وتستضيفني لأستحم وآكل وأرتاح نصف ساعة، أو أهرب عندها من الضرب، وتجلس لتحكي معي حكايات مضحكة لتهوِّن عليَّ وتبث فيَّ الأمل... حتى انتهى الأمر بفوز جماعة الإخوان المسلمين بالحكم.

* * *

كان تحطم صورة الإخوان - التقاة النقاة الطيبون أهل البر والإحسان - قد بدأ تدريجيًّا مع الثورة، حين قالوا لن ننزل في الخامس والعشرين من

يناير، ثم بعد ذلك بدأوا في تصرفات تنم عن خذلان وطمع في السلطة، حتى جاءت أحداث «محمد محمود».

وكما يقول الرفقاء: دخل الناس «محمد محمود» ولم يخرجوا منه. كانت ملحمة ثورية. ولا أريد الدخول في تفاصيلها، فالكل يعلم ما حدث، ومن لا يعلم ما حدث فـ«google it»، لكننا كنا نواجه الموت في كل لحظة!

بدأت الأحداث بدعوة حازم أبو إسماعيل إلى اعتصام من أجل الثورة، في الثامن عشر من نوفمبر، ثم انسحب بمؤيديه فجأة، وانكشف ظهرنا، وبقي مصابو الثورة، ثم حدثت اشتباكات فقد فيها مالك مصطفى عينه وأنا أقف بجواره. وقد قضيت سنوات لم أتجاوز فكرة أن مالك كان يتقدم عليَّ ليحميني بظهره فأصيب في عينه!

كنا في «محمد محمود» لا نعلم متى سينتهي ذلك! ولماذا لا ينتهي! نحن لا نريد المواجهات.

اتصل بي الأستاذ إبراهيم عيسى، وقال:

- يا نوارة، إيه اللي بيحصل عندك؟

- مجزرة يا أستاذ إبراهيم! حد يلحقنا!

- اقتراحك؟

- الإخوان ينزلوا معانا، هما عدد، لو نزلوا عددهم يحمينا والضرب يقف!

- حالًا هاكلم خيرت الشاطر وأرجعلك.

كان الأستاذ إبراهيم عيسى يتحدث «بعشم»، لأنه طالما ساند خيرت الشاطر في أثناء تعرضه لمحاكمات عسكرية، وكان يظن أن له «خاطر». غاب الأستاذ إبراهيم. اتصلت به. أرسل إليَّ الأستاذ إبراهيم رسالة خجلى: «خيرت ما بيردش عليَّ!».

خرجت من الميدان على أبي مباشرة، وجدني فجأة أمامه في البيت. انهرت في البكاء:

ـ ما كنتش أتخيل أبدًا إنهم كده! ما كنتش أتخيل! صدموني! كنت فاكراهم حاجة تانية!

ابتسم بطرف شفتيه، ثم قال:

ـ أنا اللي اتصدمت فيكي!

ـ فيَّ أنا؟!

ـ آه، كنت فاكرك أنصح من كده، بس طلعتِ حمارة زي أبوكِ! اتصدمتي فيهم ليه؟ ما طول عمرهم كده!

ثم روى لي قصة يبدو أنها كانت لا تزال تؤلمه: في فترة الستينيات كان في السجن، وكان يزامله في السجن عدد من المساجين السياسيين من الاتجاهين، اليسار واليمين، وكان يحرص على الاحتفاظ بعلاقة جيدة مع الجميع، وكان أحد أصدقائه في ذلك الوقت، محمد قطب، الذي أوحى له بقصيدة «الطنبور» حين قص عليه رؤيا منامية رأى فيها شخصًا يدير رحى الطحين ويقول: «طويلة أوي أوي حكاية الرسالة»، فقال له أبي:

ـ دي قصيدة.

فرد عليه:

ـ أمَّال أنا باحكيهالك ليه؟ جايلك تفسرهالي يعني؟ سيدنا يوسف إنت؟!

الصداقات في حياة أبي تعتمد في الأساس على «خفة الظل». هو لا يشترط في صداقاته الانتماء إلى تيار سياسي معين، أو الاتفاق معه في آراء معينة، أو مشاركته في طبقة اجتماعية، بل إنه لا يشترط الالتزام بكود أخلاقي معين. هو لم يصادق غير خفيفي الظل فقط. وكانت لديه قناعة أن ثقيل الظل شخص مغضوب عليه من الله. ويبدو أن محمد قطب كان خفيف الظل، وروى أبي أنه كان يقول له:

ـ كل حاجة فيك كويسة يا أحمد، مش ناقصك غير تخش حظيرة الإسلام.

فيبادره أبي:

ـ طب بذمتك مش مكسوف وإنت بتقول حظيرة؟ عايزني أبقى فرخة؟

فيتبادلان الضحكات.

المهم، ذات مرة، ولسبب ما، قرر مساجين الإخوان العصيان في السجن، فدخلت عليهم القوات في السجن وأوسعوهم ضربًا بـ«الآيش»، فما كان من أبي إلا أن خرج من زنزانته وراح يحامي عنهم بجسده الناحل، ويلقي بنفسه فوق بعضهم، ويتلقى الضربات معهم وبدلًا عن بعضهم. وما إن نجحت القوات في إدخال الجميع إلى الزنازين حتى سجَّل أبي إضرابًا عن الطعام احتجاجًا على ما حدث مع «الزُّمل». وتكديرًا له نقلته إدارة السجن إلى زنزانة انفرادية. شأنه شأن كل من تعامل مع أبي بشكل شخصي، كان مأمور السجن يحب أبي، فدخل إليه الزنزانة، وأوضح له أن حبسه الانفرادي «على عينه»، وطلب منه أن يفك الإضراب، وأخبره بأن سجناء الجماعة تنصلوا منه في المحضر الذي حررته إدارة السجن، وعرض عليه المحضر، فكذَّبه أبي، فاستدعى أحد المساجين المنتمين إلى الجماعة، ولم يكن محمد قطب بالطبع، وطلب منه أن يعيد عليه ما قاله في المحضر، فقال الرجل إن أحمد فؤاد نجم شيوعي كافر، وإن الإضراب عن الطعام ليس من شيم المسلمين، وإن المسلمين يصومون لله ولا يضربون عن الطعام، لأن في ذلك شبهة انتحار والعياذ بالله. لم يلتفت أبي إلى الرجل، الذي ذكر اسمه ولن أذكره، بل وجَّه حديثه إلى المأمور وقال إنه لا يحتج بكلام أسير تحت الضغط عليه، وإنه ماضٍ في إضرابه من أجل المبدأ، ولا يريد من أحد جزاءً ولا شكورًا. نُقل أبي إلى المستشفى بعد فترة وجيزة من الإضراب، وحين عاد انتظر الشخص الذي شهد ضده أو أي فرد من الجماعة ليأتي معتذرًا عما بدر منهم، أو مبررًا، أو متحججًا، أو حتى متمنيًا له السلامة، لكن ذلك لم يحدث. ثم علَّق أبي: «ولو اتعاد الموقف هاعمل نفس اللي عملته»!

ازداد بكائي وغمي، فقال أبي:

- هتفرج يا قلب أبوكِ والله. هيوصلوا للحكم، وهيمشُّوا نفسهم منه.

فقلت:

- يوصلوا للحكم؟! لا! يوصلوا للحكم بعد كل اللي عملوه دا؟! لا! أنا ما كانش عندي مانع الأول بس دلوقت لأ!

قال:

- أمر الله نافذ. لازم تكتمل دورتهم لنهايتها، وهيمشُّوا نفسهم محدش هيمشِّيهم. ما تخافيش.

الغريب، وبعد كل ما روى لي أبي من قصص، سواء هذه القصة أو غيرها، أنه لم يكتفِ بالتصويت للدكتور مرسي في الإعادة، بل اتصل بي يتشاجر معي، وهذا ما حدث: دق تلفون البيت، فردت أمي:

- أيوه يا نجم... أيوه... آه أنا برضو صوَّت لمرسي... هنعمل إيه؟ لا هي مقاطعة... مقاطعة باقولك مقاطعة... أعمل إيه يا نجم؟ بتزعقلي ليه أنا دلوقت؟ بس باقولك ما تعليش صوتك عليَّ... أهي... يا نوارااااا... تعالي كلمي أبوكِ.

- أيوه يا بابا.

- إنتِ مش هتصوَّتي لمرسي؟

- لا طبعًا، لا صوَّتلهم في النيابية ولا هاصوَّتلهم دلوقت!

- إنتِ مجنونة؟! عايزة شفيق ينجح؟!

- ما ينجح. أنا دافنة صحابي وداخلة المشرحة على أحلى الشباب! مش هانتخبهم!

- بس اسكتي! إنتِ مجنونة ولَّا إيه؟ باقولك انتخبيه!

- الله! وإنت مالك يا بابا؟

- إلا مالي! هتبوظي الطبخة على حبة ملح؟!

- دول لو جم هنبقى زي إيران ومش هنخلص منهم قبل خمسميت سنة!

- دول مش هيقعدوا أكتر من سنة... اسمعي اللي باقولك عليه، دا هيبقى رئيس في يونيو ده، يونيو اللي بعديه هيكون مشي، إنما شفيق لو نجح هتبقى مجزرة!

ـ ولا هتبقى مجزرة ولا حاجة. مش هانتخب إخوان ولو السكين على رقبتي!

ـ الدايرة لازم تكتمل! امشي غوري!

ثم أغلق الخط.

نظرت إلى أمي في تحدٍّ:

ـ مش هانتخبه.

ـ ما تنتخبيهوش.

فزدت:

ـ لولا العيبة كنت انتخبت شفيق.

ـ عيبة فعلًا.

ـ عيبة ليه؟

ـ الله! مش إنتِ اللي بتقولي؟! عايزة تنتخبي شفيق انتخبيه.

فصمتُّ.

٢٠

بابا يحيي الجمهور

كأي بطل درامي، تنتهي حياة أبي بما يسمونه في الدراما «Grand Exit» (الخروج العظيم).

تمامًا كما أراد، استهل حياته يتيمًا وأنهاها وسط «عزوة» من الثوار.

من دون الدخول في كثير من التفاصيل السياسية التي اكتفينا منها، ولا أعلم كيف يمكننا تجنب التفاصيل السياسية ونحن نتعرض لحياة أحمد فؤاد نجم، لكن سنحاول...

الحقيقة أن أحمد فؤاد نجم ليس سياسيًّا، هو شاعر، شاعر مصري، متألم، حزين، غاضب، ساخر، يتقارب في المشاعر مع ذلك المراهق الجميل الذي قال لي: «جايين تاخدوا ثواب على قفانا، ولو إحنا مش موجودين إنتو مش هتبقوا محسنين». هذه العبارة البليغة هي المحور الذي دارت حوله حياة أبي وإبداعاته وتوقه إلى الثورة. وهو في فقره بينه وبين هذا المراهق، الذي لا بد أنه أصبح شابًّا الآن، وشيجة قوية. وأمضى عمره يحاول أن يتحدث بلسانه ولسان من مثله.

أحمد فؤاد نجم شاعر مصري، متشرب بالثقافة المصرية الشعبية الصوفية، فهو لا يفطن شيئًا عن السياسة، ولم يدَّعِ يومًا أنه يفطن شيئًا عنها، بل إنه عاش يحتقرها، لكنه يعلم أن «الدايرة لازم تِكتمل»، هكذا يؤمن السادة الصوفية

المتغلغلون في الثقافة الشعبية المصرية، على الرغم من كل محاولات سلفنة المجتمع.

أحمد فؤاد نجم شاعر مصري، من أصول ريفية، يحب الزرع والحيوانات والأطفال، وحتى آخر عمره ظل يزرع في سطوح بيت المقطم ثم في شرفة بيته، ويربي الكتاكيت، ويتعارك مع الديك الذي غافله وأكل بقايا لحوم فتحول إلى ديك شرس ينقر كل من يدخل إلى السطوح، وأبي يركض خلفه ويسبه، وكان أجرأ ديك قابلته في حياتي، إلا أنه كان يهاب أبي.

أحمد فؤاد نجم شاعر مصري، قلبه حنون، يعطف على المظلوم حتى لو اختلف معه، و«الحق حبيب الله»، هكذا قال عن جماعة الإخوان حين تولوا الحكم.

كنت أبكي:

- يا بابا، الإخوان نجحوا... إهئ إهئ إهئ!

فقال:

- الحق حبيب الله. الناس بقالها سنين بتشتغل عشان توصل للحظة دي، ودفعوا فلوس وجهد وأتمان، ووصلوا للي هما عايزينه عشان ربنا بيعمل كده، اللي بيشتغل لحاجة بيوصلها مهما طال الزمن، الدايرة لازم تكتمل، العبرة بقى لما يوصلها هيعمل إيه!

- إحنا لبسنا في مصيبة، ولا هتقوملنا قومة تاني!

- أهو دا كلام الحمير بقى، ما أحبش أكلم حمير! لو نجحوا يبقى خير للكل، ولو فشلوا هيمشُّوا نفسهم.

- ويحصل إيه بعد كده يا بابا؟

- يحصل اللي يحصل بقى. هي دي بلد ولها خصال ومفاتيح، عرفت خصالها ومفاتيحها تاخد عينيها، ما عرفتش يبقى بالسلامة بقى!

وهكذا أخذ الأمر بكل بساطة، ولم آخذه ببساطة لأنني تعرضت لما لا يجب التعرض له. رأيت دمًا، ودخلت مشرحة زينهم، وفزعت بأصوات

المفرقعات والرصاص. حين كنت أذهب إلى البيت، أستيقظ فزعة على صوت الرصاص، وحين أستيقظ أقول لأمي:

- سامعة صوت الرصاص؟

فتقول لي:

- مفيش صوت رصاص!

لكنني أؤكد لها أن هناك صوت رصاص. وكنت دومًا أشم رائحة الدماء.

قال أبي:

- لازم ندعمه ونحاول نساعده ينجح، هو نجح خلاص.

- حاضر يا بابا.

- ياختي اسم الله! دا إيه الأدب دا؟ إنتِ عيانة؟

في الحقيقة نعم، كنت مريضة، منهكة، وسئمت أصوات الرصاص، ورائحة الدماء.

وإمعانًا في العمل بنصيحة أبي، دشنت على موقع التواصل الاجتماعي هاشتاج "جدع يا مرسي"، وذلك دعمًا لقرار أقسم بالله لا أتذكره من فرط تفاهته، لكنني رأيت وجاهة رأي أبي. ثم أفرج عن ضباط ٨ أبريل، فنزلت لدعمه عند الاتحادية.

عداني العيب كده يا جدعان؟

ثم حدث ما حدث، ورأيت ما رأيت، وهلع وخوف من اندلاع حرب أهلية.

اتصلت بي أمي وأنا عند الاتحادية:

- فيه إيه؟

- بنموت.

- طيب اقفلي، أنا هاحاول أدور على نمرة حد فيهم وأتصل بيه يوقفوا الجنان دا!

اتصلت أمي بأحدهم الذي لا داعي لذكر اسمه، لأنه بين أيادي الله الآن:

- إيه يا دكتور؟ دا ينفع؟ حد يعمل كده؟
- دي الثورة المضادة.
- بنتي ثورة مضادة؟
- طيب استني... يا جماعة... يا ولاد... نوارة هناك محدش يعملّها حاجة.
- إيه دا؟ هو أنا باكلمك عشان محدش يعمل لبنتي حاجة؟ وغيرها عادي يعني؟ ما زيها زي اللي معاها، محدش يعمل لحد حاجة! إيه دا يا دكتور؟

أما أبي الباكي دومًا منذ بداية الثورة، فقد كانت المرة الأولى التي يتصل بي فيها ويقول:

- اثبتي يا نوارة، اثبتي إنتِ واللي معاكي، هانت... مش هيقدرولكم على حاجة.

في الواقع، كانت تعليمات الدكتور بأن «محدش يعمل لنوارة حاجة» قد جاءت متأخرة، فقد أطلق عليَّ الرصاص من فوهات «الآلي» الذي يحمله «رفقاء الميدان»، ومنهم وجوه أعرفها، ومنهم أناس واجهتهم وظللت متسمرة أمامهم:

- إيه دا؟ إنت بترفع عليَّ آلي يا «فلان»؟! أنا؟!

حتى حملني زوجي وأصدقائي حملًا، وهم يرددون:

- إنتِ لسه هتقفي تسألي؟ دا بيضرب نار!

في ذلك اليوم اتصل بي جابر القرموطي، ثم أغلق الخط في وجهي لأنني «طويلة اللسان»[1]، ثم اتصل بي وائل الإبراشي (رحمه الله)، وقلت له:

- أرجوك يا أستاذ وائل ما تقفلش في وشي، إحنا عايزين حد ينقذنا، فيه حرب أهلية ومواطنين مدنيين واقفين هيموِّتوا بعض.

فقال بهدوء:

- حد زي مين يا نوارة؟

---

(١) https://www.youtube.com/watch?v=OZUQcuFl760

فقلت:

ـ البلد دي فيها جيش.

وجدت الفيديو الخاص بجابر القرموطي، ومع الأسف لم أجد الفيديو الخاص بوائل الإبراشي.

* * *

حين علم أبي أنهم حاولوا قتلي انتابه غضب شديد، ولاحق الفضائيات بالمكالمات واللقاءات والسباب. لأول مرة لم يتصلوا به ليطلبوه، طلبهم هو ليتشاجر مع الإخوان على التلفزيون، ويتحدث بغل وغضب من محاولة قتلي. لم تكن المرة الأولى التي أواجه فيها الموت، لكنه كان شديد الغضب من أن يتبنى «رفقاء الميدان» رفع السلاح على المتظاهرين. شارك بقوة في حملة «تمرد»، ودعا إليها، حتى إنه ذات مرة قال إنه مضى ١٦ استمارة، وضحك الناس، واستغلت الجماعة تصريحه لتبرهن على زيف التوقيعات، وشعر القائمون على تمرد بالقلق، واتصل البعض بأبي ليتراجع عن تصريحه، فقال:

ـ واتراجع ليه؟ أنا ماضي ١٦ استمارة فعلًا، و«...م» الاستمارات، لما يشوفوا الناس في الشارع شكلها إيه هيعرفوا مقامهم إيه بتوع إحنا بتوع الحشد.

دعوت للمشاركة في ٣٠ يونيو، لكنني كنت حبلى. حضرت صديقتي فاطمة عابد، التي كانت حبلى هي الأخرى، وذهبنا معًا إلى منزل فدوى عابد، شقيقتها، بينما نزل محمد زوجي ومالك مصطفى للمشاركة في التظاهرات. وكان أبي وقتها عند محمد هاشم في وسط المدينة.

التفاصيل اللاحقة معروفة.

* * *

وهكذا صمد أبي وظل حيًّا، حتى رأى الثورة، ثم ضمن خروج الإخوان من الحكم، وزوَّجني، وعلم أنني حبلى، وظل يدعو الله أن أكون حبلى في بنت، وحين علم أنها بنت أسماها «فاطمة الزهراء» محبة في السيدة فاطمة

الزهراء، «أُم مولانا» كما قال. بعدها، حصل على جائزة «الأمير كلاوس»، وهي جائزة ذات أهمية دولية، وكما تقول ويكيبيديا:

> «هي جوائز دولية يمنحها صندوق الأمير كلاوس سنويًّا منذ سنة ١٩٩٧، تكريمًا للأفراد والمنظمات الذين يسهمون في الثقافة والتطوير المجتمعي بشكل تقدمي ومعاصر. ينتمي معظم من حصلوا على هذه الجوائز إلى دول أفريقيا وآسيا وأمريكا اللاتينية والكاريبي. أُسس صندوق الأمير كلاوس (وهو الجهة المانحة لهذه الجوائز) سنة ١٩٩٦، وسُمي بهذا الاسم تكريمًا للأمير كلاوس زوج الملكة بياتريكس ملكة هولندا، وتدعمه ماليًّا وزارة الخارجية الهولندية».

كان أبي الفائز الرئيسي لسنة ٢٠١٣، وهو ثاني شاعر عربي يفوز بهذه الجائزة بعد الراحل محمود درويش (رحمه الله). استضاف يوسف الحسيني أبي في التلفزيون ليحتفي بهذا التكريم الدولي، ويتفاخر بوصول أول شاعر مصري إلى العالمية، فأجابه أبي بأنه حزين ومذبوح، لأنه كان يرغب في أن يأتي هذا التكريم من بلده مصر التي عاش من أجلها، حتى إن يوسف الحسيني ذاته اندهش من تفضيل أبي للتكريم المحلي على التكريم الدولي، وراح يذكره بأنه أول شاعر مصري يصل إلى العالمية، وأنه هو ونجيب محفوظ رفعا اسم مصر عاليًا، وكلام من هذا القبيل، لكن أبي كان مصممًا على أنه يريد التكريم من حبيبته.

دُعي أبي إلى مؤتمر لنصرة القضية الفلسطينية، التي عاش من أجلها أيضًا طوال حياته، في الأردن، فذهب إلى المؤتمر، وناصر القضية الفلسطينية، وألقى أشعاره، وعاد إلى بيته.

وقف في شرفة البيت ونظر إلى السماء وقال: «ادتني كل حاجة، ما خليتش نفسي في حاجة أبدًا، راضيتني وطبطبت عليَّ، أنا باحبك قوي، وعارف إنك بتحبني، ولما أجيلك هتاخدني في حضنك، وتقولي أهلًا أهلًا. يااااه... الحمد لله... كده قُنعت».

نظرت إليه أم زينب وقالت:

- بتكلم مين يا نجم؟

لم يجبها، واتصل بي ليطمئنني على قدومه سالمًا:

- يا بت واحشاني عايز أشوفك.

قلت له:

- أجيلك يوم الأربع.

كانت المكالمة يوم الاثنين. كان صوته مرتعشًا وخافتًا. انقبض قلبي، لكنني طردت الأفكار السيئة وقلت لنفسي إن هذا قلقي المستمر على أبي.

فقال لأم زينب:

- أنا عايز آكل.

أعدت له طعام العشاء، فتناول ما تيسر، ثم نام.

استيقظ في الصباح الباكر كعادته، وأيقظ أم زينب وأخذ يدللها:

- حد جوزه يبقى لسه جاي من السفر وينام يا «ترومای»؟ طب دا أنا كان مفروض أقعد يومين كمان وجيت مخصوص عشانك.

استيقظت أم زينب وهي تتذمر:

- يا نجم! حد يصحي حد الساعة ستة الصبح؟!

دخل إلى المطبخ وأعد لها كوبًا من النسكافيه، وأعطاها إياه، ثم دخل إلى غرفته ليتناول حبة مسكن.

سمعته أم زينب وهو يقول: «الله الله الله»، ثم سمعت صوت ارتطام بالأرض، فدخلت عليه لتجده رافعًا سبابته إلى أعلى ويردد الشهادتين، فراحت أم زينب تربت على صدره وتردد:

- ما تخضنيش يا نجم!

ثم فارق أبي الحياة!

رحل قبل أن يأتي يوم الأربعاء!

كنت حبلى في شهري التاسع، اتصلت بي أمي في السابعة صباحًا، وقالت لي:

ـ بصي... إحم... هو أبوكِ... دايخ... دايخ... روحيله.

قمت على الفور لأرتدي ملابسي، وأنا أظن بالفعل أن أبي «دايخ»، لكن أم زينب اتصلت بي وهي تبكي:

ـ الحقيني يا نوارة! أبوكِ مات!

فقلت على الفور:

ـ لا طبعًا، ما تقوليش كده عليه! هاجيبله دكتور.

اتصلت بمالك مصطفى أو اتصل هو بي، وقلت له:

ـ هاتله دكتور يا مالك عشان إنت جنبه، أنا جاية.

بدا التردد على صوت مالك، ثم قال:

ـ حاضر يا نوارة.

تلاحقت المكالمات:

ـ أيوه يا نوارة...

ـ أيوه، بابا تعبان شوية، أنا طالعاله وهنجيبله دكتور وهيبقى كويس.

ـ طيب يا حبيبتي إحنا جايين.

بالفعل حضر الطبيب، لكن بابا ما بقاش كويس!

قال الناس: «يخرج من السيدة نفيسة»، فقلت أنا وأم زينب في صوت واحد:

ـ سيدنا الحسين. هيخرج من عند حبيبه.

ذكَّرتني أم زينب برؤيا كانت قد رأتها قبل وفاة أبي بأسبوعين: شاهدَته يقف في مقام الإمام الحسين، والكل يفسح له الطريق، وهو يرفع عصا صعيدية في تحية مثلما يفعل أهل الصعيد في الأفراح، ويقول لها: «أنا فرحان... فرحان».

وذكَّرتها أنا برؤيا رآها أبي قبل وفاته بشهر: رأى أن أنور السادات وجهه ممسوح ويقول له: «اصحى يا نجم، بقينا يوم القيامة العصر». ثم ضحكت وأنا أبكي وقلت لها: «رايح مستقصد السادات ياخد منه حقه»!

حين سألت رجلًا أظن صلاحه عن هذه الرؤيا، لم يزِد عن ترديد:

-«وَٱلْعَصْرِ ① إِنَّ ٱلْإِنسَٰنَ لَفِى خُسْرٍ ② إِلَّا ٱلَّذِينَ ءَامَنُواْ وَعَمِلُواْ ٱلصَّٰلِحَٰتِ وَتَوَاصَوْاْ بِٱلْحَقِّ وَتَوَاصَوْاْ بِٱلصَّبْرِ».

قلت:

- مش فاهمة!

قال:

- هو عمل حاجة في حياته غير الحق والصبر؟ ربنا يجعلنا من بركاته.

الحق عجوز وقديم ويغُر
لكن ما يموتش وله طلاب
والتار قنطار
فوق كِتف الحُر
والصبر ف وقت البلوى عذاب
والعزم صديق ف الوقت المُر
ولا غير العزم تلاقي صحاب
والأرض براح
وان داسها الذل
تضيق بالناس
والخُضرة تموت
ويعربد فيها البوم أجناس
ولا تبقى حياة
ولا يبقى نظام
ولا خطوة تسير بالناس قُدام
ولا تعرف بُكرة هييجي بإيه
ولا تفهم معنى لأي كلام
ونلف نلف
وبرضو نقول

الحرب سجال
داير على طول
والسكة أمل
والنية عمل
والجُهد حياة
والراحة شلل
يا زنود الناس الشغالة
ملعونة الراحة ف خط النار
النصر عروسة يا رجالة
لكن ممهورة بالإصرار

* * *

رحل أبي سعيدًا مطمئنًا كما يبدو، وخرج من عند حبيبه.

أخرجنا أبي مبكرًا، كان هناك اقتراح بتأجيل الصلاة إلى العصر، حتى يتمكن أكبر عدد من الناس والشخصيات المهمة من حضور الصلاة عليه، لكن أم زينب رفضت وقالت: «يخرج في صلاة الضهر». وبالفعل، صلينا عليه الظهر، فلم يتمكن الجميع من إدراك الصلاة، لكن حين خرجت الجنازة قال الباعة الجائلون وأصحاب المحال للسائرين في الجنازة:

ـ دي جنازة مين اللي فيها ناس شكلهم بهوات كده؟

فأجاب المحامي عمرو إمام بصوته الجهوري:

ـ الشاعر أحمد فؤاد نجم.

وكأنه أراد أن يعلن على جيرانه الخبر. وعلى الفور تنادى الباعة فيمن لم يسمع: «عم أحمد مات... عم أحمد مات...»، فترك الباعة فرشاتهم ومحالهم وركضوا خلف أبي وهم يرددون: «مع السلامة يا عم أحمد... لا إله إلا الله... مع السلامة يا عم أحمد». وكلما سارت الجنازة في موطنه الأصلي بحي الحسين، سأل الباعة المارة:

ـ مين؟

فتأتيهم الإجابة:

ـ عم أحمد.

فيتركون أشغالهم ويسيرون خلفه. حتى بلغنا المقابر وقد تضاعف عدد المشيعين ربما إلى عشرة أضعاف المصلين.

وهكذا شيعه من أحبهم دومًا.

وصلت إلى المقابر وأنا حبلى، بداخلي شعور بقليل من الغضب: «إنت مشيت قبل ما أولد؟ كنت استنى أسبوع كمان!». جلست بجواري طنط منى أنيس، الأستاذة والصحفية والمترجمة، التي ترجمت أشعار أحمد فؤاد نجم لتقرأها في حفل تسلم جائزة «الأمير كلاوس»، الذي كان من المفترض أن يحضره، لكنه لم يحضره، وحضرته هي نيابة عنه.

كانت منى أنيس أنسب من يترجم هذا الشعر، ليس لمهارتها كمترجمة وذائقتها الأدبية فحسب، بل لأنها جزء من هذه التجربة، فهي أحد أبناء حركة الطلبة في السبعينيات، وهذه الأشعار تمس شغاف قلبها.

جلست أنا وطنط منى نبكي على الأرض حتى انفجرنا بالضحك ونحن نقول في صوت واحد: «يا رب يكون نجم سامع». وذلك لأن أحد المواطنين تطوع بالدعاء لأبي فقال: «اللهم أبدله دارًا خيرًا من داره، وجوزًا خيرًا من جوزه».

خرجت من المقابر ومعي عدد كبير من الأصدقاء، لكنني لا أرى أحدًا منهم، كانت الدنيا زرقاء وصفراء، والأصوات تأتي من بعيد.

بعد أيام فتحت مواقع التواصل الاجتماعي لأرد على التعازي، فوجدت عددًا من الناس أرسلوا إليَّ رسائل مفادها أن هذا هو يوم عيدهم، حيث هلك الكافر الفاجر الشيعي الشيوعي، وأنهم يتمنون لي أن ألحق به، وألا يتم الله عليَّ حملي، وكان ذلك على موقعَي التواصل فيس بوك وتويتر.

الحقيقة أنهم أشخاص غير مهمين، وعددهم لا يعني شيئًا، وأن أبي

ذهب سعيدًا، وأنني لا أذكر أسماءهم، لكنني لم أتمكن من مسامحة هؤلاء المجهولين مع الأسف. فأنا لا أرى داعيًا مُلحًّا يدفع إنسانًا إلى إرسال رسائل جارحة لامرأة حبلى فقدت والدها قبل ولادتها بأسبوعين. يعني حتى لو أبويا طخله أبوه، فليس هناك ضرورة تدفعه إلى فعل ذلك، ولا فائدة تعود عليه، ولا ضرر يدفعه عن نفسه. وإذا كان يظن أن الله سيجازيه خيرًا بهذه الفعلة، فأي إله يعبد؟! لقد أصدر بعضهم فتوى «إنترنتية» بأن «على المسلمين إبداء الفرح عند هلاك أحد الطواغيت»، الطواغيت دا اللي هو أبويا يعني. وبناءً عليه، فقد قرروا أن يُعلِموني بفرحهم عبر الرسائل المباشرة، أو عبر الدخول على صفحتي، سواء فيس بوك أو تويتر.

وإلى هؤلاء الناس، الذين لا أعرفهم ولا أذكر أسماءهم: يا ناس أنتم، أنا لا أسامحكم، حتى تحترق النجوم وتفنى العوالم، كما يقول الراحل أحمد خالد توفيق.

ربما تعرضت لهجوم مماثل على شخصي عندما نشر أحد الأشخاص الذين لا أعلمهم صورتي حين خلعت الحجاب، وأنا لا أسامحهم أيضًا، ولا أسامح النساء منهم أكثر من الرجال، لكنني أفهم دوافعهم.

الحجاب شكل من أشكال إحكام السيطرة على المرأة، وإشعارها بأنها عيب وعار وعورة، وذلك يحافظ على التراتبية الاجتماعية، فالرجل على رأس الهرم، والمرأة تتبعه، لأنها عورة وهو ملزم «بسترها». وحين تقوم امرأة بخلع الحجاب، فإن ذلك قد «يجرِّئ» بعض النساء على التطاول وخلع الحجاب، وقد يزداد عدد خالعات الحجاب، لذلك فعلينا إيذاؤهن حتى يصبحن عبرة فلا تتجرأ الأخريات على خلعه.

أقول إنني لا أسامح النساء اللاتي انتهكنني أكثر، لأنهن قمن بذلك من دون وجه حق، هي كالعسكري الذي ينفذ أوامر الضابط بلا تفكير. طب وإنتِ مالك إنتِ؟ هو يدافع عن سلطته، وحُق له أن يتشبث بها. من ذا الذي يكون له سلطان بلا حساب ويتخلى عنه؟ من ذا الذي يُمنح

صلاحيات مطلقة وتميزًا غير مستحق لم يجتهد في الحصول عليه ويرفضه؟ طيب وما شأنكِ أنتِ؟ ولماذا تسخرين من مظهر امرأة مثلكِ، يا ست، وأنتِ معرضة للسخرية من مظهرك مع أول عريس صالونات يأتي لمعاينتك ويرفضك لأنكِ طويلة وهو يريد قصيرة، أو قصيرة وهو يرغب في طويلة، أو بيضاء وهو يرغب في سمراء، أو سمراء وهو يعشق البيضاء؟ ولماذا تخوضين في عِرض امرأة مثلك وأنتِ عِرضكِ على شفا الانتهاك في كل لحظة مع أول «سكرين شوت» لمحادثاتك الخاصة، حتى إن لم تقولي شيئًا سوى «صباح الخير إزيك يا بوحسن»؟ ولماذا تشاركين في «حفلة» ضد امرأة مثلك بسبب اختيارها الشخصي وأنتِ معرَّضة للذبح في الشارع إذا ما رفضتِ حب شخص ليس من اختيارك؟ لا، أنا لا أسامحكِ، خصوصًا أنه من المستحيل أن يكون وازعكِ دينيًّا أو غيرة على الدين، فلا غيرة على الدين يصحبها سخرية من خلق الله أو خوض في الأعراض!

مع ذلك، فأنا أتفهم الدوافع وراء هذه الوحشية التي تتعرض لها كل من خلعت الحجاب، خصوصًا إن كانت شخصية معروفة بعض الشيء، لكنني لا أتفهم تقديم «واجب الشماتة» إلى أهالي الموتى!

يعني، يمكنك التعبير عن رأيك في الفقيد على صفحتك، لكن ليست هناك ضرورة مُلحَّة لإطلاع ذويه على هذا الرأي بإصرار.

على أي حال، لقد تعلمت من تجربتي في الحياة أن ادعاء القوة لا يخدم أحدًا، ولا يخدم مدعي القوة بالتحديد، لأنه يحمِّل أعصابه فوق ما يحتمل، وطالما أوذيت وادعيت أنني «تمام»، ولقد أثر ذلك سلبًا على أعصابي. لذلك، فأنا لم أكن «تمام» بالمرة. إذا كان يسعد هؤلاء الغوغاء أن يعلموا أنني تأذيت بشدة من رسائلهم وتدخلاتهم على صفحاتي، وملاحقتي في التعليقات بلعن والدي، وأن ذلك زادني حزنًا على حزن، وهمًّا على هم، فليسعدوا بمنجزهم الحضاري، لقد تم لهم ما رغبوا فيه.

الأذى لم يلحق بأبي، فقد كانت آخر كلماته في هذه الدنيا وهو ينظر إلى السماء: «الحمد لله... كده قُنعت».

أما ما لحق بي من أذى فهو مستمر حتى الآن، وحتى هذه اللحظة تصيبني نوبات هلع وحزن حين أرى تكرار هذه التصرفات مع أبناء المشاهير، مثل ما حدث مع إيزيس القمني وقت وفاة والدها، أو ما حدث مع أميرة سيد مكاوي حين عبرت عن رأيها في إسعاد يونس، ففوجئت بسباب يلحق بروح والدها العظيم سيد مكاوي، أو ما حدث مع ابنتَي عبد الرحمن الأبنودي. ولقد أصبحت عادة وليست عبادة أن يسارع الناس إلى تهنئة ذوي الميت بموت عزيزهم وهلاك أحد الطواغيت!

يلّا، ربنا يهديهم.

٢١
ما بعد بابا

لم تعد الأمور كسابقتها.

لقد بقيت زمنًا، ربما شهورًا، أتصل بأبي على اعتبار أنه سيرد عليَّ، ومع رد أم زينب على الهاتف أنتبه إلى أنه لن يرد.

كنت أكتب بخط يدي «بابا مات»، لأستوعب الفكرة.

حتى وأنا أكتبها الآن لم أستوعبها.

الحقيقة أن فكرة موت أبي لم تكن مطروحة لديَّ. كنت أظن أن أبي لا يموت. آه والله.

كان عليَّ أن أتماسك لأكتب كلمة إلى احتفال جائزة «الأمير كلاوس». لم يتمكن أبي من السفر للحصول على الجائزة بالطبع، لأنه ذهب للحصول على جائزة أكبر. لذلك، وبعد أن ترجمت الأستاذة منى أنيس بعض قصائده، وأنا أدعوها أن تتحلى بالصبر وتترجم أعماله الكاملة إذا سمح لها الظرف والوقت، أو لم يسمحا... أوجدي الوقت يا طنط وترجميها. المهم، طلب مني القائمون على الجائزة أن أكتب كلمة تقرأها طنط منى، لأنني لن أتمكن أنا أيضًا من السفر لأنني على وشك الولادة، فكتبت التالي:

«لا أعلم من أين أبدأ، لكنني أعلم تمامًا أن ما أواجهه الآن صعب التصديق بالنسبة لي.

أبي، شاعر الشعب أحمد فؤاد نجم، هو بالنسبة لملايين في الوطن العربي، وبالنسبة لي في المقام الأول، رمز للحياة، والمقاومة، والرفض، والمثابرة، ومقابلة متاعب الحياة بالسخرية والصبر الذي لا تصحبه شكوى، ولا يشوبه تململ، بل ينتزع الضحكة من الألم والسجن والتعذيب والظلم. أبي، هذا النحيل جدًّا، كان يقض مضاجع الطغاة، وكأن نحوله جعل منه شوكة حادة يصعب تقليمها. أبي، هذا الشاب الأبدي، الطفل الأبدي، الأمل الأبدي... أبي أنا يموت؟ لا يجوز على أبي الموت كما يجوز على بقية الأحياء، هكذا كنت أعتقد.

كنت أستعد دومًا للموت، في يقظتي، وقبل منامي، كنت دومًا أشعر بقربه مني، وأتعامل معه بوصفه الحقيقة الوحيدة، لكنني فشلت تمامًا في خلق أي رابط ما بين الموت وأبي. حتى هذه اللحظة، أنتظره ليدخل من ذاك الباب، ويسبنا ضاحكًا وهو يتعجب من حزننا، ويسخر من دموعنا، ويقول إنه جاء ليتسلم الجائزة بنفسه، ثم يترك هذا الحفل المهيب، وهذا الجمع الأنيق، ليعود ويجلس مع الفقراء والصعاليك الذين قضى حياته معهم، وكان لا يستمتع سوى بصحبتهم... حتى الآن، أشعر أن والدي أعد لنا مقلبًا، وأن الأمر لا يعدو كونه علم بأن احتفالًا مهيبًا رسميًّا قد أُعد له، فقرر الهروب من هذا الجو الخانق بالنسبة له إلى فوق، وأنه سيعود بعد أن ينتهي كل شيء وهو يضحك ضحكة طفولية، ويقول إنه تمكن من خداعنا جميعًا لأنه فلاح مصري.

حتى الآن أسمع صوت أبي وهو يغني، ولا أفهم معنى أن تعيش الدنيا بدون غنائه.

قال لي أبي إنه حين كان جنينًا في رحم أمه، كان وضعه مقلوبًا، لذلك، فقد جذبته المولدة من قدميه بدلًا من أن تجذبه من رأسه كما هو المعتاد، فنزل إلى الدنيا على قدميه. الغريب، أن أبي حين فارق هذه الدنيا، كان واقفًا على قدميه... جاء إلى الدنيا على قدميه، وعاش وهو واقف عليهما، ولم يتحمل الجلوس ولو للحظة واحدة، فذهب وهو ما زال واقفًا عليهما.
لن أقول الوداع يا أبي... فصوتك معي دائمًا».

ترجمت طنط منى الكلمة وقرأتها في الاحتفال[1].

في ١٩ ديسمبر ٢٠١٣ وبعد وفاته، أصدر الرئيس المؤقت المستشار عدلي منصور قرارًا بمنح والدي وسام العلوم والفنون من الطبقة الأولى، وكان ذلك يوم ولادة ابنتي فاطمة الزهراء، وذهبت أختي زينب (رحمها الله)، لتسلم الدرع في يوم ٢١ ديسمبر. وأخيرًا كرمته محبوبته بعد وفاته، لكن أظنه علم بذلك.

ثم أطلق اسمه على الشارع الذي كان يقطنه في مساكن الزلزال.

في ذكراه الأولى دشنت مؤسسة ساويرس جائزة لشعر العامية باسم أبي، وحتى الآن، فالجائزة مدعاة للفخر، ولجان التحكيم تتسم بالنزاهة.

يعني كل حاجة أهو يا بابا: ثورة، وإنقاذ البلاد من الإخوان، والصلاة عليك في سيدنا الحسين، والمشيعون من الباعة الجائلين والفقراء، وجائزة الأمير كلاوس، ووسام العلوم والفنون من الطبقة الأولى من جمهورية مصر العربية، وشارع باسمك، وجائزة لشعر العامية لتشجيع الشعراء الشباب الذين دومًا كنت تأخذ صفهم، حتى إن هاجموك، وكان من بين الفائزين الشاعران المفضلان لديك مصطفى إبراهيم ومايكل عادل... مفيش بعد كده.

وقال على رأيك: «ياااه... الحمد لله... كده قُنعت».

بدأ حياته بالتعاسة وأنهاها وهو أسعد إنسان!

* * *

بعد عام واحد من وفاة أبي، تُوفيت أختي الكبرى عفاف أحمد فؤاد نجم، إثر مرضها بالسرطان، في ديسمبر ٢٠١٤. وبعد ثمانية أعوام من وفاة والدي تُوفيت أختي الصغرى زينب، التي عاشت حياة حزينة ومعذبة بعد وفاة أبي، ولم تقوَ على مواجهة الحياة من دونه. زينب، ذات الوجه الملائكي، والصوت الجميل، تلك المدللة، حبيبة أبيها، لم يتمكن أي شخص من تعويضها ذلك

---

(١) هذا رابط الاحتفال كاملًا: https://www.youtube.com/watch?v=2iE6dJE7jZo

الفقد، على الرغم من كل الجهود التي بذلتها أم زينب، ربط الله على قلبها وأفرغ عليها صبرًا.

كما غربلت زينب بيدي في يوم سبوعها وهي وليدة، غسَّلتها بيدي في يوم وفاتها وهي شابة! أسأل الله العلي العظيم القدير ألا يضع كائنًا من كان في تجربة مماثلة، اللهم آمين.

وهأنا أنتظر يا ابن هانم.

٢٢
عيال بابا

كما ذكرت في البداية، فإن الصدفة البيولوجية البحتة جعلتني ابنة أحمد فؤاد نجم، إلا أن أبي له أبناء لا يحصون.

وكما ذكرت في المقال الذي كنت قد كتبته في «الأهرام»، فإن هؤلاء الأبناء كانوا يشاهدون أبي في أحلامهم، ويتصلون بي ليؤكدوا لي أن أبي بخير، وأنه قال لهم إنه لم يمت.

روى لي أحدهم أنه كان يمر بمرحلة اكتئاب، وكان قد اتخذ قراره بالانتحار، ثم نام وهو يفكر في وسيلة للانتحار، فحلم بأبي وهو يجلس على الضفة الأخرى من النهر، وهذا الشاب نادى عليه:

ـ عم أحمد، أنا عايز أجيلك.

فأجابه أبي:

ـ لسه بدري يا واد! أنا مش فاهم إيه جيل «الـ...» دا؟! يا واد ما أنا ياما شُفت وصبرت! اصبر وهتفرج.

وقال لي الشاب إنه استيقظ من هذا الحلم وقد تراجع عن فكرة الانتحار.

ضحكت على الرغم من مأساوية القصة، وقلت له:

ـ قالك جيل «الـ...» يا أحمد؟

فرد:

- آه والمصحف.

فضحكت وقلت:

- يبقى هو.

الغريب أنها فُرجت فعلًا، وأن الضيقة التي كانت ستدفع بهذا الشاب إلى الانتحار انقشعت وانعكست، وأبلغني بذلك ليؤكد لي أنه لم يكن مجرد عقله الباطن.

على كلٍّ، فـ«كل ضيقة بعدها وسعة، وأهي دي الحقيقة بس منسية»، كما قال عمو سيد حجاب حبيب قلبي، الذي ظل يسأل على أم زينب كل يوم بعد وفاة أبي حتى توفاه الله.

* * *

في غيابه، انقطعت محاولاتي معه، وأصبح لديَّ وقت لمراجعة علاقتنا، فشعرت بغضب شديد منه، تذكرت كل ما كنت أستحقه ولم يمنحني إياه، تذكرت كل ما لم أستحقه وأصابني منه. جلست على طاولة وأخذت أتحدث معه في عقلي، وأتهمه، وأسبه، وألعنه. وكان ذلك في ذكراه الثالثة. ثم قلت: «مش هاحتفل بذكراك، خلي الناس اللي شربتني المُر عشانهم يحتفلوا هما».

ونمت باكية.

في اليوم التالي اتصلت بي أم زينب، وقالت إنها رأت أبي، كان نائمًا في العناية المركزة، ودخلت أنا عليه، وأخذت أهاجمه وأتهمه، ورددت كثيرًا من الكلام الذي كنت قد قلته في عقلي، فأخذتني أم زينب خارج الغرفة، وحاولت تهدئتي، وقالت لي إنني محقة فيما أشعر به، لكنه لا يقصد الأذى، وإنه يحبني بالفعل، ثم حضر ممرض ليخبرنا بأن الأستاذ أحمد فؤاد نجم في خطر، فهرعت أنا إلى غرفته باكية وأنا أردد: «يا حبيبي يا بابا... يا حبيبي يا بابا...»، فدخلت عليه لأجده وقد جلس على سريره بكامل صحته، وقال لي: «هِديتي يا نوارة؟»، فاحتضنته وأنا أبكي وأضحك، فقال: «وإنتو مقعدني في المستشفى دي ليه يا ولاد الـ...»؟! يلَّا عشان نروح وأم زينب تعملنا محشي».

تكررت هذه الوقائع عدة مرات، وأضحكني أبي حتى وهو في العالم الآخر. فكلما جلست مع نفسي وانتابتني نوبة غضب منه، أو قلق عليه، أو اشتياق إليه، أو حيرة في حياتي، أجد شابة شديدة الجمال تتواصل معي وهي تخبرني بأنها رأت أبي في المنام، وأنه يطلب السماح، أو أنه يطمئنني عليه، أو تخبرني برسالة منه. والله العظيم يا جدعان، كلهن مُزز، وبعضهن ليس لديهن أي علاقة بالثقافة أو الشعر العربي. إنت بتعاكس المُزز من عندك يا بابا؟!

أبي يحب الشعراء الشباب، وشعراء العامية على وجه الخصوص. وأحب أن أورد هنا قصيدة كتبها الشاعر المصري محمد طلبة رضوان، ونُشرت يوم ٤ ديسمبر ٢٠١٣ صبيحة يوم وفاة أبي، لأنها، كما أظن، أكثر قصيدة سبرت أغوار أبي وقرأت قلبه ووصفته وفصَّلته:

أحمد فؤاد نجم
جدع
ودي بلوته
فيه حد عاقل جدع؟
لما يقول كلمته
يفتح بيبان الوجع
جدع ولو توزنه
بين الرجال
تلاقيه
تقيل في وقت الخساير
خفيف في وقت الطمع
جدع وراجل
وقادر جسمه النحيف يداريك
وكلامه بلسم ونادي

ساعة الأسى يداويك
لو حلمه مسَّك
يحسك
من غير كلام يناديك
وتلاقي نفسك سمعته
وسكوته ملِّس عليك
جدع
وله غنوته
جُوه القلوب موال
الدنيا فيه فرمته
في الهم والأحوال
صبح الفقير فكرته
وفرشته وغطاه
وبات حشاه شكوته
لكنه غنى وقال:
«هطَّال يا دمع البكا
واللي بكى لم طال
بعد الصلاع النبي
يا ليل يا عين يا نضال
ملعون يا داء البَكم
ملعون يا طول البال»
جدع
ولو تعرفه
تعرف بإنه حزين
جايز بيضحك ويلعب

ويفنن التفانين
جايز يناكف وعاكف
ع اللي الكلام يحرقه
لكن كلام صدقه
نجم الحقيقي حزين
أحمد فؤاد نجم
الجميل
عوده النحيل شيال
الحزن مش بالبكا
الحزن وقت ومجال
اقرا في تاريخ البلد
واتأمل التفاصيل
تلقى الهموم كلها
راقدة في طولة البال
واسأل كلامه يقولك
بكل ثورة وغضب
«ملعون يا صوت البَكم
ملعون يا طول البال»
اسأل عليه السواقي
ودمعها السيال
اسأل عليه اللي باقي
من قسوة الترحال
اسأل مزاج القهاوي
اسأل عناد الغناوي
اسأل غيطان اللي راوي

أرضه
بصبره اللي طال
اسأل عليه اللي يقدر
على صحبة الطيبين
تلقى الإجابة بغرابة
نجم الحقيقي حزين
اسأل شبابنا اللي عبروا
واسأل كمان اللي هبروا
ومبتدأنا... وخبره
وعسكر الزنازين
اسأل عليه كل جايع
واسأل عليه كل صايع
واسأل عليه الحواري
واسأل وابور الطحين
نجم الحقيقي مناضل
نجم الحقيقي حزين

* * *

نجم النهارده مات
وكلنا عارفين
لكن بنكدب
وبنقول إنه لسه حي
صوت القصيدة سكت
وكلنا سامعين
لكن بنكتب
وبنقول إن بُكرة جاي

لو كان ما بينا النهارده
كان قالناع الحكاية
لكنه مات
غصب عنا
وهنعمل إيه؟ عارفين
أحمد يا أبو نوارة
مدد يا صوتنا الأمين
يا أبو النجوم نوارة
يا أبو الكلام دواوين
يا عزم طفل الحجارة
يا روح صلاح الدين
يا قلب سيدنا الحسن
يا دم سيدنا الحسين
مستني منك إشارة
أو «كلمتين» تانيين
مدد يا سيد من يقول
أرغول على أرغول
يا أبو النغم موصول
يا ليلي آه يا عين
يسبق كلامنا سلامنا
وأنا عندي ليك أمانات
شلت في همومنا زمانا
شيل مننا السلامات
سلام لبيرم عشانا
وعشانك إنت كمان

سلام، وده من عشمنا
لحبيبك الشيخ إمام
سلام لسيد «خصوصي»
وسلام لصوت النديم
سلام لكل اللي عاشوا
حياة لناس تانيين
وسلام لحلوة
كانت في بالك
سبقت قبالك
من غير سلام
إسكندرية
اللي كان هواها
قبل أما يهوى يرمي السلام
سلام يا عم أحمد
سلام

* * *

قلبي اللي تاه مني في لقاه
مش لاقي حاجة تسكته
يا رب وحياة النبي
هوِّن علينا فرقته
يا رب عامله بنيته
تقل ميزانه برقته
يا رب كان حر وشريف
وإن كان غلط... من غربته
يا رب بلغنا السلام

يا رب اقرئه السلام

سلام سلام

سلام سلام

لقد كتب عن أبي كثيرون، وبكل اللغات، مرورًا بصلاح عيسى ولويس أراغون وصافي ناز كاظم وعلي الراعي وجلال أمين، وغيرهم من النقاد والكُتَّاب الفطاحل، لكن محمد طلبة رضوان كان يتحدث بحساسية شديدة عن شخص أحمد فؤاد نجم الإنسان في قصيدته السابقة، رضي الله عنه وأرضاه. هذا وصف الابن لأبيه.

وأظن أن قراءة القصيدة كانت لتغنيك عن قراءة هذا الكتاب.

نوارة الانتصار أحمد فؤاد عزت محمد محمد سيد أحمد نجم

١٥/ ٨/ ٢٠٢٢

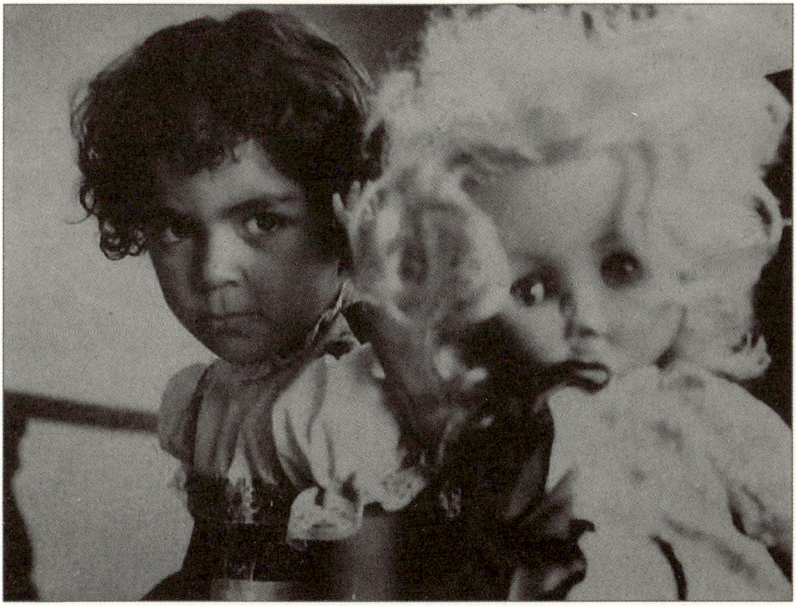